编写指导单位：

中华人民共和国人力资源和社会保障部人力资源流动管理司

编写组织单位：

北京大学人力资源开发与管理研究中心

Blue Paper for Human Resources
Service Industry in China

中国人力资源服务业蓝皮书

2022

萧鸣政 等◎著

人民出版社

《中国人力资源服务业蓝皮书 2022》
组 织 委 员 会

顾问委员会

赵履宽　徐颂陶　潘金云

专家委员会

王通讯　何　宪　张文淼　余兴安　吴　江　李朴民　赵曙明
田小宝　刘燕斌　莫　荣　刘学民　高小平　鲍　静　张　德
董克用　曾湘泉　郑功成　杨河清　廖泉文　石金涛　关培兰
车宏生　郑日昌　时　勘　王二平　叶忠海　王　磊　梁均平
孙建立　王克良　毕雪融　王建华　陈　军　樊进生　毛大力
萧鸣政　顾家栋　袁伦蕖　段兴民　赵永乐　张宇泉　杨伟国

编辑委员会

萧鸣政　王周谊　郭　琳　李　震　黄　璜　孙　宏　张湘姝
史洪阳　欧阳帆　应　验　张可安　杨　涛　张睿超　楼政杰

目　录

前　言 …………………………………………………………………… (1)

第一部分　年度报告篇

第一章　人力资源服务业相关政策法规 ………………………… (3)

一、促进简政放权、优化管理的相关政策法规 ………………… (5)

二、促进就业与技能开发的相关政策法规 …………………… (13)

三、促进人力资源开发、民生方面的相关政策法规 ………… (20)

四、促进社会保障的相关政策法规 …………………………… (27)

第二章　人力资源服务业发展与创新 ………………………… (34)

一、2020—2021 年度人力资源服务业发展特点 …………… (36)

二、2021—2022 年度人力资源服务业创新之处 …………… (44)

三、2021—2022 年度人力资源服务业发展亮点 …………… (49)

第三章　人力资源服务业的先进经验与案例 ………………… (56)

一、重庆市人才大市场集团经营与业务发展 ………………… (57)

二、主要业务板块与特色 ……………………………………… (60)

三、相关经验与启示 …………………………………………… (68)

四、述评与展望 ………………………………………………… (70)

第二部分 专题报告篇

第一章 人力资源服务业各省区市重视度与关注度分析 …………（79）

一、各地政府对人力资源服务业的重视度与关注度 ……………（81）

二、各地人力资源服务业企业与社会组织的重视度与关注度分析 ………………………………………………（91）

三、人力资源服务业的公众关注度与媒体关注度 ……………（96）

第二章 人力资源服务业发展环境指数与各省区市水平排名 …（105）

一、人力资源服务业发展环境指数修订与说明 ………………（107）

二、各省区市人力资源服务业发展环境指数排名与分析 ……（112）

三、人力资源服务业发展环境指数差异分析与改进建议 ……（119）

第三章 各省区市人力资源服务业发展水平评价与排名 ………（126）

一、新修订的人力资源服务业发展水平评价体系 ……………（128）

二、各省区市人力资源服务业发展情况评价与排名结果 ……（134）

三、各省区市人力资源服务业发展情况排名变化与原因分析……（139）

四、评价总结与政策建议 ………………………………………（147）

第四章 人力资源服务行业十大事件……………………………（156）

一、行业大事件评选概述 ………………………………………（159）

二、十大事件述评 ………………………………………………（172）

第五章 中外人才高地比较与评价分析…………………………（205）

一、人才高地的概念及其评价指标体系 ………………………（207）

二、中外典型人才高地的样本及其说明 ………………………（212）

三、中外人才高地的评价指数及其排名 ………………………（216）

四、中外人才高地评价结果分析与建议 ………………………（221）

第六章　国外人力资源服务业的发展与趋势 ……………………（237）
一、国际人力资源服务业发展概况 ……………………………（239）
二、美国、日本、英国人力资源服务业发展与趋势 ……………（256）
三、全球人力资源服务业发展对中国的启示 …………………（264）

第三部分　成果篇

人力资源服务业相关学术成果整合汇总…………………………（275）

参考文献 ………………………………………………………（285）

CONTENTS

Preface ··· (6)

Part I Annual Reports

Chapter 1 Major Regulations and Policies Concerning Human Resources Service ·· (3)

1.1 The Relevant Policies and Regulations to Streamline and Optimize administration and Delegate Powers ·················· (5)

1.2 The Relevant Policies and Regulations to Promote Employment and Skill Development ···································· (13)

1.3 The Relevant Policies and Regulations to Improve Human Resources Development and People's Well-being ·············· (20)

1.4 The Relevant Policies and Regulations to Promote Social Security ··· (27)

Chapter 2 The Development and Innovation of Human Resources Service Industry ································ (34)

2.1 The Development Characteristics of Human Resources Service Industry in 2021–2022 ································· (36)

2.2 The Innovations of Human Resources Service Industry in 2021–2022 ··· (44)

2.3 The Highlights of Human Resources Service Industry Development in 2021–2022 ·· (49)

Chapter 3 Advanced Experience and Case of Human Resource Service Industry …… (56)

3.1 Group Management and Business Development of Chongqing Talent Market Group …… (57)

3.2 Main Business Segments and Features …… (60)

3.3 Relevant Experience and Enlightenment …… (68)

3.4 Review and Prospect …… (70)

Part II Special Reports

Chapter 1 Analysis on the Importance and Attention of Human Resources Service Industry in Different Provinces, Districts and Cities …… (80)

1.1 Importance and Attention of Local Governments to Human Resources Service Industry …… (81)

1.2 Analysis of Investment and Attention of Human Resources Service Enterprises and Social Organizations …… (91)

1.3 The Media and Social Attention in Different Provinces, Districts and Cities …… (96)

Chapter 2 The Development Environment Index of Human Resource Service Industry and the Ranking of Each Province, District and City Level …… (106)

2.1 Revision and Explanation of the Development Environment Index of Human Resource Service Industry …… (107)

2.2 Ranking and Analysis of the Development Environment Index of Human Resource Service Industry in Each Province, District and City …… (112)

2.3 The Difference Analysis and Improvement Suggestion of the Development Environment Index of Human Resource Service Industry …… (119)

Chapter 3 Evaluation and Ranking of the Development Level of HR Service Industry in Each Province, District and City …… (126)

3.1 The Newly Revised Development Level Evaluation System of HR Service Industry …… (128)

3.2 Evaluation and Ranking Results of HR Service Industry Development in Each Province, District and City …… (134)

3.3 Ranking Change and Cause Analysis of HR Service Industry Development in Each Province, District and City …… (139)

3.4 Summary of Evaluation Findings and Policy Recommendations …… (147)

Chapter 4 Top Ten Events of Human Resource Service Industry …… (156)

4.1 Overview of the Poll for the Top Ten Events of Human Resource Service Industry …… (159)

4.2 Review and Comment on the Top Ten Events …… (172)

Chapter 5 Comparison and Evaluation of Talent Highland …… (205)

5.1 The Concept of Talent Highland and its Evaluation Index System …… (207)

5.2 Sample and Explanation of Typical Talent Highland in China and Abroad …… (212)

5.3 Evaluation Index and Ranking of Chinese and Foreign Talent Highlands …… (216)

5.4 Analysis and Suggestions on the Evaluation Results of Talents Highland …… (221)

Chapter 6 Development and Tendency of International Human Resources Service Industry …… (238)

6.1 Overview of the International HR Service Industry Development …… (239)

6.2 Development and Tendency of HR Service Industry in United States, Japan and the United Kingdom …… (256)

6.3 Implications for China from the Development of Global Human Resource Service Industry …… (264)

Part III Results Report

The Integration and Summary of Academic Achievements Related to Human Resource Service Industry …… (275)

Reference …… (285)

前　言

人力资源服务业是实施人才强国战略和就业优先战略的重要载体，对于促进社会化就业、更好发挥我国人力资源优势、服务经济社会发展具有重要意义。新时代以来，我国人力资源市场功能作用日益增强，人力资源服务业蓬勃发展，行业规模持续扩大，服务产品不断丰富，为加快构建中国特色的人力资源服务产业体系，提高我国经济综合竞争力、持续改善民生、促进高质量发展提供了有力支撑。截至2021年底，我国共有各类人力资源服务机构5.91万家，从业人员103.15万人，年营业收入2.46万亿元，比2020年分别增长29.08%、22.31%、20.89%。同时，与互联网、大数据等新一代信息技术广泛融合的新兴业态快速发展，产业园体系不断完善，成为人力资源服务业创新发展高地，对推动产业转型升级、促进区域协调发展发挥了重要作用，并有力促进了我国就业大局稳定和人力资源顺畅流动配置。

为了进一步推动人力资源服务业的高质量发展，更好发挥人力资源服务业对实施人才强国战略、建设世界重要人才中心和创新高地的助推作用，在国家人力资源和社会保障部人力资源流动管理司大力支持与指导下，北京大学继续推出《中国人力资源服务业蓝皮书2022》。我们继续秉承推动人力资源服务业更好更快发展的宗旨，对2021年8月1日至2022年7月31日年度中国人力资源服务业的发展状况进行了深入调查、系统梳理，并结合专业前沿理论对年度内行业实践的状况进行了主要政策法规概述，发展与创新、先进经验的介绍；对于全国各地人力资源服务业发展的政治环境、社会环境、经济环境与实际发展水平进行了量化评价与分析；进行年度十大事件评选；尤其是对于中外人才高地比较与评价、国外人力资源服务业的发展与趋势作了初步探索与总结，力图更加宏观全面地展现当前中国及主要国家人力资源服务业的发展现状、重点、亮点、问题和最新进展。

与往年相比，《中国人力资源服务业蓝皮书2022》对结构进行了创新性的调整，并对内容进行了全面的更新、丰富和创新，主要表现在以下几个方面。

第一，对于所有章节与内容进行了全面的更新与丰富。

第二，持续关注我国人力资源服务业政策法规发展的新内容、业态发展的新特点、新亮点、新机遇与先进经验，比较全面系统地展示了中国 2021 年 8 月至 2022 年 7 月在人力资源服务业方面所取得的相关学术成果。

第三，对于中国各地人力资源服务业发展环境、发展水平的量化评价指标体系进行了创新修订，并且依据相关数据进行了评价；继续从公众、政府、非政府组织三大群体的视角出发，通过大数据方法和文本分析方法对主流社交媒介、纸质媒介、网站、各省政府工作报告以及相关政策法规、规划文件进行数量统计和内容分析，揭示我国各省区市对于人力资源服务业重视程度及发展情况。在保留 2021 年蓝皮书所使用的评价工具（百度指数、微信指数等）的基础上，增加了通过社会组织数量、注册企业数量等视角透视重视度与关注度。

第四，持续关注人力资源服务业十大事件评选。

第五，首次对中外人才高地进行比较与评价，并对构建人才高地评级指标体系进行初步探索与总结。

第六，对于国际人力资源服务业发展情况与美国的经验进行了比较系统的介绍与分析。

蓝皮书共分为三个部分，具体结构如下：

第一部分为年度报告篇，共分为三章。第一章主要展示和分析了 2021 年 8 月至 2022 年 7 月中国人力资源服务业有重大影响的法律法规政策及其新变化。该章创新比例为 100%，除了揭示 2021 年 8 月至 2022 年 7 月我国人力资源服务业有重大影响的法律法规政策及其新变化，还对重要政策对人力资源服务业的影响进行解读。该章的亮点主要在于对政策背景的阐释及对政策的解读，使读者能够深刻理解并及时把握人力资源服务业的发展变化的新趋势和新动向。

第二章人力资源服务业发展与创新，更新度为 100%。该章以发展特点、创新之处和发展亮点三个维度为考察视角，分析了 2021—2022 年度全国人力资源服务行业整体发展态势。对本年度国家“稳就业”“保就业”相关政策摘编进行了全部更新，对全国各类人力资源服务行业相关数据也进行了全面更新，试图完整呈现2011—2012年度内人力资源服务业发展的特点与亮点。

第三章人力资源服务业的先进经验与案例内容更新率为100%。该章主要是从国内挑选了本年度贡献比较突出、经验先进的人力资源服务业机构与案例。

第二部分为专题报告篇，包括五章。第一章是人力资源服务业各省区市重视度与关注度分析，更新度为90%。一是在2021年蓝皮书的基础上，全面更新了数据和资料；二是按照政府、企业与社会组织、公众与媒体的逻辑顺序优化了本章的分析结构；三是在保留2021年蓝皮书所使用的评价工具（百度指数、微信指数等）的基础上，增加了通过社会组织数量、注册企业数量等视角透视重视度与关注度。

第二章是人力资源服务业发展环境指数与各省区市水平排名。该章的内容更新率为80%，创新点与亮点有三：一是在充分吸收借鉴往年指数体系以及最新研究及实践成果的基础上，对本年度指数评价体系进行更新修订；二是将修订后的人力资源服务业发展环境指数体系与相关指数体系进行对比，论证其科学性与合理性；三是通过横向分析与纵向分析，充分揭示全国31个省区市人力资源服务业发展环境的现状及变化趋势。

第三章是各省区市人力资源服务业发展水平评价与排名。与2021年蓝皮书相比，该章更新比例约有70%。创新部分集中体现在：首先修订了导言和总结，积极对接当前国家战略和相关政策，在篇章导引上与时俱进。其次是评价指标设计本身的调整和创新，对指标内部结构进行了优化。再次，对2021年的新数据利用评价体系进行了评价，并且优化了评价数据的来源，从国家企业信用信息公示系统、“天眼查”等网站获取了一些数据。最后，是对个别地区的深度分析，对排名浮动较大的地区进行了较往年更为全面而细致的原因分析。

第四章是人力资源服务行业十大事件评选。该章的内容更新率为100%。创新点和亮点在于首次将大事件分为政策、学术、行业、会议四个类别，学术类包括学术专著、论文和学术平台等，从而使得更多的事件能够进入备选事件库。

第五章中外人才高地比较与评价分析为新设章节，创新点与亮点在于构建了人才高地评级指标体系，对中外11个典型人才高地进行实证打分和排名，并基于结果进行分析提出有针对性建议。

第六章国外人力资源服务业的发展与趋势，为近7年来新增内容，与2014年版本相比的更新率在80%左右。创新点与亮点是对国际人力资源服务业进行了全面系统的回顾与梳理，并针对中国人力资源服务业的发展提出了建议。具体而言，一是系统梳理了当前全球各国人力资源服务业营收、业态、机构发展、人员配备、服务人群等方面的情况，并进行排名；二是对全球人力资源服务业发展特点与发展趋势进行了归纳与分析；三是对美国、日本、英国这三个标杆国家人力资源服务业发展现状和发展趋势进行了具体地梳理与说明；四是从优势与不足、机遇与挑战这两个方面对中国人力资源服务业的发展进行了对比分析，并据此提出了面向国际的发展建议。

第三部分是2021年8月至2022年7月中国大陆出版发表的有关中国人力资源服务业方面的研究成果名录，其中还专门收集了有关人力资源服务业研究方面的博士硕士论文。

蓝皮书由北京大学人力资源开发与管理研究中心负责组织编写，萧鸣政教授担任全书内容与各章节标题设计，指导各章节的编写，以及全书文字修改与审改，同时负责了第一部分第三章与第三部分的编写。孙宏教授协助萧鸣政教授完成了大量的综合协调与统稿工作。

萧鸣政、孙宏、杨涛等同志参与了第一部分的编写工作，其中孙宏具体负责第一章内容的编写，杨涛负责第二章内容的编写，萧鸣政等负责第三章内容的编写。史洪阳、张睿超、楼政杰、欧阳帆、应验、张可安等同志参与了第二部分的编写工作，其中史洪阳负责第一章内容的编写与前言的英语翻译，张睿超负责第二章内容的编写，楼政杰负责第三章内容的编写，欧阳帆负责第四章内容的编写，应验负责第五章内容的编写，张可安负责第六章内容的编写。藤明慧参加了第三部分人力资源服务业年度研究成果的整理工作。

特别感谢国家人力资源和社会保障部人力资源流动管理司张文淼司长等领导一直以来对北京大学在中国人力资源服务业方面研究的关注与大力支持，尤其对于本书以及未来研究提出的一系列指导性意见。

我们将不忘初心，牢记使命，继续秉承蓝(白)皮书客观反映、系统提示、积极推动、方向探索的宗旨，希望《中国人力资源服务业蓝皮书 2022》能够对中国人力资源服务业的发展起到一定的促进和推动作用，助力人才强国战略的实施与中国社会经济的高质量发展。

北京大学人力资源开发与管理研究中心主任

萧鸣政

2022 年 10 月

Preface

The human resource service industry (hereinafter referred to as HRSI) is an important carrier for the implementation of the talent strategy and employment priority strategy, which is of great significance for promoting social employment, giving better play to China's human resource advantages, and serving economic and social development. Since the new era, the function of China's human resources market has been increasingly enhanced, the HRSI has been developing vigorously, the scale of the industry has continued to expand, and the service products have been enriched, which has provided strong support for accelerating the construction of a human resources service industry system with Chinese characteristics, improving China's comprehensive economic competitiveness, continuously improving people's livelihood, and promoting high-quality development. By the end of 2021, China has 59100 human resource service institutions of all kinds, 1031500 employees, and an annual operating income of 2.46 trillion yuan, up 29.08%, 22.31%, and 20.89% respectively from 2020. At the same time, new business forms that are widely integrated with the Internet, big data and other new generation information technologies have developed rapidly. The industrial park system has been constantly improved, becoming a highland for the innovation and development of the HRSI, playing an important role in promoting industrial transformation and upgrading, promoting regional coordinated development, and effectively promoting the overall stability of China's employment situation and the smooth flow and allocation of human resources.

In order to further promote the high-quality development of the HRSI, and better play the role of the HRSI in promoting the implementation of the talent power strategy, building an important talent center and innovation highland in the world, under the strong support and guidance of Human Resources Marketing Department of the Ministry of Human Resources and Social Security, Peking University continued to launch the *Blue Paper* 2022 *for Human Resources Service Industry in China*(hereinafter referred to as *Blue Paper* 2022). We need to uphold the purpose of promoting the better and faster development of the HRSI. We conducted an in-depth investigation and systematic review of the development of China's HRSI from August 2021 to July 2022. We combine the professional frontier theories, the status of the industry practice during the year was reviewed, including an overview of major policies and regulations, a description of development status and achievements, an introduction of advanced experience; and the quantification evaluation and analysis of the political environment, social environment, economic environment and actual development level of the development of HRSI across the country. *Blue Paper* 2022 conducts the HRSI Top Ten Events selection. In particular, the comparison and evaluation of Chinese and foreign talent highlands, and the development and trend of foreign human resources service industry were preliminarily explored and summarized, trying to show the current development status, key points, highlights, problems and the latest progress of human resources service industry in China and major countries more comprehensively

Compared with the previous years, *Blue Paper* 2022 makes some innovative adjustments, and a lot of content updates, supplements were added, which is mainly expressed in the following aspects.

First, all chapters and contents are updated and enriched comprehensively.

Second, *Blue Paper* 2022 continues to pay attention to the new content of the development of policies and regulations of China's HRSI, new highlights and new opportunities in the development of business formats, and comprehensively and systematically demonstrates the relevant academic achievements in China's human resources service industry from August 2021 to July 2022.

Third, the quantitative evaluation index system of the development environment and development level of human resources service industry in China has been innovatively revised and evaluated according to relevant data; From the perspective of the public, government and non-governmental organizations, continues to conduct quantitative statistics and content analysis on mainstream social media, paper media, websites, provincial government work reports and relevant policies, regulations and planning documents through big data methods and text analysis methods, to reveal the importance and development of human resources services in China's provinces and cities. On the basis of retaining the evaluation tools (Baidu index, WeChat index, etc.) used in the *Blue Paper* 2021, it has increased the attention and concern from the perspective of the number of social organizations, the number of registered enterprises, etc.

Fourth, *Blue Paper* 2022 continues to pay close attention to the human resource service industry Top Ten Events selection.

Fifth, it is the first time to compare and evaluate the talent highlands at home and abroad, and make a preliminary exploration and summary on the construction of the talent highland rating index system.

Sixth, it systematically introduces and analyzes the development of international human resources service industry and the experience of international benchmark countries.

Blue Paper 2022 is divided into three units, and the specific structure is as follows:

The first part is the annual report, which is divided into three chapters. The first chapter mainly shows and analyzes the laws, regulations and policies that have significant impact on China's HRSI from August 2021 to July 2022 and their new changes. The innovation ratio of this chapter is 100%. In addition to revealing the laws, regulations, policies and new changes that have a significant impact on China's HRSI from August 2021 to July 2022, the innovation part also interpretsthe impact of important policies. The main highlight of this chapter lies in the interpretation of the policy background and the interpretation of the policy, so that readers can deeply understand and timely grasp the new trends of the development and change of HRSI.

The updating degree of the second chapter is about 100%. This chapter analyzes the overall development trend of the national HRSI in 2021－2022 from the perspective of development characteristics, innovation and development highlights. In the framework of the article, the excerpts of the relevant national policies of "stable employment" and "employment protection" in this year have been completely updated, and the relevant data of various national human resources service industries in this year have also been comprehensively updated, trying to fully present the characteristics and highlights of the development of human resources service industry in 2021－2022.

The update rate of third chapter reaches 100%. This chapter mainly selects the human resources service industry institutions and cases with outstanding contributions and advanced experience in China this year.

The second part is a special topic, includingsix chapters. The first chapter of the second part is the analysis of the importance and concern of each province and city in the human resources service industry, with the renewal rate of 90%. First, the data and materials have been comprehensively updated on the basis of the *Blue Paper* 2021; The second is to optimize the analysis structure of this chapter according to the logical order of government, enterprises and social organizations, the public and the media; Third, on the basis of retaining the evaluation tools (Baidu index, WeChat index, etc.) used in the *Blue Paper* 2021, we have increased the focus and attention from the perspective of the number of social organizations, the number of registered enterprises, etc.

The second chapter is human resources service industry development environment index and provincial level ranking. The content update rateof this chapter is 80%. There are three innovation points and highlights. First, on the basis of fully absorbing the index system of previous years and the latest research and practice achievements, the index evaluation system of this year is updated and revised; The second is to compare the revised human resources service industry development environment index system with the relevant index system, and demonstrate its scientific and reasonable; The third is to fully reveal the current situation and changing trend of the development environment of human resources service industry in 31 provinces, autonomous regions and cities across the country through horizontal and vertical analysis.

The third chapter is the evaluation and ranking of the development level of human resources service industry in various provinces and cities. Compared with the *Blue Paper* 2021, this chapter is about 70% updated. The innovation part is mainly reflected in that, first of all, the introduction and summary have been revised, actively aligned the current national strategy and relevant policies, and the chapter guidance has kept pace with the times. The second is the adjustment and innovation of the evaluation index design itself, which optimizes the internal structure of the index. Thirdly, the evaluation system was used to evaluate the new data in 2021, and the source of evaluation data was optimized. Some data were obtained from the national enterprise credit information publicity system, Tianyancha and other websites. Finally, it is an in-depth analysis of individual regions, and a more comprehensive and detailed analysis of the reasons for the regions with large ranking fluctuations than in previous years.

The fourth chapter is the Top Ten Events selection of the year. The content of this chapter is 100% updated. The innovation and highlight are that for the first time, major events are divided into four categories: policy, academic, industry and conference. Academic categories include academic monographs, papers and academic platforms, so that more events can enter the candidate event library.

The fifth chapter is a completely new chapter: the comparison and evaluation analysis of Chinese and foreign talent highlands. The innovation and highlight lie in the construction of the talent highland rating index system, the empirical scoring and ranking of 11 typical talent highlands at home and abroad, and the analysis of the results based on targeted recommendations.

The sixth chapter, the development and trend of foreign human resources service industry, is new content in the past seven years, with an update rate of about 80% compared with the 2014 version. The innovation and highlight are the comprehensive and systematic review and sorting of the international human resource service industry, and the suggestions for the development of China's HRSI. Specifically, the first is to systematically sort out the current global HRSI revenue, business type, institutional development, staffing, service population and other aspects, and rank them; Secondly, it summarizes and analyzes the development characteristics and trends of the global HRSI; Thirdly, the development status and trend of the HRSI in the United States, Japan and the United Kingdom, the three benchmark countries, are specifically combed and explained; The fourth is to make a comparative analysis of the development of China's HRSI from the aspects of advantages and disadvantages, opportunities and challenges, and put forward suggestions for international development.

The third part is the directory of research results on China's HRSI published in Mainland China from August 2021 to July 2022. It also collects doctoral and master's thesis on HRSI research.

Blue Paper 2022 was organized and written by the Center for Human Resource Development and Management Research of Peking University. Professor Xiao Mingzheng was responsible for the design of the contents and the titles of each chapter of the whole book, and guides the writing of each chapter. He was responsible for the text revision and review of the whole text. At the same time, for the compilation of Chaptar 3 of the first fart and Part 3. Professor Sun Hong served as the assistant editor and completed a large number of coordinate work and compile work.

Xiao Mingzheng, Sun Hong, Yang Tao participated in the compilation of the first part. Sun Hong was specifically responsible for the compilation of the first chapter, Yang Tao was responsible for the compilation of the second chapter of the first part, and Professor Xiao Mingzheng was responsible for the compilation of the third chapter of the first part. Shi Hongyang, Zhang Ruichao, Lou Zhengjie, Ouyang Fan, Ying Yan, Zhang Ke'an, and other comrades participated in the compilation of the second part. Shi Hongyang was responsible for the compilation of the first chapter of the second part and the translation of the preface,

Zhang Ruichao was responsible for the compilation of the second chapter, Lou Zhengjie was responsible for the compilation of the third chapter, Ouyang Fan was responsible for the compilation of the fourth chapter, Ying Yan was responsible for the compilation of the fifth chapter, Zhang Ke'an was responsible for the compilation of the sixth chapter, Teng Minghui participated in the collation of the third part of the annual research results of HRSI.

Special thanks to Zhang Wenmiao, Director of the Human Resource Flow Management Department of Ministry of Human Resources and Social Security, and other leaders for their continuous attention and great support and guidance to Peking University's research on human resource service industry in China, especially for a series of guiding advice for this book and future research.

We will Remain true to our original aspiration and keep our mission firmly in mind, and continue to uphold the goal of objective reflection, systematic reminder, active promotion and direction exploration. We hope that *Blue Paper* 2022 can give some reference and impetus to the development of China's human resource service industry, and can help to carry out the strategy on developing a quality workforce and a high-quality development of China's society and economy.

Director of Center for Human Resource Development and
Management Research of Peking University
Xiao Mingzheng
October 2022

第一部分

年度报告篇

第一章　人力资源服务业相关政策法规

【内容提要】

本章共分为四部分。第一部分为促进简政放权、优化管理的法律法规，重点解读《关于劳务品牌建设的指导意见》《关于推进新时代人力资源服务业高质量发展的意见》《关于加快建设全国统一大市场的意见》等政策，从宏观层面上阐释了新时代人力资源服务业高质量发展的要求，以及建设全国统一大市场对人力资源服务业的指导性意见。第二部分为促进就业与人力资源开发的政策法规，重点解读《"十四五"就业促进规划》《关于实施提升就业服务质量工程的通知》《关于健全完善新时代技能人才职业技能等级制度的意见(试行)》等政策，为实现更充分、更高质量的就业，推进我国产业工人队伍建设和技能人才工作指明了方向。第三部分为促进人力资源开发、民生方面的相关政策法规，重点解读《"十四五"职业技能培训规划》《"十四五"国家老龄事业发展和养老服务体系规划》《中华人民共和国职业教育法》修订等，关注人才素质提升、职业技能人才发展等政策。第四部分为促进社会保障的相关政策法规，重点解读《关于加强国家乡村振兴重点帮扶县人力资源社会保障帮扶工作的意见》《关于印发促进残疾人就业三年行动方案(2022—2024年)的通知》《关于推动个人养老金发展的意见》等政策，强化了对乡村振兴重点帮扶县的人力资源发展、推进残疾人高质量就业的政策要求。

Chapter 1 Major Regulations and Policies Concerning Human Resources Service

【Abstract】

This chapter is divided into four parts. The first part is to promote the laws and regulations of streamlining administration, delegating power and optimizing management, focusing on the interpretation of the *Guidelines on the Construction of the Labor Service Brand*, *Suggestions on Promoting High-Quality Development of the Human Resource Service Industry in the New Era*, *Opinions on Accelerating the Construction of a Unified National Market* and other policies. It explains the requirements of high-quality development of human resource service industry in the new era from the macro level, and the construction of a national unified market for human resource services guiding opinions. The second part is the policies and regulations to promote employment and human resources development, focusing on the interpretation of *the 14th Five-Year Plan for Promoting Employment*, *Notice on the Implementation of the Project to Improve the Quality of Employment Services*, *Suggestions on Improving the Vocational Skill Rating System for Skilled Personnel in the New Era (Trial)* and other policies. To achieve more adequate and higher quality employment, these policies point out the direction of the construction of industrial workers and the work of skilled personnel. The third part is to promote the development of human resources, people's livelihood related policies and regulations, focusing on the interpretation of *the 14th Five-Year Plan Vocational Skills Training Plan*, *the 14th Five-Year Plan for the Development of National Old-Age Undertakings and the Old-Age Service System*, *Vocational Education Law of the People's Republic of China* revision and other policies, which focus on policies to improve the quality of personnel and develop professional skills. The fourth part is related policies and regulations to promote social security, focusing on the interpretation of the *Suggestions on Strengthening Human Resources and Social Security Assistance in Key Counties for National Rural Revitalization*, *Notice on the Issuance of the three-year Action Plan for Promoting Employment of Persons with Disabilities (2022-2024)*, *Opinions on Promoting the Development of Personal pensions*, such as policy, which strengthened the development of human resources in key counties for rural revitalization.

本章主要摘录和分析了2021年8月至2022年7月我国人力资源服务业有重大影响的法律法规政策及其新变化。通过对这些法律法规政策进行深入解读,使读者能够及时掌握人力资源服务业所处的政策环境新变化和新动向。

2022年蓝皮书继续"政策背景"部分的创新,深入探索每项政策实施的原因和发展路径。本章除了对政策进行解读外,在分类方法上采取了层级分类,有国家层面的如国务院颁布的政策法规,有人力资源和社会保障部制定的行业政策规定。本章还重点解读了政策的创新之处及对人力资源服务业带来的影响,力求使读者能够快速掌握相关政策法规对人力资源服务业的影响传导路径。

一、促进简政放权、优化管理的相关政策法规

(一)人力资源社会保障部、国家发展改革委等20部门《关于劳务品牌建设的指导意见》

劳务品牌具有地域特色、行业特征和技能特点,带动就业能力强,是推动产业发展、推进乡村振兴的有力支撑。为贯彻落实党中央、国务院全面推进乡村人才振兴决策部署,切实加强劳务品牌建设,2021年8月24日,人力资源社会保障部、国家发展改革委等20部门出台《关于劳务品牌建设的指导意见》[①](以下简称《意见》)。

① 中华人民共和国人力资源和社会保障部网站,见 http://www.mohrss.gov.cn/xxgk2020/fdzdgknr/zcfg/gfxwj/jy/202109/t20210906_422469.html。

政策背景：

劳务品牌是有着鲜明地域标记、过硬技能特征和良好用户口碑的劳务标识。持续抓好劳务品牌建设，具有极其重要的现实意义。一是有利于促进更加充分更高质量就业。从实践情况看，劳务品牌带动就业人数多，从业人员就业更加稳定、收入更高、权益更有保障。二是有利于促进高质量发展。抓好劳务品牌建设，大量培养行业技能人才，可以为经济高质量发展提供重要人力资源支撑。三是有利于推动乡村振兴和迈向共同富裕。很多贫困地区曾通过劳务品牌建设，带动贫困人口劳务输出，帮助他们实现增收脱贫。四是有利于满足民生需求。抓好劳务品牌建设，培养有技能、有诚信的劳动者，提供良好的家政、育儿、养老等各类服务，可以进一步提升人们生活质量。目前，我国劳务品牌建设工作已有初步基础，但从总体看全国知名的劳务品牌还不多，特别是与我国 2.86 亿农民工总量以及完备的行业门类相比更显不足。同时，劳务品牌管理还存在不够精细、从业人员技能水平还需进一步提高等问题，亟待改进提升。

政策解读：

劳务品牌建设是人力资源服务业发展的重要内容。为贯彻落实《意见》，人力资源社会保障部办公厅发布《关于发挥人力资源服务机构作用助推劳务品牌建设的通知》①，以充分发挥人力资源服务机构匹配供需、精准高效的专业优势，为劳务品牌高质量发展提供优质高效的人力资源支撑。

首先，人力资源服务机构要助推劳务品牌提质增效。面向劳务品牌从业人员，人力资源服务机构开发特色培训产品和培训服务，提升劳务品牌从业人员的就业技能。要主动对接劳务品牌企业，为其提供人力资源管理咨询、高级人才寻访等专业服务。要为劳务品牌项目提供创业指导、投融资等专业支持，推动劳务品牌转型升级，向价值链高端延伸。

其次，人力资源服务机构要助力劳务品牌集聚发展。各级人力资源服务产业园要对符合条件的劳务品牌企业优给予各种扶持奖补政策。积极开展政策咨询、供需对接、职业发展、展示交流等活动，充分发挥产业园平台的

---

① 中华人民共和国人力资源和社会保障部网站，见 http://www.mohrss.gov.cn/xxgk2020/fdzdgknr/zcfg/gfxwj/jy/202203/t20220321_440048.html。

集聚、孵化、培育功能。同时,加强各地区人力资源服务产业园协同联动,为劳务品牌龙头企业跨区域发展提供一体化服务。

再次,人力资源服务机构要服务劳务品牌市场拓展。统筹城乡人力资源流动配置,畅通劳务品牌从业人员流动渠道,引导高校毕业生等各类人才返乡创业。支持人力资源服务机构在国家乡村振兴重点帮扶县和劳务品牌项目比较集中的地方建立子公司、分支机构,就近就地提供专业的人力资源服务,提升劳务品牌从业人员输出的组织化程度和就业质量。鼓励人力资源服务龙头企业与知名劳务品牌企业强强联合。鼓励优质人力资源服务机构探索以服务入股的合作方式深度参与劳务品牌建设。

最后,人力资源服务机构要培育开发具有现代服务特色劳务品牌。积极引导人力资源服务机构立足当地资源、结合市场需求、依托产业项目、发挥专业优势,领办创办一批有特色、有口碑、有规模的劳务品牌。支持人力资源服务机构主动发现和培育劳务品牌,建立人力资源服务特色劳务品牌项目库和人才库。鼓励有条件的地方利用人力资源服务业发展资金等现有经费渠道开展项目培育、品牌打造和诚信体系建设。

(二) 人力资源社会保障部、国家发展改革委、财政部、商务部、市场监管总局《关于推进新时代人力资源服务业高质量发展的意见》

人力资源服务业是为经济社会发展提供人力资源流动配置服务的现代服务业重要门类,对于促进社会化就业、更好发挥我国人力资源优势、服务经济社会发展具有重要意义。为加快推进人力资源服务业高质量发展,2021 年 11 月 8 日,人力资源社会保障部、国家发展改革委等部门出台《关于推进新时代人力资源服务业高质量发展的意见》(以下简称《意见》)①。

政策背景:

人力资源服务业是实施人才强国战略和就业优先战略的重要载体。党的十八大以来,我国人力资源市场功能作用日益增强,人力资源服务业蓬勃发展,行业规模持续扩大,服务产品不断丰富,为加快构建中国特色的人力

---

① 中华人民共和国人力资源和社会保障部网站,见 http://www.mohrss.gov.cn/xxgk2020/fdzdgknr/zcfg/gfxwj/jy/202111/t20211117_428102.html。

资源服务产业体系，提高我国经济综合竞争力、持续改善民生、促进高质量发展提供了有力支撑。尽管我国人力资源服务业发展取得明显成效，但在总量规模、服务功能、服务质量、专业化程度、国际竞争力等方面，还存在发展不平衡不充分、总体水平不高等问题。为进一步推进我国人力资源服务业高质量发展，《意见》立足新发展阶段，贯彻新发展理念，服务构建新发展格局，就“十四五”时期我国人力资源服务业发展的总体要求、重点任务和政策措施进行了规划部署。

政策解读：

首先，人力资源服务业发展要坚持以促进就业为根本。

李克强总理指出发展人力资源服务业，要“以实施就业优先战略、人才强国战略和乡村振兴战略为引领”，“更好促进就业扩大和优化人力资源配置，更大激发亿万劳动者和各类人才的创业创新活力，带动新动能成长，为提高我国经济综合竞争力、持续改善民生、促进高质量发展提供有力支持”①。人力资源服务业紧紧围绕促进就业这个根本，为广大劳动者提供更多优质就业岗位，为各类人才提供人尽其才、才尽其用的发展机会，既能够有力保障和改善民生，也能够激发各类人才创新创业活力，更好满足人民对美好生活的需要。

《意见》将“坚持促进就业、服务人才”作为人力资源服务业发展的第一条基本原则，发挥人力资源服务业匹配供需、专业高效的独特优势，有效破解就业结构性矛盾；将“服务能力持续增强”作为重要发展目标，特别是要提高人力资源供给与需求的匹配效率；将围绕重点群体、重点行业，实施人力资源服务行业促就业计划，向劳动者提供终身职业培训和就业服务，列为重点任务，形成了人力资源服务业促就业的“组合拳”。

其次，人力资源服务业对于就业服务要适应时代发展新需要。

一要适应新科技革命的发展需要。新一轮科技革命已经成为全球趋势，以“互联网+”为代表的数字经济迅速发展。与此相适应，我国人力资源服务业也开展了“互联网+”实践。为此，《意见》将数字化水平明显提升作

① 《李克强对第一届全国人力资源服务业发展大会作重要批示》，见 http://www.gov.cn/xinwen/2021-07/29/content_5628272.htm。

为人力资源服务业的发展目标之一，提出实施“互联网+人力资源服务”行动，强调创新应用大数据、人工智能、区块链等新兴信息技术，推动招聘、培训、人力资源服务外包、劳务派遣等业态提质增效；为确保人力资源数据安全，提出探索实行人力资源数据分类管理和风险评估，防止数据泄露和滥用。

二要适应新就业形态的需要。新就业形态是指伴随着互联网技术进步而出现的去雇主化、平台化的就业模式。新就业形态劳动者规模庞大，正在成为新就业形态的主力军。这些劳动者为人力资源服务业提供了很多机遇，但也带来市场秩序、劳动者权益保障等方面的突出问题。为此，《意见》提出“零工市场建设”，将统筹推进各类劳动力市场、人才市场、零工市场建设列为重点任务；同时，提出要规范发展网络招聘等人力资源服务，规范劳务派遣、人力资源服务外包、在线培训等人力资源服务；以加强劳动者的社会保障为重点，着力解决劳务派遣和劳务外包中的保障缺失和不足问题，维护劳动者合法权益。

三要适应我国人力资源流动的新趋势。一方面，我国人口流动规模日益增加，2021 年底流动人口达 3. 85 亿人，比 2020 年增加 885 万人，延续了高速增长态势，这为我国经济社会发展提供了充沛的动力和活力。另一方面，高层次、高技能人才短缺明显，特别是随着数字技术、数字经济的快速发展，各行业对具备数字技能的人才需求大幅增长，但相应的供给尚显薄弱。因此，《意见》提出“以提高人力资源要素配置效率为导向，推动行业向专业化和价值链高端延伸”，并提出要“坚持市场主导、政府推动”原则，发挥市场在人力资源配置中的决定性作用，更好发挥政府作用。

再次，人力资源服务业要坚持创新发展。

习近平总书记多次指出要把创新摆在国家发展全局的核心位置，对人才创新、技术创新以及治理创新作出重要论述。《意见》对如何推动人力资源服务业创新发展，提出了明确的方向和路径。

在方向方面，《意见》要求“以市场需求为导向，推动人力资源服务管理创新、技术创新、服务创新、产品创新”。需求是决定行业发展的根本性因素，只有以需求端为中心，准确识别环境变化带来的机遇和威胁，有效填补市场空缺，才能赢得先机，实现持续发展。

在路径方面,《意见》指出,一是重点发展猎头服务。国际上猎头行业已经非常成熟,而我国猎头行业还处于初步发展阶段,具有巨大成长空间。二是鼓励发展人力资源管理咨询、人才测评等高人力资本、高技术、高附加值业态。我国很多人力资源服务机构主要还是提供现场招聘、人事代理、档案管理、社会保障经费代收代缴等传统、单一的产品,专业化程度低,产品同质化严重,必须走发展新兴、高附加值的人力资源服务业态的路子。三是实施"互联网+人力资源服务"行动。推动互联网技术和传统人力资源服务产品或模式相结合,实现产品或经营模式的创新。此外,支持人力资源服务机构向现代服务业相关细分行业拓展经营范围、支持人力资源服务龙头企业做强做优等,也是推动人力资源服务业创新发展的可行路径选择。

此外,《意见》还就强化人力资源支撑经济高质量发展作用,健全完善高水平人力资源服务产业园体系,推动人力资源服务业开放发展、规范发展等进行了阐述,并从实行财政支持政策、落实税收优惠政策、拓宽投融资渠道、完善政府购买服务等方面提出了具体政策措施,全景描绘了我国人力资源服务业高质量发展的路线图。①

(三)中共中央、国务院《关于加快建设全国统一大市场的意见》

加快建设全国统一大市场,是建设高标准市场体系、构建高水平社会主义市场经济体制的必然选择,也是构建新发展格局的基础支撑和内在要求。为加快建设高效规范、公平竞争、充分开放的全国统一大市场,2022 年 3 月 25 日,中共中央、国务院出台《关于加快建设全国统一大市场的意见》②(以下简称《意见》)。

政策背景:

党中央高度重视统一大市场建设工作。党的十八届三中全会提出,建设统一开放、竞争有序的市场体系,是使市场在资源配置中起决定性作用的基础。党的十九大提出,清理废除妨碍统一市场和公平竞争的各种规定和做法。党的十九届四中全会提出,建设高标准市场体系,完善公平竞争制

---

① 高文书:《推动人力资源服务业更好发展发挥更大作用》,见 http://www.mohrss.gov.cn/rlzyscs/rlzyldgls_gzdt/202203/t20220308_437641.html。

② 中国政府网,见 http://www.gov.cn/zhengce/2022-04/10/content_5684385.htm。

度，全面实施市场准入负面清单制度。党的十九届五中全会提出，健全市场体系基础制度，坚持平等准入、公正监管、开放有序、诚信守法，形成高效规范、公平竞争的国内统一市场。2021 年 12 月 17 日，习近平总书记主持召开中央全面深化改革委员会第二十三次会议时强调，构建新发展格局，迫切需要加快建设高效规范、公平竞争、充分开放的全国统一大市场，建立全国统一的市场制度规则，促进商品要素资源在更大范围内畅通流动。

近年来，全国统一大市场建设工作取得重要进展，统一大市场规模效应不断显现，基础制度不断完善，市场设施加快联通，要素市场建设迈出重要步伐，建设统一大市场的共识不断凝聚，公平竞争理念深入人心。但也要看到，实践中还有一些妨碍全国统一大市场建设的问题，市场分割和地方保护比较突出，要素和资源市场建设不完善，商品和服务市场质量体系尚不健全，市场监管规则、标准和程序不统一，超大规模市场对技术创新、产业升级的作用发挥还不充分等。落实构建新发展格局的战略部署，必然要求加快建设全国统一大市场，畅通全国大循环。

政策解读：

首先，提高认识，增强全国统一大市场建设紧迫感。当前，世界百年未有之大变局加速演进，要从全局和战略高度认识和推动全国统一大市场建设。

构建新发展格局的关键在于经济循环的畅通无阻，必须用足用好超大规模市场优势，畅通国内大循环，形成对全球要素资源的强大吸引力，并以国际循环提升国内大循环效率和水平。加快建设全国统一大市场，破除各种封闭小市场、自我小循环，有利于推动国内市场高效畅通和规模拓展，形成供需互促、产销并进、畅通高效的国内大循环，有利于更好利用全球要素和市场资源，培育参与国际竞争合作新优势。

新发展阶段，构建与全面建设社会主义现代化国家相适应的高水平社会主义市场经济体制，必须不断在经济体制关键性基础性重大改革上突破创新。加快建设全国统一大市场，破除妨碍各种生产要素市场化配置和商品服务流通的体制机制障碍，有利于充分发挥市场和价值规律的作用，促进高标准市场体系建设，推动构建更加系统完备的高水平社会主义市场经济体制。

随着我国经济转向高质量发展阶段，创新成为引领发展的第一动力。这就要求推动有效市场和有为政府更好结合，为各类创新活动提供更加广阔的市场空间和更加规范的市场环境。加快建设全国统一大市场，强化竞争政策基础地位，提高政策统一性、规则一致性、执行协同性，有利于以统一大市场激励创新、优化分工、促进竞争，使创新要素有序流动和合理配置。

其次，立破并举，把握建立全国统一大市场的重点任务。《意见》坚持问题导向、立破并举，从六个方面明确了建设全国统一大市场的重点任务。

从立的角度，《意见》明确要抓好五个统一。一是强化市场基础制度规则统一，推动完善统一的产权保护制度，实行统一的市场准入制度，维护统一的公平竞争制度，健全统一的社会信用制度。二是推进市场设施高标准联通，以升级流通网络、畅通信息交互、丰富平台功能为抓手，着力提高市场运行效率。三是打造统一的要素和资源市场，推动建立健全统一的土地和劳动力市场、资本市场、技术和数据市场、能源市场、生态环境市场。四是推进商品和服务市场高水平统一，以人民群众关心、市场主体关切的领域为重点，着力完善质量和标准体系。五是推进市场监管公平统一，以增强监管的稳定性和可预期性为保障，着力提升监管效能。

从破的角度，明确要进一步规范不当市场竞争和市场干预行为。意见从着力强化反垄断、依法查处不正当竞争行为、破除地方保护和区域壁垒、清理废除妨碍依法平等准入和退出的规定做法、持续清理招标采购领域违反统一市场建设的规定和做法等五方面作出明确部署，旨在打破各种制约全国统一大市场建设的显性、隐性壁垒。

再次，分类施策，建设高标准全国统一大市场。

随着经济发展和市场化改革推进，我国多门类、开放型的商品市场体系不断完善，市场规模持续扩大，多层次、多样化的要素市场体系也已基本形成，但还存在发展不平衡问题，特别是要素市场发展相对滞后，制约了新发展格局下要素配置效率的提高。为此，《意见》坚持问题导向，明确指出“打造统一的要素和资源市场”。

比如，对土地和劳动力市场，《意见》提出，完善城乡建设用地增减挂钩节余指标、补充耕地指标跨区域交易机制，完善财政转移支付和城镇新增建设用地规模与农业转移人口市民化挂钩政策。对资本市场，提出统一动产和权利担保登记,加强区域性股权市场和全国性证券市场板块间的合作衔接,推动债券市场基础设施互联互通,健全权责清晰、分工明确、运行顺畅的监管体系。

另外,《意见》还强调“推进商品和服务市场高水平统一”,提出健全商品质量体系,建立健全质量分级制度,推动质量认证结果跨行业跨区域互通互认;完善标准和计量体系,加快制定面部识别等智能化识别系统的全国统一标准和安全规范,加强标准必要专利国际化建设;全面提升消费服务质量,推动跨国跨地区经营的市场主体为消费者提供统一便捷的售后服务,完善服务市场预付式消费管理办法。

加快建设全国统一大市场是一项复杂的系统工程,需要处理好顶层设计与基层探索的关系。对此,《意见》提出,探索研究全国统一大市场建设标准指南,动态发布不当干预全国统一大市场建设问题清单,建立健全促进全国统一大市场建设的部门协调机制;优先开展区域市场一体化建设工作,积极总结并复制推广典型经验做法。总之,抓好《意见》落实,我国超大规模统一市场的优势将更加明显,形成对构建新发展格局的雄厚支撑。①

二、促进就业与技能开发的相关政策法规

(一) 国务院《“十四五”就业促进规划》

就业是最大的民生,也是经济发展最基本的支撑。“十四五”时期,实现更加充分更高质量就业,是推动高质量发展、全面建设社会主义现代化国家的内在要求,是践行以人民为中心发展思想、扎实推进共同富裕的重要基础。面对“十四五”时期的新机遇、新挑战,为了实现更加充分更高质量的就业,2021 年 8 月 23 日,国务院发布《“十四五”就业促进规划》②(以下简称《规划》)。

政策背景:

“十四五”时期,是开启全面建设社会主义现代化国家新征程的第一个

---

① 刘涛:《我国超大规模市场优势将更加明显》,《光明日报》2022 年 4 月 12 日。

② 中国政府网,见 http://www.gov.cn/zhengce/zhengceku/2021-08/27/content_5633714.htm。

五年,随着我国进入高质量发展阶段,经济稳中向好、长期向好,就业局势将保持长期稳定,这是我们的一个基本判断。与此同时,我国人口结构与经济结构深度调整,劳动力供求两端均出现较大变化,就业总量压力依然较大,结构性就业矛盾更加突出,将成为就业领域的主要矛盾。同时,经济发展的不确定性也会带来挑战,促进就业任务依然艰巨。

面对“十四五”时期的新机遇、新挑战,《规划》以实现更加充分更高质量就业为目标,以深入实施就业优先战略为主线,坚持市场主导、政府调控,注重政策、服务、培训、权益保障协同,努力推动就业事业高质量发展,支撑经济社会发展大局。总的目标是实现城镇新增就业 5500 万人以上,城镇调查失业率控制在 5.5%以内,就业局势总体平稳,就业质量稳步提升,结构性就业矛盾有效缓解,创业带动就业动能持续释放,风险应对能力显著增强。

政策解读:

首先,《规划》坚持扩容和提质双向发力。扩容就是坚持经济发展、就业导向,财政、货币等宏观政策聚力支持就业,千方百计扩大就业容量。坚持鼓励创业带动就业,支持多渠道灵活就业和新就业形态发展,培育接续有力的就业新动能。提质就是推动劳动报酬提高与劳动生产率提高基本同步,健全覆盖城乡劳动者的社会保障体系,努力消除就业歧视,切实保障妇女在就业创业等方面的合法权益,促进平等就业。

其次,《规划》坚持培训和服务双轮驱动。更加重视缓解结构性就业矛盾,强调要发挥职业培训的牵引作用,聚焦劳动者技能素质提升,大规模多层次开展职业培训。同时,要更加重视解决摩擦性失业问题。要发挥就业服务的促进作用,强化公共就业服务的兜底保障职能,发挥经营性人力资源服务机构效能。

再次,《规划》坚持保重点和防风险双侧协同。保重点就是突出抓好高校毕业生、退役军人、农村转移劳动力、就业困难人员等重点群体的就业,同时适应青年就业压力加大、人口老龄化等趋势,提出做好青年、大龄劳动者就业;防风险就是统筹发展和安全,完善就业失业统计监测调查体系,加强大数据等技术应用,增强风险预警和处置能力,切实防范化解规模性失业风险,兜牢民生底线。

（二）人力资源社会保障部、国家发展改革委、民政部、财政部《关于实施提升就业服务质量工程的通知》

就业服务是国家基本公共服务的重要组成，是稳定扩大就业、化解失业风险的基础手段。提升就业服务质量对推进实现更加充分更高质量就业、改善民生福祉、促进经济发展和社会和谐具有重要作用。为贯彻党中央、国务院关于稳就业、保居民就业决策部署，2021 年 9 月 12 号，人力资源社会保障部、国家发展改革委、民政部、财政部等部门发布《关于实施提升就业服务质量工程的通知》[①]（以下简称《通知》）。

政策背景：

提升就业服务质量，对实现更加充分更高质量就业、改善民生福祉、促进经济发展和社会和谐具有重要作用。当前，稳就业任务更加繁重艰巨，对就业服务的质量和水平提出新要求。一方面，国内外环境复杂性不确定性加剧，加之疫情多发，不仅打乱招聘节奏，也影响就业市场用人需求，给就业注入不稳定因素。另一方面，随着人民对美好生活的需要日益增长，就业服务需求更趋多层次多样化，高校毕业生、农民工、脱贫人口等重点群体需要更高品质的就业服务。无论是应对新的下行压力给就业带来的冲击，还是满足不同群体的多元化就业需求，都要求均等化的就业服务制度更加健全、广覆盖的就业服务功能和体系不断完善、专业化智慧化就业服务能力显著提升。

政策解读：

《通知》主要从以下几方面提升就业服务质量。

首先，推进公共就业服务均等化。一是拓宽就业服务覆盖范围，坚持均等服务与重点服务相结合，确保年满 16 周岁（含）至依法享受基本养老保险待遇、有劳动能力、有就业需求、处于失业状态的城乡劳动者（含港澳台劳动者），均可在常住地（户籍地、参保地、就业地）享受基本公共就业服务。二是加强对市场主体服务力度。健全重点企业用工常态化服务机制，对国家和地方政府确定的重点群体提供多种服务。三是注重职业技能培训实

① 中华人民共和国人力资源和社会保障部网站，见 http://www.mohrss.gov.cn/xxgk2020/fdzdgknr/zcfg/gfxwj/jy/202110/t20211021_425811.html。

效。强化就业导向，强化重点群体技能培训和创业培训，精准开展“菜单”式培训和定岗定向培训，实现培训培养与企业岗位需求的有效衔接。

其次，推进公共就业服务智慧化。

一是推进“互联网+”公共就业服务，加快省级集中的就业管理信息系统建设，提升业务管理和公共服务能力。持续推进就业信息联网发布，提升一站式求职招聘服务能力。加快与相关部门数据共享和比对分析，支持更好开展公共就业服务。

二是探索运用大数据、云计算等技术手段，依据服务对象需求，匹配推送岗位信息。

再次，推进公共就业服务主体多元化。

一是强化公共就业服务机构建设。完善县级以上公共就业服务机构的设立，健全街道(乡镇)和社区(村)基层公共就业服务平台功能，统筹优化现有的综合性服务场所和人才市场、职业培训机构、创业服务机构等专业化服务场所，提供招聘求职、创业服务、失业管理、重点群体帮扶等服务。

二是创新人力资源服务机构管理。优化人力资源服务行政许可审批流程，支持通过兼并、收购、重组、联盟等方式，分类培育综合性人力资源服务企业和专精特新人力资源服务企业、单项冠军企业，引领行业高质量发展。鼓励服务创新和产品创新，满足多样化需求。

三是强化就业服务社会组织培育。发挥各级各类社会组织参与就业服务积极作用，支持行业协会商会等社会组织结合自身业务范围和专长，广泛动员志愿服务组织、慈善组织、专业社会工作服务机构、爱心企业和个人参与提供公益性公共就业创业服务。

四是促进零工市场有序发展。加强零工市场建设，将零工信息纳入公共就业服务范围，支持有条件的地区建设一批规范化零工市场，对已经稳定运行的要掌握基本情况，按需提供水电等基础保障，坚决杜绝直接取缔、“一关了之”等一刀切做法。

（三）人力资源社会保障部《关于健全完善新时代技能人才职业技能等级制度的意见(试行)》

为贯彻落实习近平总书记关于产业工人队伍建设和技能人才工作的一

系列重要指示精神，根据中共中央、国务院关于新时期产业工人队伍建设改革、加强和改进新时代人才工作等有关文件要求，2022 年 3 月 18 日，人力资源社会保障部发布《关于健全完善新时代技能人才职业技能等级制度的意见（试行）》[①]（以下简称《意见》）。

政策背景：

2013 年以来，按照党中央、国务院部署要求，人力资源社会保障部推进职业资格“放管服”改革，经报国务院同意，分七批取消 70%以上职业资格许可和认定事项，建立国家职业资格目录，实行清单式管理。同时，由通过全社会公开遴选的用人单位和社会培训评价组织实施职业技能等级认定，目前主要分初级工、中级工、高级工、技师和高级技师五个等级。但是，由于技能等级（岗位）设置不健全，技能人才职业发展在纵向晋升上存在“天花板”问题，以及职业技能水平与使用待遇不能有效结合等问题，技能人员的地位和待遇水平不高，吸引力不强，技能人才特别是高技能人才缺乏，不能适应经济社会高质量发展需要和技能人才工作实际要求。近年来，高技能人才与专业技术人才虽已实现职业发展贯通，却难以有效引导广大技能人才立足本职、扎根岗位、实现岗位成长成才。为此，亟须健全完善技能人才职业技能等级制度。

政策解读：

《意见》包括健全职业技能等级制度体系，完善职业技能等级认定机制，促进职业技能等级认定结果与培养使用待遇相结合，以及加强服务监管等内容。具体来看，有以下几个创新点。

一是健全技能岗位等级设置，畅通技能人才职业发展通道。《意见》提出，企业根据技术技能发展水平等情况，结合实际，在现有职业技能等级设置的基础上适当增加或调整技能等级。对设有高级技师的职业（工种），可在其上增设特级技师和首席技师技术职务（岗位），在初级工之下补设学徒工，形成由学徒工、初级工、中级工、高级工、技师、高级技师、特级技师、首席技师构成的职业技能等级（岗位）序列。行业企业根据自身特点，考虑历史

---

① 中华人民共和国人力资源和社会保障部网站，见 http://www.mohrss.gov.cn/xxgk2020/fdzdgknr/zcfg/gfxwj/rcrs/202205/t20220517_448513.html。

沿用、约定俗成等因素，对上述技能等级名称可使用不同称谓，并明确其与相应技能等级的对应关系。

二是完善职业技能等级制度内涵。《意见》强调，建立与国家职业资格制度相衔接、与终身职业技能培训制度相适应，并与使用相结合、与待遇相匹配的新时代技能人才职业技能等级制度。这表明职业技能等级制度不仅是技能人才评价制度，更是兼顾培训、使用、待遇等在内的技能人才制度。

三是建立与职业技能等级（岗位）序列相匹配的岗位绩效工资制。目前实施的由初级工、中级工、高级工、技师和高级技师五个等级构成的技能评价，其评价结果与工资薪酬联系不够紧密，也就是说，技能水平在工资薪酬中未能得到很好的体现和反映。而此次出台的《意见》要求，建立与职业技能等级（岗位）序列相匹配的岗位绩效工资制，强化工资收入分配的技能价值激励导向。引导用人单位建立基于岗位价值、能力素质、业绩贡献的工资分配制度，将职业技能等级作为技能人才工资分配的重要参考，突出技能人才实际贡献，通过在工资结构中设置体现技术技能价值的工资单元，或根据职业技能等级设置单独的技能津贴等方式，合理确定技能人才工资水平，实现多劳者多得、技高者多得。

（四）人力资源社会保障部、工业和信息化部、国务院国资委《制造业技能根基工程实施方案》

为深入贯彻习近平总书记关于技能人才工作重要指示精神，实施新修订的《中华人民共和国职业教育法》，全面落实《“十四五”职业技能培训规划》，加快培养制造业高质量发展急需的高素质技能人才，2022 年 6 月 2 日，人力资源社会保障部、工业和信息化部、国务院国资委联合制定了《制造业技能根基工程实施方案》①（以下简称《实施方案》）。

政策背景：

制造业是国民经济的主体，是科技创新的主战场，是立国之本、兴国之器、强国之基。技能人才是支撑中国制造、中国创造的重要力量，是联结技

① 中华人民共和国人力资源和社会保障部网站，见 http://www.mohrss.gov.cn/xxgk2020/fdzdgknr/zcfg/gfxwj/rcrs/202206/t20220609_452338.html。

术创新与生产实践最核心最基础的劳动要素。党中央、国务院高度重视制造业技能人才工作，适应制造强国、质量强国建设，推行终身职业技能培训制度，组织实施高技能人才振兴计划和职业技能提升行动，大规模培养技能人才。

当前，我国进入新发展阶段，新一轮科技革命和产业变革深入发展，制造业高质量发展急需一大批爱岗敬业、掌握精湛技能的高素质技能人才、能工巧匠、大国工匠。但技能人才培养培训、评价激励制度和发展使用环境有待优化，技能就业、技能成才对劳动者特别是青年吸引力不强，迫切需要把制造业技能人才培养放在更加突出的位置，健全多层次培养体系，加大制造业技能人才培养工作力度。

政策解读：

首先，《实施方案》顺应时代发展，注重前瞻性。《实施方案》立足"制造强国""人才强国"战略，准确把握新时期制造业面临的新发展形势和新任务，突出技能人才在技术变革、产业转型升级中的主体作用，研判制造业重点领域紧缺急需人才，针对现实存在的技能人才发展短板弱项，围绕培养、使用、评价、激励等重点环节，提出一系列重大举措，形成制度性安排，加快培养制造业高质量发展急需的高素质技能人才。《实施方案》着眼技能更新迭代，提出动态发布新职业和加快制定国家职业技能标准，大力建设先进制造业需要的新兴专业和优质专业等措施，打破了传统的基于经验的决策方式，建立政策的"随动"调节机制，主动谋划、前瞻部署，确保人才链、产业链、创新链同步发展和深度融合。

其次，《实施方案》定位清晰，突出重点。《实施方案》突出"高精尖缺"导向，依托分层、定向、差异化的配套措施，以点带面，强化政策举措的科学性、针对性、有效性。《实施方案》还进一步聚焦高技能人才，特别是技师、高级技师、特级技师、首席技师培训研修，形成规模化培训示范效应。这将更好引领带动广大技能劳动者主动提升技能、钻研技术，激励更多人投身技能报国，不断壮大技能人才队伍、充实后备梯队储备、改善人才素质结构。

再次，《实施方案》强化系统性、协同性。《实施方案》坚持系统观念，注重统筹协调、资源共享和业务整合，建立多元主体协同治理模式。《实施方案》要求建立人力资源社会保障、工业和信息化、国资等部门共同参与的工作机制;提出探索组建一批聚焦制造、突出创新、效益显著的技工教育联盟(集团),探索推行"工程师+高技能领军人才"的团队合作模式;通过企校双师带徒、工学结合模式对新招用职工、在岗职工和转岗职工进行学徒培训等一系列硬招、实招。上述举措,以部门联动、多向发力的方式,整合政府、行业企业、社会等多方面资源要素,充分调动不同类型主体积极性,统筹培养、使用、评价、激励各业务条线,并兼顾产业格局差异性,使各类政策形成合力,建立技能人才开发工作的"协同作战"模式,有效提升技能人才治理能力。①

三、促进人力资源开发、民生方面的相关政策法规

(一)人力资源社会保障部、教育部、发展改革委、财政部《"十四五"职业技能培训规划》

开展大规模职业技能培训,是提升劳动者就业创业能力、缓解结构性就业矛盾、促进扩大就业的重要举措,是推动高质量发展的重要支撑。为推动推动职业技能培训高质量发展,建设规模宏大、质量过硬、结构合理的技能劳动者队伍,2021 年 12 月 15 日,人力资源社会保障部、教育部、发展改革委、财政部联合印发《"十四五"职业技能培训规划的通知》(以下简称《规划》)。②

政策背景:

党中央、国务院高度重视职业技能培训工作。习近平总书记多次作出重要指示批示,要求健全技能人才培养、使用、评价、激励制度,大力发展技工教育,大规模开展职业技能培训,加快培养大批高素质劳动者和技术技能人才。李克强总理强调,职业技能培训是提升劳动者就业创业能力、缓解结构性就业矛盾、促进扩大就业的重要举措,要实施好职业技能提升行动。各级人社部门深入贯彻党中央、国务院决策部署,坚持改革创新,全力推进职

① 童天:《以改革为动力,筑牢制造强国技能根基》,见 http://www.mohrss.gov.cn/xxgk2020/fdzdgknr/zcjd/zcjdwz/202206/t20220620_454659.html。

② 中国政府网,见 http://www.gov.cn/zhengce/zhengceku/2021-12/17/content_5661662.htm。

业技能培训事业的发展。“十三五”时期，全国共组织开展补贴性职业技能培训近1亿人次；其中培训企业职工超过3000万人次，农民工超过4000万人次，贫困劳动力超过900万人次。全国技能人才总量超过2亿人，高技能人才总量已超过5000万人。

“十四五”时期，我国开启全面建设社会主义现代化国家、向第二个百年奋斗目标进军新征程。党中央、国务院部署实施就业优先战略，健全终身职业技能培训制度，为职业技能培训事业发展提供了根本保证。就业新增长点和新就业形态也在不断发展变化中，迫切需要劳动者提升人力资本和专业技能。与此同时，职业培训也面临一些新的挑战。主要是以下三个方面。

一是技能人才培养不适应产业转型升级和技术进步的要求；二是“就业难”和“招工难”两难并存，也就是结构性就业矛盾突出，重点就业群体的就业创业能力与用人单位需求存在差距；三是培训基础能力薄弱，主要是培训的供给能力还不足，培训的针对性、实效性还需要进一步提高，尊重劳动、尊重技能的社会氛围也有待于进一步优化。

“十四五”时期职业技能培训工作要以习近平新时代中国特色社会主义思想为指导，立足新发展阶段，配合实施国家重大战略，进一步加大工作力度，吸引更多劳动者技能就业技能成长成才，为全面建设社会主义现代化国家提供有力的技能人才支撑。

政策解读：

《规划》按照国家“十四五”规划纲要“实施就业优先战略”“培养造就高水平人才队伍”建设等要求，与《“十四五”就业促进规划》相互衔接，提出了“十四五”时期加强职业技能培训工作的指导思想、基本原则、主要目标、重点任务和保障措施，这是我国首次编制的国家级职业技能培训五年专项规划。《规划》有四方面的创新举措。

一是在健全完善终身职业技能培训体系方面，提出要从“三年行动”转化为“五年规划”，并强调要大力开展以企业职工为重点的就业群体职业培训，特别要加强创业培训和新业态就业技能培训，深入实施创业培训“马兰花计划”，实现创业阶段全覆盖。

二是在提升培训的供给能力方面，加大了基础能力和供给能力。提出要健全培训资源贡献机制，实施职业技能培训场地、设备共建共享行动。鼓励企业建设职业技能培训基地，推进院校开展职业技能培训工作，支持民办培训机构和线上培训平台规范发展。

三是在提升培训质量上。数字技能培训与现代经济社会发展需求的吻合度要有进一步的提升，同时要严格培训资金的管理，保证钱不光能够用得出，而且能够用得好。

四是在职业技能培训的标准化建设上，提出要建立健全职业培训工作多元化、多层次标准框架体系，要加强师资队伍建设，推动职业技能培训信息化建设。

（二）国务院《“十四五”国家老龄事业发展和养老服务体系规划》

为实施积极应对人口老龄化国家战略，推动老龄事业和产业协同发展，构建和完善兜底性、普惠型、多样化的养老服务体系，不断满足老年人日益增长的多层次、高品质健康养老需求，根据《中华人民共和国老年人权益保障法》《中华人民共和国国民经济和社会发展第十四个五年规划和 2035 年远景目标纲要》和《国家积极应对人口老龄化中长期规划》，2021 年 12 月 30 日，国务院发布《“十四五”国家老龄事业发展和养老服务体系规划》①（以下简称《规划》）。

政策背景：

在党中央、国务院的坚强领导下，国家发展改革委、民政部、国家卫生健康委等部门贯彻落实积极应对人口老龄化国家战略，老龄事业发展和养老服务体系建设取得一系列新成就。一是多元社会保障不断加强。基本社会保险进一步扩大覆盖范围，商业养老保险、商业健康保险快速发展。二是养老服务体系不断完善。初步形成居家社区机构相协调、医养康养相结合的养老服务体系，不断强化保基本、促普惠、多样化的养老服务供给。三是健康支撑体系不断健全。医养结合服务有序发展，老年人健康管理服务全覆盖，人均预期寿命提高到 77.9 岁。四是老年人社会融入程度不断加深。老

---

① 中国政府网，见 http://www.gov.cn/zhengce/content/2022-02/21/content_5674844.htm。

年人教育文化、体育娱乐、康养旅游等活动不断丰富,老年人社会参与方式更加多样,老年人居住出行、智能技术、权益保障等软性和硬性、虚拟和现实的社会环境不断优化提升。五是银发经济持续发展。老年用品制造业和服务业加快转型升级,产业规模和科技水平不断提升,新业态不断涌现。

当然,我们也要看到,我国老年人口规模大、老龄化速度快,老龄事业和养老服务还存在不平衡不充分的领域,事业产业协同发展尚需提升。新形势下,老龄事业发展和养老服务体系建设要与人口老龄化进程相适应,与我国社会主义现代化建设目标相适应,与人民群众日益增长的物质和服务需求相适应,为此尚需系统谋划、持续推进。

政策解读:

首先,《规划》坚持以老年人需求为导向,让老年人养老更安全,更放心、更舒心。内容涵盖了织牢兜底性养老服务网、扩大普惠型养老服务供给、推动居家社区养老服务高质量发展等多方面内容。如《规划》在织牢兜底性养老服务网方面,从健全基本养老服务政策体系、发挥公办养老机构兜底保障作用、加快发展农村养老服务三个方面进行部署。在推动居家和社区养老服务进入高质量发展中,朝着"老年人哪里多、我们就把养老服务机构办在哪"的方向,优化设施布局;朝着"老年人需要什么、我们就提供什么服务"的方向,创新服务形式;朝着"老年人关心什么,我们就解决什么问题"的方向,加大和优化为老服务供给。

其次,《规划》坚持时代导向,创新解决问题。《规划》重点任务里专章提出"大力发展银发经济",这在养老的五年发展规划中尚属首次。在供给侧,政策一直鼓励和推动老龄领域市场和业态发展。国家发展改革委等部门报请国务院印发《关于加快发展养老服务业的若干意见》等政策文件,各部门、各省市均密集出台支持老龄产业发展的政策意见,国有、民间资本在老龄产业项目的投资热情持续升高。从需求侧,"十四五"时期,老年人口结构、经济社会条件都发生变化,老年人的需求结构正在从生存型向发展型转变,需求端的改变使银发经济的发展条件日益成熟。

《规划》中提到,发展中国特色银发经济,就要发挥有为政府和有效市场的双重优势。一方面,要坚守政府保基本、兜底线职能,为特殊困难老年人提供均等可及的服务和产品,推动中国特色养老服务体系惠及每位老年人；另一方面，充分发挥国有资本、社会资本等不同资本，企业、民办非企业单位等不同组织在扩大供给规模、提高供给质量、满足多层次民生需求的作用，推动形成国内强大市场。通过建立系统性、整体性的产业发展政策来推动银发经济健康稳步可持续发展，将是14亿人口大国向全世界展示积极应对人口老龄化"中国模式"的必由之路。

再次，《规划》坚持落实效果，强调增强发展要素支撑体系，这在养老的五年发展规划中首次提出。此次《规划》单独设立要素支撑体系部分，原因是老龄事业和产业协同发展，完善养老服务体系的要求越来越高，这就需要持续加大发展要素的支撑，要素数量、结构、质量都要实现升级，要素之间还要形成高效协同的作用机制，才能推动事业发展和服务完善，才能更好对接需求端的升级，满足群众日益增长的物质和服务需求。

（三）《中华人民共和国职业教育法》修订

为了推动职业教育高质量发展，提高劳动者素质和技术技能水平，促进就业创业，建设教育强国、人力资源强国和技能型社会，推进社会主义现代化建设，2022年4月20日，第十三届全国人民代表大会常务委员会第三十四次会议对《中华人民共和国职业教育法》进行修订（以下简称"新《职业教育法》"）。①

政策背景：

职业教育是国民教育体系和人力资源开发的重要组成部分，是培养多样化人才、传承技术技能、促进就业创业的重要途径。党中央、国务院高度重视职业教育改革发展。习近平总书记强调，要把职业教育摆在更加突出的位置，优化职业教育类型定位，深入推进育人方式、办学模式、管理体制、保障机制改革，增强职业教育适应性，加快构建现代职业教育体系，培养更多高素质技术技能人才、能工巧匠、大国工匠，为促进经济社会发展和提高国家竞争力提供优质人才资源支撑。李克强总理要求，要瞄准技术变革和产业优化升级的方向，推进产教融合、校企合作，吸引更多青年接受职业技

① 中华人民共和国教育部网站，见 http://www.moe.gov.cn/jyb_sjzl/sjzl_zcfg/zcfg_jyfl/202204/t20220421_620064.html。

能教育，促进教育链、人才链与产业链、创新链有效衔接，努力培养数以亿计的高素质技术技能人才。

现行职业教育法于1996年公布施行，对发展职业教育、提高劳动者素质、推动经济社会发展发挥了积极作用。随着我国进入新发展阶段，职业教育发展面临新形势、新要求。与建设现代化经济体系、建设教育强国的要求相比，我国职业教育还存在体系建设不够完善、企业参与办学动力不足、办学和人才培养质量参差不齐等问题。党的十九大报告提出，完善职业教育和培训体系，深化产教融合、校企合作。国务院先后印发了《关于加快发展现代职业教育的决定》《国家职业教育改革实施方案》等文件，就职业教育改革发展出台一系列政策举措。为深入贯彻习近平总书记重要指示批示精神和党中央、国务院决策部署，解决职业教育领域突出问题，有必要对现行职业教育法进行修订。

政策解读：

与1996年《职业教育法》相比，本次修订后的新《职业教育法》的主要亮点和特点体现在以下几个方面。

首先，明确了职业教育的目的范畴。

新《职业教育法》明确地规定了职业教育的目的。其规定，职业教育的目的是“提高劳动者素质和技术技能水平，促进就业创业，建设教育强国、人力资源强国和技能型社会，推进社会主义现代化建设”。我国正处于转变发展方式、推进经济高质量发展、产业向中高端转换的时期，需要大量具有素质和技术技能的人才。同时，就业是民生之本，培养具有素质和技术技能的劳动者，有利增强劳动者的就业能力，推动高质量就业目标的实现。职业教育需要担负起提高劳动者素质和技术技能水平的责任，通过培养高素质的技术技能人才，促进就业创业，为国家的现代化建设提供合格的技术技能人才。

与职业教育的目的定位相呼应，新《职业教育法》把职业教育定义为“为了培养高素质技术技能人才，使受教育者具备从事某种职业或者实现职业发展所需要的职业道德、科学文化与专业知识、技术技能等职业综合素质和行动能力而实施的教育，包括职业学校教育和职业培训”。培养高素质技术技能人才的职业教育通过职业学校教育和职业培训实施。强调职业学校教育和职业培训并举，有助于劳动者通过不同形式和不同阶段的职业教育提升自己的素质和技术技能。

其次，凸显了职业教育的地位作用。

为了全面提升职业教育在国家整个教育体系和社会中的地位和认知度，新《职业教育法》规定："职业教育是与普通教育具有同等重要地位的教育类型，是国民教育体系和人力资源开发的重要组成部分，是培养多样化人才、传承技术技能、促进就业创业的重要途径。"这一规定将职业教育确定为与普通教育具有同等重要地位的教育类型，大大提升了职业教育的地位。

同时，在教师机会与待遇方面，在受职业教育者的机会和待遇方面，新《职业教育法》要求提高职业教育教师的专业素质与社会地位，国家建立健全职业教育教师培养培训体系，符合职业教育特点和发展要求的职业学校教师岗位设置和职务（职称）评聘制度，提升职业教育教师的素质和职业发展机会。在受职业教育者的机会和待遇方面，新《职业教育法》规定：职业学校学生在升学、就业、职业发展等方面与同层次普通学校学生享有平等机会，真正提高职业教育的社会认知度。

再次，优化了职业教育的构成体系。

为了发挥职业教育培养高素质技术技能人才，提升职业教育地位，保证受教育者在职业生涯的不同阶段接受相应的职业学校教育和职业培训，推动职业生涯发展，获得公平的受教育机会，享受平等的待遇，新《职业教育法》在职业教育体系构建方面注重协调平衡职业教育内外部关系，构建纵向贯通和横向融通的"立体交叉型"现代职业教育体系。新《职业教育法》规定："国家建立健全适应经济社会发展需要，产教深度融合，职业学校教育和职业培训并重，职业教育与普通教育相互融通，不同层次职业教育有效贯通，服务全民终身学习的现代职业教育体系。国家优化教育结构，科学配置教育资源，在义务教育后的不同阶段因地制宜、统筹推进职业教育与普通教育协调发展。"这一体系的建立将有助于解决职业教育内部职业学校教育、技工教育和职业培训缺乏融通的问题，职业教育与普通教育不能互通的问题，大大提高劳动者参加各种职业教育的积极性。这种纵向贯通、横向融通，兼顾职业学校教育和职业培训，推进职业教育和普通教育协调发展，服务全民终身学习的现代职业教育的体系，为义务教育后的劳动者提供接受不同种类和层次的职业教育和普通教育打开了通道。

四、促进社会保障的相关政策法规

（一）人力资源社会保障部、国家乡村振兴局《关于加强国家乡村振兴重点帮扶县人力资源社会保障帮扶工作的意见》

为深入贯彻党中央、国务院关于巩固拓展脱贫攻坚成果、全面推进乡村振兴决策部署，大力支持国家乡村振兴重点帮扶县，2021 年 11 月 26 日，人力资源社会保障部、国家乡村振兴局发布《关于加强国家乡村振兴重点帮扶县人力资源社会保障帮扶工作的意见》（以下简称《意见》）①。

政策背景：

长期以来，乡村中青年、优质人才持续外流，人才总量不足、结构失衡、素质偏低、老龄化严重等问题较为突出，乡村人才总体发展水平与乡村振兴的要求之间还存在较大差距。而这些问题在乡村振兴重点帮扶县显得尤为突出。脱贫攻坚以来，脱贫县条件性短板有了极大改善，但其中素质性短板、人才瓶颈等问题尚未得到有效解决。为充分发挥就业帮扶增收入、技能帮扶强素质、社保帮扶保生活、人才人事帮扶促发展的职能作用，支持重点帮扶县巩固拓展脱贫攻坚成果、全面推进乡村振兴，人力资源社会保障部、国家乡村振兴局发布《意见》。

政策解读：

《意见》从五方面提出了倾斜支持政策，包括就业帮扶、技能帮扶、社保帮扶、人才人事帮扶、东西部人社协作等内容。

一是强调外部帮扶和内生动力相统一。

《意见》强调，要对国家乡村振兴重点帮扶县提供就业帮扶、技能帮扶、社保帮扶等政策，包括培树劳务品牌，推进劳务输出，实施国家乡村振兴重点帮扶地区职业技能提升工程，加大农业农村领域技能培训支持力度，巩固基本养老保险应保尽保成果等内容。但同时，《意见》又强调了对乡村既有

---

① 人力资源和社会保障部网站，见 http://www.mohrss.gov.cn/xxgk2020/fdzdgknr/zcfg/gfxwj/jy/202112/t20211206_429594.html。

人才的帮扶力度，突出增强乡村内生发展动力。如《意见》中提到，鼓励返乡入乡创业，创新乡村产业人才支持政策，落实事业单位人才管理倾斜政策，实施倾斜职称评聘和工资政策等内容，标本兼治破解重点帮扶县的人才问题。

二是强调东西部地区人社相协作。《意见》提出，在东西部地区要在就业帮扶中加大资金、资源、项目投入。鼓励结对关系调整前的东西部协作结对地区通过市场化方式支持重点帮扶县，包括强化就业协作、强化技能协作、强化人才协作等多方面内容。

（二）国务院办公厅《关于印发促进残疾人就业三年行动方案（2022—2024年）的通知》

为贯彻落实习近平总书记关于残疾人事业的重要指示批示精神和党中央、国务院决策部署，进一步巩固拓展残疾人脱贫攻坚成果，促进残疾人实现较为充分较高质量的就业，共建共享经济社会发展成果，逐步实现共同富裕，依据《"十四五"就业促进规划》《"十四五"残疾人保障和发展规划》，2022年3月25日，国务院办公厅发布《关于印发促进残疾人就业三年行动方案（2022—2024年）的通知》（以下简称《行动方案》）①。

政策背景：

就业是最大的民生，实现稳定就业是广大残疾人的迫切愿望。《行动方案》是国家层面专门针对残疾人就业的扶持文件，对各地今后一个时期加快推进残疾人就业工作，实现"十四五"时期残疾人较为充分、较高质量就业作出部署，文件制定主要基于以下几个背景。

一是党中央、国务院对残疾人就业工作的高度重视。习近平总书记指出，让广大残疾人安居乐业、衣食无忧，过上幸福美好的生活，是我们党全心全意为人民服务宗旨的重要体现，是我国社会主义制度的必然要求。党中央、国务院高度重视残疾人等就业困难群体就业工作。党的十九届四中、五中全会对加强残疾人就业帮扶等提出要求。历年国务院政府工作报告都对

① 中国政府网，见 http://www.gov.cn/zhengce/zhengceku/2022-04/08/content_5684090.htm。

帮扶残疾人就业作出安排。李克强总理强调，要进一步落实和完善残疾人就业创业的各项扶持政策，督促用人单位依法安排残疾人就业，帮助每一个有条件的残疾人实现就业创业梦想。为贯彻落实党中央、国务院决策部署和重要指示批示精神，国务院《“十四五”残疾人保障和发展规划》提出了“开展残疾人就业促进专项行动”的要求。

二是“十四五”期间残疾人就业工作重要性更加突显。就业是巩固拓展残疾人脱贫攻坚成果、改善残疾人生活、帮助残疾人迈向共同富裕的关键。据中国残联实名统计，目前我国共有近 1800 万就业年龄段持证残疾人，其中约 1400 万人在农村地区，在如期完成脱贫攻坚目标任务，现行标准下农村贫困残疾人全部实现脱贫后，促进残疾人就业增收已成为“十四五”期间残疾人事业发展的重点。《“十四五”残疾人保障和发展规划》首次将残疾人就业工作单列予以强调，并提出了“多形式的残疾人就业支持体系基本形成，残疾人实现较为充分、较高质量的就业”的任务目标。《行动方案》对推动完成“十四五”残疾人就业工作目标，细化落实“十四五”规划重大政策、重点项目提出明确要求。

三是残疾人就业进入新的发展阶段。近年来，中央各有关部门出台了关于促进和发展残疾人按比例就业、辅助性就业、集中就业、自主就业、灵活就业等各类就业形式的专项政策，制定了残疾人就业保障金征管用、税收优惠减免、政府采购优先、职业技能提升等各类扶持办法。2019 年，国家发展改革委、财政部、中国残联等六部门联合印发《关于完善残疾人就业保障金制度　更好促进残疾人就业的总体方案》。2021 年，中国残联会同中央组织部、中央编办、人力资源和社会保障部、国务院国资委共同印发了《机关、事业单位、国有企业带头安排残疾人就业办法》。目前，国家残疾人就业政策体系相对完备，通过开展专项行动汇集、落实、推广现有扶持政策，让更多符合条件的用人单位和残疾人实实在在地受益，应当成为当前的工作重点。

政策解读：

一是实施“四方”力量安排或助残就业行动。机关、事业单位带头安排残疾人就业行动明确要求建立统计和公示制度，切实增加机关和事业单位安排残疾人就业的透明度，同时对省、市、县、乡四级都提出了安排残疾人就业的具体要求。国有企业、民营企业安排残疾人就业行动通过组织符合条件的国有企业、民营企业拿出一批岗位定向招录残疾人就业，将按比例安排残疾人就业情况纳入企业社会责任报告予以规范；残疾人组织助残就业行动要求对近年来不同类别残疾人就业典型案例和成功经验进行整理推广，帮助各地各类残疾人组织或助残就业组织找到工作方向，更有工作遵循。

二是实施“四类”重点人群就业帮扶行动。就业困难残疾人就业帮扶行动要求地市级普遍开展辅助性就业项目劳动调配工作，以解决辅助性就业劳动项目不足的短板；农村残疾人就业帮扶行动着重延续残疾人脱贫攻坚政策措施和帮扶机制，以防止已经脱贫残疾人再度返贫；残疾人大学生就业帮扶行动提出对残疾人大学生提前开展就业服务和纳入公共就业服务的要求，以提高对残疾人大学生的就业服务质量和覆盖面；盲人按摩就业促进行动着重提出加强盲人按摩机构建设和完善盲人医疗按摩制度，以补足盲人按摩基础能力建设的薄弱环节。以上规定主要是针对残疾人就业重点人群现实中的特殊需求提出了个性化的扶持措施。

三是实施“两项”残疾人就业提升行动。残疾人就业服务提升行动通过开展“四个一”活动，对就业年龄段未就业残疾人进行准确摸底，同时要求加大就业服务的规范化、社会化水平；残疾人职业技能提升行动提出根据职业能力评估结果开展精准化培训，同时大力提倡残疾人接受中高等职业教育，切实提升残疾人的就业能力。

（三）国务院办公厅《关于推动个人养老金发展的意见》

为推进多层次、多支柱养老保险体系建设，促进养老保险制度可持续发展，满足人民群众日益增长的多样化养老保险需要，根据《中华人民共和国社会保险法》《中华人民共和国银行业监督管理法》《中华人民共和国保险法》《中华人民共和国证券投资基金法》等法律法规，2022 年 4 月 21 日，国务院办公厅发布《关于推动个人养老金发展的意见》[1]（以下简称《意见》）。

---

① 中国政府网，见 http://www.gov.cn/zhengce/content/2022-04/21/content_5686402.htm。

政策背景：

社会保障是保障和改善民生、维护社会公平、增进人民福祉的基本制度保障，是促进经济社会发展、实现广大人民群众共享改革发展成果的重要制度安排，在经济社会发展中非常重要，老百姓也非常关心，我们党历来高度重视。伴随着社会主义市场经济体制改革，党和政府把社会保障作为改善人民生活的基础民生工程，把养老保险作为社会保障体系建设的重点，明确了社会统筹与个人账户相结合的基本养老保险制度模式，确立了多层次发展的体系框架，稳步推进各项工作，取得了重大进展。

党的十八大以来，以习近平同志为核心的党中央坚持以人民为中心的发展思想，把社会保障体系建设摆上更加突出的位置，推动我国社会保障体系建设进入快车道。我国社会保障事业发展取得了历史性的成就。这期间，中央强化顶层设计，加强制度引领，推动像全国统筹等一批关键性、标志性的改革举措出台实施，覆盖范围也在持续扩大。养老保险现在覆盖超过10.3亿人，失业保险覆盖超过2.3亿人，工伤保险覆盖超过2.8亿人，几项保险待遇水平也在稳步提高，保障能力持续增强。可以说，我国成功建立起世界上最大的基本养老保险保障网，制度的公平性、可持续性显著增强，为广大人民群众老年生活提供了基本保障，成为人民群众共享改革发展成果的重要途径。

中央明确要求，要立足我国的基本国情，借鉴国际经验，努力构建以基本养老保险为基础、以企业年金和职业年金为补充，与个人储蓄性养老保险和商业养老保险相衔接的“三支柱”养老保险体系。因此，个人养老金制度的实施适应了我国社会主要矛盾的变化，是满足人民群众多层次、多样化养老保险需求的必然要求，有利于在基本养老保险和企业年金、职业年金基础上再增加一份积累，退休后能够再多一份收入，进一步提高退休后的生活水平，让老年生活更有保障、更有质量。个人养老金制度的实施也是社会保障事业高质量发展、可持续发展的重要举措，有利于积极应对人口老龄化，构建功能更加完备的多层次、多支柱的养老保险体系。

政策解读：

首先，个人养老金制度的出台，对我国多层次、多支柱养老保险体系建设具有标志性意义。我国多层次养老保险体系主要包括三个方面。第一支柱基本养老保险是主体部分,第二支柱企业年金和职业年金、第三支柱个人养老金和其他个人商业养老金融业务,是对第一支柱的有效补充。个人养老金制度的推进实施,是满足人民群众多层次多样化养老保险需求的必然要求,也是促进社会保障事业高质量发展、可持续发展的重要举措。

个人养老金账户资金是封闭运行的,在缴费阶段只进不出,个人缴费和投资收益都在账户里滚存,达到领取基本养老金年龄等条件时就可以领取,能够从制度上把牢个人养老金的出口,有助于个人理性规划养老资金,合理选择投资产品和投资期限,避免提前支取,从而切实起到补充养老的作用。

其次,推动个人养老金发展坚持政府引导、市场运作、有序发展的原则,确立了政府政策支持、个人自愿参加、市场化运营的个人养老金制度框架。《意见》规定,个人养老金实行个人账户制度,缴费完全由参加人个人承担,实行完全积累。

第一是政府政策支持。通过给予税收优惠支持,鼓励参保人积极参加。参加人通过个人养老金信息管理服务平台建立本人唯一的个人养老金账户,记录所有相关信息,作为参加个人养老金制度、享受税收优惠政策的基础。

第二是个人自愿参加。要先参加基本养老保险,具备了这个条件后就可以自愿参加个人养老金。参加人的个人缴费全部归集到个人资金账户,完全积累。参加人达到领取基本养老金年龄等条件后,可以自己决定是按月还是分次或者一次性领取个人养老金,转入本人社会保障卡银行账户自由支配使用。

第三是市场化运营。个人养老金缴费可以用于购买符合规定的银行理财、储蓄存款、商业养老保险、公募基金等金融产品。也就是说买什么、什么时候买,都由参加人自主选择、自主决定。

再次,《意见》注重参加的便捷性和实效性。

一是参加的条件比较简单。目前参加基本养老保险的人数为 10.3 亿,不论是单位就业人员还是灵活就业人员,不受就业地域、户籍限制,只要个人自愿都可以公平参加这个制度,跨省跨地域流动时,个人的权益都不受影响。

二是参与的方式比较灵活。在参与程度上,参加人自主决定是全程参加还是部分年度参加，在缴费额和缴费方式上，起步阶段只要不超过年度缴费上限 1.2 万元，参加人可以自主决定缴多少，本年度内既可以一次性缴也可以分次缴。同时，开户比较简便。参加个人养老金需要开设两个账户：一个是在信息平台建立个人养老金账户，用于信息记录、查询和服务等；另一个是在银行开立或者指定的个人养老金资金账户，用于缴费、购买产品、归集收益等，有多个渠道可以开设。

三是领取方式较为灵活。参加人达到领取条件时，可以选择按月、分次或者一次性领取，商业银行根据个人选择的方式，把个人账户资金转入参加人的个人社会保障卡银行账户。

四是投资较为便捷。参加人可以根据不同偏好，自主选择银行理财、储蓄存款、商业养老保险、公募基金等，还可以选择短期中期长期的组合，这些操作都可以在资金账户中完成，不需要跑多个部门和机构。

最后，《意见》切实保障养老金投资运作安全规范。

《意见》规定，参加人每年缴纳个人养老金的上限为 12000 元。这一上限的确定主要基于三方面考虑：一是从保持适度补充养老水平来考虑，避免养老金水平差距过大，保持合理的收入分配关系；二是借鉴前期税收递延型商业养老保险试点做法；三是体现增量改革。证监会将持续推动公募基金行业提升养老金融服务能力，将抓紧出台个人养老金投资公募基金的相关制度规则，完善行业基础设施平台，持续加强机构和从业人员监管，着力推动提升管理人的投资管理能力和规范化运作水平，强化投资者保护，切实保障养老金投资运作安全规范，促进个人养老金事业高质量发展。

第二章　人力资源服务业发展与创新

【内容提要】

2021—2022 年度①,全国人力资源服务行业克服了新冠疫情持续带来的挑战,各项工作取得积极进展,实现了“十四五”良好开局。行业呈现出政策体系不断完善、民营机构蓬勃发展、主要业态稳步增长和服务产品层出不穷的特点。本年度,在新发展阶段、新发展理念、新发展格局的背景下,中国人力资源服务业在实现了服务融合创新、协同协作创新、行业集聚创新和机构培育创新,通过不断革新,更好地适应了内外部环境变化,形成人力资源服务业创新与发展的新动能。本年度,中国人力资源服务业呈现了诸多发展亮点。一是高端发展产业链不断延伸;二是产业业态不断细分及专业化发展加快;三是应用新型技术行业融合创新不断增强;四是人力资源服务市场从行政转向法治等。

Chapter 2　The Development and Innovation of Human Resources Service Industry

【Abstract】

In 2021-2022, the national human resources service industry overcame the challenges brought by the COVID-19 epidemic, made positive progress in all aspects of work, and achieved a good start to the 14th five year plan.

① 注释:本书所指的 2021—2022 年度的时间区间为 2021 年 8 月 1 日至 2022 年 7 月 31 日。

The industry is characterized by the continuous improvement of the policy system, the vigorous development of private institutions, the steady growth of major business forms and the endless emergence of service products. This year, under the background of new development stage, new development concept and new development pattern, China's human resources service industry has realized service integration innovation, collaborative innovation, industry clustering innovation and institution cultivation innovation. Through continuous innovation, it has better adapted to the changes of internal and external environment and formed a new driving force for innovation and development of human resources service industry.

This year, China's human resources service industry showed many development highlights. First, the high-end development industry chain has been continuously extended; Second, the continuous subdivision of industrial formats and the acceleration of professional development; Third, the integration and innovation of the application of new technology industries have been continuously strengthened; Fourth, the human resources service market has shifted from administration to the rule of law.

当今世界正经历着百年未有之大变局，国家发展既有难得的战略机遇，也面临严峻的风险挑战。一方面，世界发达经济体经济走势分化明显，世界格局“东升西降”的趋势仍将延续。我国对世界经济增长的引领带动作用不断增强，国际影响力、感召力、塑造力进一步提高。另一方面，气候变化、重大传染性疾病、网络安全等一系列非传统安全风险持续升温，传统安全和非传统安全因素相互交织，安全风险点增多，给世界经济实现强劲、可持续、平衡、包容增长带来相当程度的不确定性。特别是新冠疫情及其导致的各类衍生风险对人力资源服务业影响广泛深远。面对复杂严峻的国内外形势和诸多风险挑战，在以习近平同志为核心的党中央坚强领导下，2021—2022年度全国各级人力资源社会保障部门贯彻落实党中央、国务院关于统筹疫情防控和经济社会发展决策部署，开拓创新、拼搏进取，扎实做好“六稳”“六保”工作，推动我国人力资源服务业各项工作取得积极进展，实现了

"十四五"良好开局。

一、2020—2021 年度人力资源服务业发展特点

人力资源服务业既是生产性服务业又是现代服务业的重要组成部分，对推动一个地区的经济发展、促进就业创业和优化人才配置具有重要作用，已成为衡量该地区综合经济实力的"晴雨表"。2020—2021 年度我国人力资源服务业发展呈现以下特点。

（一）政策体系不断完善

就业是最大的民生。"人力资源服务业作为促进劳动者就业和职业发展、服务用人单位管理开发人力资源的专门行业，能够极大提升劳动者与岗位匹配的效率，有效解决劳动者与用人单位之间信息不对称问题，极大缓解企业'招工难'和劳动者'就业难'问题，是有效促进就业尤其是实现市场化社会化就业的重要力量。"①新冠疫情发生以来，以习近平同志为核心的党中央立足"六稳""六保"，积极协调、统筹疫情防控和经济社会稳定发展，重点围绕"稳就业""保就业"事关国计民生的大局，在国家层面，国务院及各有关部委密集出台了稳定与保障就业的一系列相关政策文件（见表 1-2-1）。因此，2021—2022 年度，为更好服务"稳就业""保就业"工作，人力资源服务业的政策体系得到了进一步完善。不断健全与完善的人力资源服务政策体系成为本年度行业发展的显著特征之一。

表 1-2-1　2021—2022 年度国家"稳就业""保就业"相关政策摘编

序号	成文日期	政策名称	政策文号
1	2022-07-29	人力资源社会保障部办公厅关于国有企业新设企业或机构增人增资有关政策规定意见的函	人社厅函〔2022〕119 号

① 《稳就业促就业　人力资源服务业在行动——人社部人力资源流动管理司负责人答记者问》，见 2020 年 7 月 31 日，http://www.mohrss.gov.cn/SYrlzyhshbzb/dongtaixinwen/buneiyaowen/202007/t20200731_381501.html。

续表

序号	成文日期	政策名称	政策文号
2	2022-07-25	人力资源社会保障部办公厅 教育部办公厅 财政部办公厅关于加快落实一次性扩岗 补助政策有关工作的通知	人社厅发〔2022〕41 号
3	2022-07-19	人力资源社会保障部 民政部 中国残联关于开展就业援助“暖心活动”的通知	人社部函〔2022〕92 号
4	2022-07-05	审计署 人力资源社会保障部关于印发《审计专业技术资格规定》和《审计专业 技术资格考试实施办法》的通知	审人发〔2022〕18 号
5	2022-06-30	人力资源社会保障部办公厅关于扎实做好失业保险待遇发放工作的通知	人社厅发〔2022〕27 号
6	2022-06-30	人力资源社会保障部办公厅关于开展人力资源服务机构稳就业促就业行动的通知	人社厅函〔2022〕105 号
7	2022-06-22	人力资源社会保障部 民政部 财政部 住房和城乡建设部 国家市场监管总局关于加强零工市场建设 完善求职招聘服务的意见	人社部发〔2022〕38 号
8	2022-06-21	人力资源社会保障部办公厅关于单独划定部分专业技术人员职业资格考试合格标准有关事项的通知	人社厅发〔2022〕25 号
9	2022-06-21	人力资源社会保障部 教育部 财政部关于推进企业吸纳就业社会保险补贴“直补快办”助力稳岗扩就业的通知	人社部发〔2022〕37 号
10	2022-06-14	人力资源社会保障部办公厅 国家发展改革委办公厅 商务部办公厅 国家乡村振兴局综合司 全国妇联办公厅关于进一步加强家政劳务品牌建设的通知	人社厅函〔2022〕90 号
11	2022-06-12	人力资源社会保障部办公厅 教育部办公厅 民政部办公厅关于做好高校毕业生城乡基层就业岗位发布工作的通知	人社厅函〔2022〕89 号
12	2022-06-10	人力资源社会保障部办公厅关于开展 2022 年离校未就业高校毕业生服务攻坚行动的通知	人社厅发〔2022〕23 号
13	2022-06-07	人力资源社会保障部办公厅 财政部办公厅关于做好 2022 年高校毕业生“三支一扶”计划实施工作的通知	人社厅发〔2022〕22 号

续表

序号	成文日期	政策名称	政策文号
14	2022-06-06	人力资源社会保障部办公厅 教育部办公厅关于做好 2022 年中小学幼儿园教师公开招聘工作的通知	人社厅发〔2022〕21 号
15	2022-06-02	人力资源社会保障部 工业和信息化部 国务院国资委关于印发《制造业技能根基工程实施方案》的通知	人社部发〔2022〕33 号
16	2022-05-31	人力资源社会保障部 国家发展改革委 财政部 税务总局关于扩大阶段性缓缴社会保险费政策实施范围等问题的通知	人社部发〔2022〕31 号
17	2022-05-25	人力资源社会保障部 全国总工会 中国企业联合会/中国企业家协会 全国工商联 关于开展 2022 年全国和谐劳动关系创建示范活动的通知	人社部函〔2022〕59 号
18	2022-05-17	人力资源社会保障部 国家发展改革委 民政部 财政部 农业农村部关于进一步做好长江流域重点水域退捕渔民安置保障工作的通知	人社部发〔2022〕28 号
19	2022-05-16	人力资源社会保障部 财政部关于 2022 年调整退休人员基本养老金的通知	人社部发〔2022〕27 号
20	2022-04-25	人力资源社会保障部办公厅 国家税务总局办公厅关于特困行业阶段性实施缓缴企业社会保险费政策的通知	人社厅发〔2022〕16 号
21	2022-04-25	人力资源社会保障部 财政部 国家税务总局关于做好失业保险稳岗位提技能防失业工作的通知	人社部发〔2022〕23 号
22	2022-04-25	国家新闻出版署等关于印发《新闻专业技术人员继续教育暂行规定》的通知	国新出发〔2022〕8 号
23	2022-04-11	国务院办公厅关于推动个人养老金发展的意见	国办发〔2022〕7 号
24	2022-03-24	人力资源社会保障部 发展改革委 财政部 农业农村部 国家乡村振兴局关于做好 2022 年脱贫人口稳岗就业工作的通知	人社部发〔2022〕13 号
25	2022-03-18	人力资源社会保障部关于健全完善新时代技能人才职业技能等级制度的意见（试行）	人社部发〔2022〕14 号

续表

序号	成文日期	政策名称	政策文号
26	2022-03-15	人力资源社会保障部 教育部 科技部 工业和信息化部等十部门关于实施百万就业见习岗位募集计划的通知	人社部发〔2022〕11 号
27	2022-03-08	人力资源社会保障部办公厅关于发挥人力资源服务机构作用助推劳务品牌建设的通知	人社厅发〔2022〕9 号
28	2022-02-21	人力资源社会保障部关于降低或取消部分准入类职业资格考试工作年限要求有关事项的通知	人社部发〔2022〕8 号
29	2022-02-09	社会保险基金行政监督办法	人社部令第 48 号
30	2022-01-07	人力资源社会保障部关于修改部分规章的决定	人社部令第 47 号
31	2021-12-31	人力资源社会保障部办公厅 国家邮政局办公室关于推进基层快递网点优先参加工伤保险工作的通知	人社厅发〔2021〕101 号
32	2021-12-29	中共中央组织部 人力资源社会保障部等五部门关于印发《流动人员人事档案管理服务规定》的通知	人社部发〔2021〕112 号
33	2021-12-22	人力资源社会保障部关于废止《社会保险费申报缴纳管理规定》的决定	人社部令第 46 号
34	2021-12-17	人力资源社会保障部办公厅关于推行专业技术人员职业资格电子证书的通知	人社厅发〔2021〕97 号
35	2021-12-16	人力资源社会保障部 国家开发银行关于开展开发性金融支持劳务协作有关事项的通知	人社部发〔2021〕103 号
36	2021-11-26	人力资源社会保障部 国家乡村振兴局关于加强国家乡村振兴重点帮扶县人力资源社会保障帮扶工作的意见	人社部发〔2021〕94 号
37	2021-11-23	人力资源社会保障部关于公布《国家职业资格目录(2021 年版)》的公告	—
38	2021-11-11	人力资源社会保障部办公厅 国务院国资委办公厅 教育部办公厅关于开展第十一届中央企业面向西藏青海新疆高校毕业生专场招聘活动的通知	人社厅函〔2021〕150 号
39	2021-11-10	拖欠农民工工资失信联合惩戒对象名单管理暂行办法	人社部令第 45 号

续表

序号	成文日期	政策名称	政策文号
40	2021-11-09	人力资源社会保障部办公厅 财政部办公厅关于畅通失业保险关系跨省转移接续的通知	人社厅发〔2021〕85 号
41	2021-11-08	人力资源社会保障部 国家发展改革委 财政部 商务部 市场监管总局关于推进新时代人力资源服务业高质量发展的意见	人社部发〔2021〕89 号
42	2021-10-22	人力资源社会保障部关于职业院校毕业生参加事业单位公开招聘有关问题的通知	人社部发〔2021〕82 号
43	2021-10-12	人力资源社会保障部关于深入学习贯彻习近平总书记在中央人才工作会议上重要讲话精神的通知	人社部函〔2021〕136 号
44	2021-10-11	人力资源社会保障部 民政部 退役军人事务部 全国总工会 全国工商联关于开展 2021 年金秋招聘月活动的通知	人社部函〔2021〕134 号
45	2021-10-08	人力资源社会保障部办公厅关于印发《专业技术人才知识更新工程数字技术工程师培育项目实施办法》的通知	人社厅发〔2021〕71 号
46	2021-09-30	人力资源社会保障部办公厅 国家文物局办公室关于颁布文物修复师国家职业技能标准的通知	人社厅发〔2021〕73 号
47	2021-09-29	人力资源社会保障部办公厅 工业和信息化部办公厅关于颁布集成电路工程技术人员等 7 个国家职业技术技能标准的通知	人社厅发〔2021〕70 号
48	2021-09-23	人力资源社会保障部 财政部 国家税务总局 国务院港澳事务办公室关于支持港澳青年在粤港澳大湾区就业创业的实施意见	人社部发〔2021〕75 号
49	2021-09-15	人力资源社会保障部 财政部 工业和信息化部 科技部 教育部 中国科学院关于印发专业技术人才知识更新工程实施方案的通知	人社部发〔2021〕73 号
50	2021-09-12	人力资源社会保障部 国家发展改革委 民政部 财政部关于实施提升就业服务质量工程的通知	人社部发〔2021〕80 号

续表

序号	成文日期	政策名称	政策文号
51	2021-09-02	人力资源社会保障部 财政部关于拓宽职业技能培训资金使用范围提升使用效能的通知	人社部发〔2021〕69号
52	2021-08-24	人力资源社会保障部、国家发展改革委等20部门关于劳务品牌建设的指导意见	人社部发〔2021〕66号
53	2021-08-22	人力资源社会保障部 民政部 财政部 国家税务总局 国家乡村振兴局 中国残疾人联合会关于巩固拓展社会保险扶贫成果助力全面实施乡村振兴战略的通知	人社部发〔2021〕64号
54	2021-08-20	人力资源社会保障部关于开展2021年高校毕业生就业服务行动的通知	人社厅明电〔2021〕10号
55	2021-08-17	人力资源社会保障部 住房和城乡建设部 交通运输部 水利部 银保监会 铁路局 民航局 关于印发《工程建设领域农民工工资保证金规定》的通知	人社部发〔2021〕65号
56	2021-08-12	人力资源社会保障部 国家发展改革委 财政部关于深化技工院校改革 大力发展技工教育的意见	人社部发〔2021〕30号
57	2021-08-09	人力资源社会保障部 教育部关于深化实验技术人才职称制度改革的指导意见	人社部发〔2021〕62号

注释：1. 根据人力资源和社会保障部官网政策文件库 http://www.mohrss.gov.cn/xxgk2020/zcwjk/整理。
2. 时间区间为2021年8月1日至2022年7月31日。

总的看，2021—2022年度国家的相关政策体现出两个突出特点。一是引导人力资源服务机构充分发挥其职能作用，不断提升就业服务质量。比如，2022年3月24日，人力资源社会保障部、发展改革委、财政部、农业农村部、国家乡村振兴局联合印发的《关于做好2022年脱贫人口稳岗就业工作的通知》，提出人力资源社会保障部门要加强统筹协调，依托乡村建设行动和农村人居环境整治提升等，统筹用好各类乡村公益性岗位，托底安置其中符合就业困难人员条件的弱劳力、半劳力和无法外出、无业可就的脱贫人口。二是营造有利于人力资源服务业发展的政策环境，进一步助推促进人力资源市场繁荣发展。比如，2022年6月21日，人力资源社会保障部、教育部、财政部联合印发的《关于推进企业吸纳就业社会保险补贴“直补快办”助力稳岗扩就业的通知》,提出各地要加快建立省级一体化的就业补贴政策申领经办系统,其中企业吸纳就业社会保险补贴政策要在 2022 年 12 月底前全部实现网上申领,并通过网站、手机 App 等方式,为用人单位和劳动者提供补贴申领、资格核对、办理进度查询、资金发放等服务。这些政策对于人力资源服务业的发展都起到了积极作用。

(二) 民营机构蓬勃发展

近年来,随着数字化技术的广泛应用,人力资源服务机构也步入了高速发展阶段,数量增加如雨后春笋,其中民营企业发展最为显著。目前,我国人力资源服务业已基本形成民营、国有、外资、混合所有制多元共同发展的格局。根据人力资源和社会保障部人力资源流动管理司在 2022 年 5 月布的《2021 年度人力资源市场建设和人力资源服务业发展情况》显示,截至 2021 年底,全国共有各类人力资源服务机构 59096 家,从业人员 1031464 人,全年营业总收入 24571 亿元,分别同比增长 29. 08%、22. 31%、20. 89%。

全国各类人力资源服务机构共设立固定招聘场所 48984 个,建立人力资源服务网站 20037 个。全年为 3 亿人次劳动者提供了就业、择业和流动服务,为 5099 万家次用人单位提供了人员招聘和管理服务。从服务机构类别看,县级以上人力资源社会保障部门(含其他行业管理部门)共设立公共就业和人才服务机构 5393 家,国有性质人力资源服务机构 2339 家,民营性质人力资源服务机构 49734 家,外资及港澳台资性质人力资源服务机构 361 家,民办非企业等其他性质的人力资源服务机构 1269 家。

从以上数据看,2021 年我国人力资源服务机构以民营性质的人力资源服务企业为主,占比达 78. 1%,已经成为行业主体。其次是公共就业和人才服务机构,占比 13. 4%;其他类型的机构占比不足 10%。①

(三) 主要业态稳步增长

随着社会需求的日益多元化,人力资源服务业已经逐渐从提供招聘服

---

① 华经产业研究院:《2021 年人力资源服务机构数量、机构类型、营业收入及市场竞争格局》,东方财富网,https://caifuhao.eastmoney.com/news/20220627144658743701250。

务、人事代理、档案管理等传统、单一的产品，向提供人力资源服务外包、培训、高级人才寻访、人才测评等多层次、分类别、多样化的产品转变。根据《2021 年度人力资源市场建设和人力资源服务业发展情况》显示，截至 2021 年底，全国各类人力资源服务机构举办现场招聘会 28.6 万场次，同比增长 22.63%；网络招聘发布岗位信息 84512 万条。为 58.77 万家用人单位提供劳务派遣服务，同比增长 5.77%；派遣人员 1956.48 万人，同比增长 1.42%；为 116.33 万家用人单位提供人力资源服务外包，同比增长 9.55%，外包人数 2211.81 万人。为 189.1 万家用人单位提供人力资源管理咨询，同比增长 4.07%；举办人力资源培训班 47.78 万次，同比增长 9.96%；培训人员 2662.22 万人次，同比增长 14.54%；人力资源测评服务 6229.67 万人次。猎头服务成功推荐人才 141.04 万人，同比增长 12.65%；委托推荐岗位 209.76 万个，同比增长 2.69%；为 190.02 万家用人单位提供人力资源信息软件服务。保管流动人员人事档案 9584.02 万份，同比增长 4.4%。

（四）服务形式内容层出不穷

2021 年度传统业态呈现出稳步增长态势，与互联网、大数据等新一代信息技术广泛融合的新兴业态发展迅速，特别是网络招聘、网络培训等在线服务活力强劲。截至 2021 年底全国共建立 2 万余个招聘网站。

产业园建设蓬勃发展。2010 年，中国上海人力资源服务产业园开始挂牌运营以来，中国人力资源服务产业园在产业集聚、创新发展模式、培育新的经济增长点等方面进行了较有成效的探索。2021 年，新建了贵阳和海南人力资源服务产业园，全国国家级人力资源服务产业园数量已实现 24 家，入园企业超 4120 家，年营业收入 4063 亿元，涌现出了许多“亿元楼”“百亿园”，形成人力资源服务业创新发展的新高地。

专业性、行业性人才市场建设加快。2021 年，新建了中国三亚旅游人才市场，致力于发挥三亚旅游资源丰富优势，建设与世界旅游消费中心相匹配的专业性、行业性人才市场，以形成全球高端旅游人才供应链基地；新建了中国重庆数字经济人才市场，这是我国首家数字经济人才市场，致力于为数字经济人才和企业提供“一站式”人力资源服务解决方案，以打破数字经济产业创新发展瓶颈。这些服务内容的扩展对推动产业转型升级、促进区域协调发展发挥了重要作用。

人力资源服务国际化发展不断推进。2021 年度,人力资源服务业继续亮相中国国际服务贸易交易会,向世界集中展示中国在人力资源服务的最新行业风貌。2022 年 3 月,人社部、商务部联合认定了人力资源服务领域第一批特色服务出口基地,中国北京人力资源服务产业园朝阳园等 12 家人力资源服务贸易发展基础良好、具有较强竞争力和影响力的园区入围人力资源服务出口基地。国家级人力资源服务产业园建设持续推进。①

二、2021—2022 年度人力资源服务业创新之处

2021—2022 年度,在新发展阶段、新发展理念、新发展格局的背景下,中国人力资源服务业在实现了服务融合创新、协同协作创新、行业集聚创新和机构培育创新,通过不断革新,更好地适应了内外部环境变化,形成人力资源服务业创新与发展的新动能。

(一)推进服务融合创新

本年度各地进一步实施"互联网+人力资源服务业"行动,强化推动产业数字化的转型,积极拓展人力资源服务机构经营的范围,不断培育行业发展新增长点,深入加强知识产权保护,持续优化人力资源服务行业结构。

本年度大多数传统人力资源服务企业正在主动引入互联网新技术,实现互联网技术和传统人力资源服务产品或模式的有机结合,形成产品或经营模式的创新格局。其中,招聘业的蝶变尤为突出。在互联网招聘中,每个求职者可以根据自身的工作经历及从事的行业进行相应分类,以便用人单位挑选目标人选的履历,而个人求职者也能从海量数据中获取合适的岗位信息。"互联网+"也使得垂直招聘、社交招聘等新潮流异军突起。

"互联网+人力资源服务"改变的不仅仅是招聘模式,更在深层次改变了整个人力资源行业的服务模式、生产和消费关系。"互联网+人力资源服

① 刘娟:《党的十八大以来人力资源服务业发展综述》,《中国组织人事报》2022 年 7 月 19 日。

务”不只是两者的简单相加，而是通过信息通信技术以及互联网平台，让互联网与人力资源进行深度广泛融合，创造出新的发展生态。服务模式的转变，也使得作为终端的个体和企业的人力资源管理者，能够越来越多参与到产品的创新和流程的改造中，能够有效提升服务质量。

与此同时，推进服务融合创新过程中也存在一些问题，除了前些年存在的“人力资源服务机构借助互联网进行产品或者经营模式创新的活动中，测评、人力资源信息软件服务、员工福利领域开展‘互联网+’的比例还很低”[①]以外，人力资源服务企业推动“互联网+”也面临专业人才较为缺乏、资金不足等短板，以及一些地方存在缺乏政府的帮助与支持等问题。众所周知，企业的“互联网+”转型需要前期大量的信息化基础建设投入，而目前大多数人力资源服务机构实施信息化主要还是靠企业自有资金，政策性资金支持相对有限，与相关单位合作的比例则更少。

虽面临诸多挑战，但互联网技术已为我国人力资源服务行业注入了新的推动力，并催生出众多新的业态增长点。人力资源服务企业积极探索创新，充分利用互联网技术来开拓市场，提升效益逐渐成为行业发展趋势。

（二）推进协同协作创新

人力资源协同是党的十九大报告对构建现代化经济体系、推动经济社会高质量发展作出的战略部署。本年度许多地区不断建立完善区域一体化发展机制，持续开拓人力资源服务发展空间，推动人力资源服务协同发展更上新台阶。

2021 年 11 月 16 日，由国家人社部指导，湖北人社厅、武汉市人民政府、中国人才交流协会主办的首届长江经济带人力资源服务产业创新发展高峰对话会在武汉举行。此次会议以“协同创新，赋能发展”为主题，来自全国 37 个城市人社部门代表、人力资源服务产业代表与会。会上，上海、宁波、合肥、长沙、武汉等城市的 11 个国家级人力资源服务产业园代表，共同启动“长江经济带国家级人力资源服务产业园区区域合作协同发展行动”。

---

① 赵兵、韩鑫：《人力资源服务恋上“互联网+”》，新华网，https://baijiahao.baidu.com/s?id=1598895858325844152&wfr=spider&for=pc。

长江经济带是我国人力资源最集中、人才交流最频繁、人力资源服务业规模最大的区域之一。这11家国家级人力资源服务产业园将建立协同发展沟通机制,彼此加强跨区域职业教育合作和劳务对接,为长江经济带企业搭建供需对接和交流合作平台,以打造区域协同发展新样板,构筑高水平对外开放新高地。

2018年8月1日,京津冀三地人力社保部门正式实施了人力资源服务京津冀区域协同地方标准。三年来该标准在在京津冀三地人力资源服务业协同行业引导、服务规范、市场监管等方面发挥了积极作用。北京市由于其城市职能,在京津冀协同发展中发挥着龙头作用。为了进一步优化服务流程,精简申报程序,2022年12月,北京市人社局印发《关于进一步贯彻落实人力资源服务京津冀区域协同地方标准的通知》,创新实施了"认定+评审"相结合的方式,以优化调整"三地协同标准"等级评定流程,激发辖区人力资源服务机构参与等级评定工作的积极性,进一步促进京津冀人力资源服务业高质量发展。

除了东、中部地区,西部地区的人力资源服务协同发展也亮点纷呈,特别是四川省在人力资源协同发展方面走在前列。2021年8月,人社部与四川省政府、重庆市政府共同签署《推动成渝地区双城经济圈建设深化人力资源社会保障战略合作协议》。川渝两地将健全有利于更加充分更高质量就业的促进机制。根据协议,川渝两地将推进就业服务协同化、一体化发展,建立川渝高校毕业生、农民工等重点群体就业数据库,并开展两地新就业形态研究,完善公共就业创业服务体系建设。同时,川渝两地将推进人力资源社会保障、教育部门数据互通共享,共建高校毕业生就业数据库。打破创业担保贷款户籍壁垒,共建川渝创业导师库和创业培训师资库,共享创业资源。此外,川渝两地还将健全普惠共享、城乡一体的就业创业服务体系,加强就业联动,逐步缩小两地政策差异。2022年6月17日,四川西藏人力资源协同发展先行区建设工作座谈会在成都人力资源服务产业园召开。川藏人力资源协同发展先行区是全面落实新时代党的治藏方略、充分开发利用涉藏州县人力资源的重要举措,也是落实全国人社系统援藏工作座谈会精神的创新举措,是服务川藏铁路、成兰铁路等国家重大项目建设的具体举措。

（三）推进行业集聚创新

本年度，中国持续加大人力资源服务产业园建设力度，健全完善园区运营管理保障机制，完善国家级人力资源服务平台建设发展协调机制，不断释放行业集聚发展倍增效应，更好地为经济社会发展提供强有力的人力支撑。人力资源服务产业园作为行业规模化、集约化发展的重要平台，历经十多年的积极探索取得了较好成效。截至 2021 年底，人力资源社会保障部与相关省市陆续建立了上海、重庆、中原、苏州等 24 家国家级人力资源服务产业园。各地方结合本地地域特色和产业发展基础积极推进园区建设，形成了竞争有序、协调发展的国内布局。这些国家级人力资源服务产业园集聚了全国近 7%的人力资源机构（4010 家），其中国内外知名企业及本土骨干型人力资源服务机构 548 家，全国及升级人力资源诚信服务示范机构 267 家，构成了功能齐全的人力资源服务产业链，形成了多层次、多元化、专业性的人力资源综合服务载体，充分发挥了人力资源服务产业园的集聚引领示范作用。特别在新冠疫情防控常态化背景下，各地方产业园积极创新发展思路，向管理服务要效能，强化向数字化转型的新模式，确保了疫情期间营业收入和税收的持续增长。2021 年，22 家国家级人力资源服务产业园实现营业收入 3905 亿元、纳税额 107 亿元，营收、纳税额连续四年持续稳步增长，为拉动地方经济发展作出贡献。2021 年国家级人力资源产业园服务各类人员 4328 万人次，为 224 万家次用人单位提供了人力资源服务，充分发挥了对就业的促进作用，社会效益同步提升。①

同时，各地产业园坚持标准化、制度化建园，逐渐健全园区的人力资源、入园管理、行政管理、物业管理、退园机制等相关制度，充分发挥好两个作用，既充分发挥好政府的规划引领协调作用，又充分发挥人力资源服务机构的市场主体作用，铸造了高效、良性运转的协同工作机制。

（四）推进机构培育创新

在人力资本服务领域培育新增长点、形成新动能，是十九大提出的战略

① 本节数据来自莫荣：《人力资源蓝皮书：中国人力资源服务产业园发展报告（2022）》，社会科学文献出版社 2022 年版。

要求。2021 年度,全国继续涌现出一批在人力资源服务机构创新发展走在前列的省市,集聚和孵化一批创新能力强、科技含量高、业态高端化的人力资源服务机构。

山东省在推进机构培育创新上,实施了"品汇山东"人力资源服务机构品牌培育计划,支持行业机构加大创新力度,鼓励创新资本运营方式,做大做强人力资源服务行业规模。"十四五"期间,计划培育 50 家行业领军机构、50 家在细分领域具备核心竞争力的机构,引进一批国外知名机构。在推进人才培养创新上,实施"齐鲁鲲鹏"人力资源服务行业人才培育工程,健全行业人才评价机制,建立省级行业人才智库,全面加强从业人员培训,打造一支专业素养强、结构层次合理的行业人才队伍。

河南省着力加强人力资源品牌建设。2022 年 6 月,河南省"人人持证、技能河南"建设工作领导小组印发《河南省人力资源品牌建设的实施意见》,提出到 2025 年底,河南省遴选培育 100 个区域人力资源品牌,重点打造 10 个省级人力资源品牌,通过省级品牌新增持证 585 万人次、新增就业创业 223 万人;人力资源品牌建设遴选培育、发展提升、壮大升级的促进机制和支持体系基本健全,地域鲜明、行业领先、技能突出的领军人力资源品牌持续涌现,品牌知名度、认可度、美誉度明显提升,带动就业创业、助推产业发展效果显著增强。

2021 年 12 月 27 日,广州市颁发了《广州市促进人力资源服务机构创新发展办法》,实施人力资源服务机构创新发展"三个十"工程。每年评选出 10 家"广州市创新人力资源服务机构"、10 名"广州市人力资源服务业领军人才"和 10 个"广州市人力资源服务业创新项目"。对评选出的每家"广州市创新人力资源服务机构"给予 100 万元奖励,对评选出的每名"广州市人力资源服务业领军人才"给予 50 万元奖励,对评选出的每个"广州市人力资源服务业创新项目"给予 30 万元奖励,分别授予荣誉称号并颁发证书。鼓励本市人力资源服务机构与国内外知名人力资源服务机构、科研院所、学术组织、产业联盟、行业协会等开展深度合作,搭建遍布全球的引才网络,为本市用人单位引进高层次人才。其中引进诺贝尔奖获得者、发达国家院士等,每引进一人对引才的人力资源服务机构奖励 50 万元;引进的人才两年内被认定为广州市杰出专家、广州市优秀专家、广州市青年后备人才的,按每引进一人对引才的人力资源服务机构奖励 30 万元、20 万元、10 万元。

三、2021—2022 年度人力资源服务业发展亮点

本年度中国人力资源服务业呈现了诸多发展亮点。一是高端发展产业链不断延伸;二是产业业态不断细分及专业化发展加快;三是应用新型技术行业融合创新不断增强;四是人力资源服务市场从行政转向法治发展等。

(一)高端发展产业链不断延伸

在我国人口红利由数量向质量转变和经济调结构的过程中,人力资源服务行业所扮演的经济角色变得越来越重要。当前在全球经济增长放缓与下行周期中,新一轮科技革命已经成为新动能。AI、移动通信、区块链等信息技术加速突破应用,与产业联系更加密切,技术变革正加速转变为现实生产力。伴随着行业新兴技术的诞生,与行业发展密切相关的经济环境、技术、政策和人口等要素正在发生一系列的重大变革,这也给行业发展带来了巨大影响,更加灵活的工作方式和岗位要求使得人力资源服务行业的要求也将持续升级。行业运营的底层逻辑正在被改变,新的行业生态逐渐形成,一个以平台化、标准化、智能化为主导的服务链路使得人力资源服务业可以通过政府搭台、企业支持、高校对接、数字化转型等方式,促进教育链、人才链与产业链、创新链有机衔接,多元化、高层次的人力资源市场格局正在逐步形成,行业价值日益提升。

服务于新业态的灵活用工及服务于高端人才的人才寻访市场迎来扩容;人力资源服务价值链也将逐渐向人才培训及组织人才建设等方向延伸,以满足市场对于培养优质人力资源、打造富有竞争力人才团队的需求。高端产业链的发展,促使对人才的层次和知识结构不断提出更高的要求。2021 年国家人社部举办 300 期高级研修班,培训高层次专业技术人才 2 万余人次;颁布智能制造等 10 个数字技术类国家职业标准,加快数字技术工程师培育。新疆、西藏少数民族专业技术人才特殊培养工作深入实施,全年选拔培养 400 名新疆特培学员和 120 名西藏特培学员,组织 4 期赴新疆、西

藏特培专家服务团活动。

全年全国共有1880万人报名参加专业技术人员资格考试,347万人取得资格证书。年末全国累计共有3935万人取得各类专业技术人员资格证书。2021年末全国共有技工院校2492所,在校学生426.7万人。全国技工院校共招生167.2万人,毕业生108.7万人,面向社会开展培训600.7万人次。年末全国共有就业训练中心940所,民办培训机构29832所。全年共组织补贴性职业技能培训3218.4万人次和以工代训1501.8万人。其中,培训农民工1174.2万人次,培训脱贫人口及脱贫家庭子女211.2万人次,培训失业人员100.7万人次,培训毕业年度高校和中职毕业生131.7万人次。年末全国共有职业资格评价机构6894个,职业技能等级认定机构13431个,职业资格评价或职业技能等级认定考评人员41.2万人。全年共有1078.4万人次参加职业资格评价或职业技能等级认定,898.8万人次取得职业资格证书或职业技能等级证书,其中30.2万人次取得技师、高级技师职业资格证书或职业技能等级证书。①

高层次产业链,就会形成一个高层次"人才链",从而进一步助力产业链的发展,再助推人才的发展,真正形成一个"良性循环"。

(二)产业业态不断细分及专业化发展加快

产业业态不断细分和专业化分工使人力资源服务企业更加侧重客户的现实需求,更多地提供高质量的服务产品,在提高人力资源服务质量的同时,显著地降低客户企业的经营成本。特别是一些专精特新"小巨人"企业成长为专注于细分市场、创新能力强、市场占有率高、掌握关键核心技术、质量效益优的排头兵。

例如:上海有的劳动力管理云服务供应商,专门以客户成功为导向,自成立以来深耕劳动力管理领域20余年,为企业降本增效提供涵盖智慧考勤、智能排班、能效分析、劳动力管培、劳动力优化等整体解决方案。截止到2022年6月累计为1000多家客户,包括蒙牛、北汽、商飞、舜宇等在内的

① 本节数据来自《2021年度人力资源和社会保障事业发展统计公报》,中国政府网,http://www.gov.cn/xinwen/2022-06/07/content_5694419.htm。

500 家大型企业集团,400 多万用户提供卓越的劳动力管理平台服务。有的公司专门聚焦于薪酬科技,致力于解决人力企业发薪痛点,为企业提供薪酬智能结算系统,帮助企业降本增效。截止到 2022 年 6 月,已服务 6300 多家全球中大型人力资源企业,覆盖 21 万家用工企业,服务员工 3300 万人。

又如北京有的创服管理咨询公司,专门致力于智慧化人力资源咨询与搭建,形成人力资源全链条咨询及智慧人力服务全新模式。利用线上智能线下专家的协同,结合利用大数据与 AI 技术,精准高效地服务企业组织健康,从咨询到方案、从方案到执行提供全链条精准服务,大大提升企业的存活度(数字化转型),为数万家企业提供全面系统的战略规划与专项服务,坐拥 50 万家智能大脑数据库、百人级行业顶尖专家团队,连续 5 年呈正增长。

再如,深圳有的公司专门打造电子合同与电子签云服务平台,依靠过硬的专业技术能力、优质的服务模式,服务超过 3000 家行业标杆企业、超 100 家世界/中国 500 强企业,覆盖多个行业领域,助力企业数字化升级。截至 2022 年 6 月,累计合同签署量超 64 亿份,日均签章调用量达 2000 万,存证区块链高度达 4200 万。

(三) 应用新型技术行业融合创新不断增强

当前,人力资源服务产品的创新、服务质量的提高,越来越依靠数字化支撑,从人力资源管理软件、人才获取解决方案、人力资本分析工具,到在线测评、绩效管理、工资福利,大数据、云计算等新技术已逐步渗透到人力资源管理和服务的全流程,驱动人力资源服务业加速数字化转型。疫情期间,在线就业和培训平台逐步扩大应用,为人力资源服务领域各类场景的需求带来更多可能性。推动数字技术赋能人力资源服务业,重点是持续深化"数字技术+人力资源服务业",提升人力资源服务业数字化水平,推动人力资源服务业实现质量变革、效率变革和动力变革。

北京市通州区通过技术功能叠加,建立北京城市副中心数字化人力资源服务支撑体系。目前,园区内已有多家企业积极利用线上线下相融合的方式,开展相关业务,举办岗位推送、技能培训等活动,各企业也表示将业务拓展到线上平台对企业运营大有裨益。同时,园区多家企业参与了"国聘行动”专项活动、服贸会线上展示、“教培行业人才专项服务季”活动等多种线上活动，充分利用数字化平台扩充人力资源服务业覆盖维度，加速提高人力资源服务机构数字化转型速度。

2021年，重庆市以“数字”为核心生产要素，以“数字经济”为引擎，以“数字思维”为引领，系统性配置资源、重塑价值。一是以“智慧人社”为抓手，建设多源异构人才数据库。整合人才数据资源，搭建“重庆人才现状数据库”“重庆人才需求数据库”“全球人才供给数据库”“人才政策库”4大数据库，涵盖行业主管部门、重点用人单位、龙头人力资源服务机构，汇聚各类人才基础数据874万条、市外相关人才公开数据5万条。组建人力资本联盟，整合科研院所、科技公司、金融机构、中介机构等多方资源，组建就业、培训、创业、人力资本联盟，系统掌握全市2400万劳动力台账库。二是以“供需匹配”为重点，开发创业人才大数据平台。深度挖掘数据关系，通过人工智能、大数据、机器学习等方式，对全产业链供需进行精准匹配，形成重庆产才大数据基础平台（数字大脑），为地方和企业等提供智能化引才方案及建议，推动人才招引精准化。三是以“服务发展”为导向，绘制高层次人才图谱。依托产才大数据平台，绘制重庆人才图谱，完成人才产业链、人才库、人才画像、引才路径4个应用板块开发，结合已入库人才数据，服务全市7大主导产业和33条重点产业链。①

山西太原市以数字技术赋能人力资源服务业，涵盖人才库、企业库、职位库等数据信息，形成“一园三库”大数据分布格局，打造数字化立体人才看板，绘制“人才地图”，把数据、趋势、预警通过直观、动态的形式予以展示，及时掌握调用人才规模、分布区域、所属行业、职位需求、项目对接、专家信息、产业情报、产学研合作等信息，实现“找人才”“找技术”“找专家”“找企业”“找职位”的实时动态信息高地，推进人才专业化、信息化、产业化、规范化建设。按照“三库”总体框架，建设人才、企业、职位等3个人才系统库，以产业园“人才数据驾驶舱”为引擎，以多个应用系统为基础，持续深化“数字技术+人才服务”模式，实现信息共享，为人才服务和人力资源服务业

① 黎勇：《重庆市推动人力资源服务业和数字经济协同发展探索与实践》，重庆人社公众号，https://mp.weixin.qq.com/s/H3Qxz2rPO1jIukGenwJMrA。

未来发展提供新动能。建设人才工作驾驶舱调度中心，对相关数据进行深入分析及可视化展示，以满足科学决策的需要。在统一的数据平台和系统框架下，面向各类人才工作场景，通过一站式人才服务平台整合汇集“山西一览”等多个人才服务应用。截止到2022年2月，拥有7437.92万人才数据，其中山西省本土人才112.37万人；收集158.3万个企业入库，其中山西省本土企业8385个；职位库已经收纳879.18万个，其中山西省内职位5.61万个。数字化技术的发展也极大提高了供需结合效率，一方面，在线技术的普及让一名劳动者从一天参加2—3场面试变为1天可参加10场面试；另一方面，人工智能技术的应用让企业对劳动者的评估更为完善，有利于增强匹配效果，降低劳动者入职后的离职率。①

（四）人力资源服务市场从行政转向法治发展

近年来，全国各级人社部门深入贯彻党中央、国务院全面推进依法治国的重大决策部署，紧紧围绕人社中心工作，攻坚克难，开拓创新，人社法律制度体系进一步完善，人社行政行为更加规范，行政执法监督不断加强，法治宣传教育取得新成绩，法治人社建设取得丰硕成果。

西安市人力资源和社会保障局坚持以法治引领人力资源和社会保障工作，依法维护劳动者合法权益。严格按照行政执法“三项制度要求”，大力开展根治欠薪行动，高效处置各类欠薪线索，定期分批次向社会公布欠薪典型案例，并将欠薪责任单位纳入“黑名单”管理，对恶意欠薪单位实施联合惩戒。西安市人力资源和社会保障局已将25个欠薪失信企业、9名自然人列入拖欠农民工工资“黑名单”；2021年累计为全市4.51万名劳动者追讨工资3.92亿元。同时大力推进劳动人事争议仲裁机构实体化建设，全市各区县仲裁院实体化建设率达到100%，劳动人事争议调解仲裁工作规范化、标准化、专业化水平进一步提升。2021年处理劳动人事争议案件1.87万件。②

---

① 《太原人力资源服务产业园：用大数据绘制“人才地图”》，太原政府网，http://www.tynews.com.cn/system/2022/02/07/030414298.shtml。

② 卢光文：《以法治引领人力资源社会保障工作　依法维护劳动者合法权益》，西安新闻网，https://www.xiancn.com/content/2021-11/25/content_6411487.htm。

杭州市人力资源和社会保障局组织局系统所有党员干部学习“两法一条例”，并将其纳入了“八五”普法计划和年度行政机构负责人和行政执法人员培训班学习内容，将其作为重要的普法内容长期宣传。同时，充分利用杭州智慧劳动监察预警功能，健全“红卡”维权机制。截至 2022 年 2 月，全市已建档立卡对口地区劳动者 31388 名。以数字化改革为契机，结合劳资纠纷领域隐患排查整治工作要求，投入 120 万元用于“智慧劳动监察”系统升级改造，开发“护薪者”信息平台，根治欠薪精密智控成效得到明显提升。杭州市“智慧劳动监察”信息系统被列入杭州市县乡法治政府建设“最佳实践”项目培育对象名单。该局还创新载体，营造立体普法氛围。开展“法治人社　护航共同富裕”“五个一”普法宣传，制作宣传视频、举办主题宣讲，发布典型案例，宪法宣传周在市民中心开展集中普法宣传活动。开展“让每个劳动者安薪过年”电子海报宣传活动，先后在 362 块户外电子大屏滚动宣传市欠薪投诉举报渠道，印发 20 万份无欠薪维权码在全市工程项目民工安全帽上张贴。①

2022 年 7 月，山东省莱阳市人力资源和社会保障局组织全市 34 家人力资源和劳务派遣机构进行 2022 年莱阳市促进人力资源服务业发展培训，拉开了“法律惠企”服务活动的序幕。该局选派多名经验丰富的业务骨干，通过有关部门前期与 21 家人力资源服务机构的沟通交流和走访调研，摸清了企业关于劳动合同、劳动报酬、社会保险、劳动纪律等方面“普法订单”需求。该局组织烟台一信、莱阳瑞源、烟台隆顺 3 家企业代表，围绕解决企业用工需求、拓展人力资源市场、优化人力资源服务进行优化营商环境座谈，逐一交流发言，共搜集意见建议 12 条。针对企业关注集中的人力资源服务范围、劳务派遣用工手续办理、劳动合同订立、就业、社会保险手续办理等问题，相关部门负责人进行了现场解答；针对企业生产经营与管理活动中呈现出的人力资源服务需求，该局将聚焦相关法律需求，编制普法手册，组织专门法律服务人员“送法进企业”，为企业科学发展营造良好的法治环境，助力打造良好营商环境，推动莱阳市经济社会健康

---

① 《杭州市人力资源和社会保障局 2021 年法治政府建设年度报告》，杭州市人力资源和社会保障局网站，http://hrss.hangzhou.gov.cn/art/2022/2/7/art_1228974397_58926449.html。

发展贡献人社力量。①

特别是2021年12月6日,人力资源社会保障部印发了《人力资源和社会保障法治建设实施方案(2021—2025年)》的通知,使得人力资源服务业的发展进入一个新的阶段。该实施方案提出到2025年,人力资源和社会保障行政行为全面纳入法治轨道,职责明确、依法行政的政府治理体系日益健全,人力资源和社会保障法律制度体系进一步完善,法律法规规章严格公正实施,行政执法质量和效能大幅提升,工作人员特别是领导干部法治思维和依法行政能力明显提高,公民、法人和其他组织的合法权益得到有效保障。

综上所述,人力资源服务业及其发展已经成为人力资源学科建设的新兴领域。进入新时代,人力资源服务业要想更好地服务于我国经济社会快速发展和第二个百年奋斗目标的顺利实现,创新是必经之路。回顾2021年度的人力资源服务业发展的历程,我们可以看到创新一直贯穿始终,呈现出以上诸多发展特点和亮点。这些新的趋势也将进一步成为推动高质量发展的更强引擎、成为推动就业的更大动能、推动服务人才的更优载体,以实现人力资源服务业的新一轮跃升。

---

① 《开展人力资源服务业培训　莱阳市人社局拉开“法律惠企”服务序幕》,齐鲁网,https://sdxw.iqilu.com/share/YS0yMS0xMzEzNjI2NQ.html。

第三章 人力资源服务业的先进经验与案例

【内容提要】

作为深耕人力资源服务行业整整30年的西部人力资源龙头企业——重庆市人才大市场集团,始终坚持"为人才创造机会,为企业创造价值,为社会创造财富"的理念,为各类用人单位和社会人才提供市场化业务,同时也积极承担政府委托购买服务,打造全方位、多元化的人力资源服务生态产业链。本章对于它的发展脉络、主要特色、经验与挑战做了介绍,以期为人力资源服务机构及相关政府部门提供参考。

Chapter 3 Advanced Experience and Case of Human Resource Service Industry

【Abstract】

As a leading enterprise of human resources in western China for 30 years, Chongqing Talent Market Group has always adhered to the concept of "creating opportunities for talents, creating value for enterprises, and creating wealth for society". It provides market-oriented services for all kinds of employers and social talents, and also actively undertakes government entrusted purchasing services. We will build an all-round and diversified ecological industrial chain of human resources services. This chapter introduces its development context, main features, experience and challenges in order to provide reference for human resource service agencies and related government departments.

一、重庆市人才大市场集团经营与业务发展

（一）概况

重庆市人才大市场集团有限公司的前身是重庆市人才大市场，于1992年11月16日挂牌成立，1997年1月13日在重庆市工商行政管理局登记注册，是国内首家以人才市场登记注册的企业主体，现为重庆发展投资有限公司下属的国有人力资源综合服务企业，由重庆市人社局代管。集团现有5个内设部门、6大事业部、8家全资和控股子公司、1家职业培训学校、3家参股合资公司、17家分公司、2家分市场。集团现有员工近500人，本科以上学历近100%。

集团累计服务各类客户单位60万余家，累计服务人员700多万人。作为重庆地区首家探索家政服务业的人力资源机构，在全国团体标准信息平台上发布养老护理员、病患护理员、母婴护理员、家居保洁员、家政服务员、育婴师等6项团体标准，为人力资源新业务形态的探索起到了良好的示范作用。

（二）经营理念与发展历史概况

“为人才创造机会，为企业创造价值，为社会创造财富”，为努力成为中国一流的人力资源服务供应商和战略合作伙伴而不断奋斗，这是重庆市人才大市场集团始终坚持的使命。自1992年挂牌成立以来，大市场集团经历了从无到有、从小到大的发展历程，目前正积极由大向强努力奋进。大市场集团的发展也见证了重庆人力资源服务行业的兴起和蓬勃发展。重庆市人才大市场集团未来将为紧紧围绕“人才强市战略”“就业优先战略”和“千亿跃升”行动计划，突出“市场化招才引才，专业化人才服务”功能，发挥行业示范引领作用。

1. 敢为人先，从无到有。20世纪90年代以来，随着我国计划经济不断向市场经济转型，我国人事制度改革开始出现萌芽。1992年11月，经重庆市人民政府有关部门批准，重庆人才市场正式挂牌，是全国第一批成立的人才市场之一。当时，从全国范围来看，人才市场还是新鲜事物，多数人依然

遵循着“一定终身”“单位所有”等旧观念，国内对于是否要建立人才市场还争论不休。不少人认为，人不是商品，把人才放到市场上去估价是有待商榷的事情。重庆市人才大市场在争议鼎沸之中坚定发出了自己的声音：人才是第一资源，人事制度改革是大势所趋、势在必行，在社会上引起了热烈的反响。1997 年 1 月，重庆人才市场在重庆市工商管理局登记注册企业主体。重庆人才市场的建立，为数以万计的有用之才的合理流动建立了通道，为这座年轻直辖市的蓬勃发展提供了强大的智力支持，更为全国从计划经济向市场经济转型的探索提供了一份动力。

2. 锐意进取，从小到大。重庆人才市场的成立，迅速影响了中西部地区人力资源行业并向全国辐射。从此，人才市场如雨后春笋般在全国各大城市兴起。重庆市人才大市场在享受第一波改革探索红利的同时，又向做大做强迈出了坚定的步伐。2000 年 7 月，重庆市人民政府与国家人事部共同组建成立中国重庆经营管理人才市场（国家级区域性专业人才市场），与重庆市人才大市场集团有限公司一套机构，两块牌子，并在 2001 年更名为重庆市人才大市场。2001 年 9 月成立重庆飞驶特人力资源管理有限公司；2008 年 2 月成立重庆人才服务股份有限公司；2012 年 11 月成立重庆飞驶特家政服务有限公司；2013 年 6 月重庆飞驶特家政服务有限公司成立重庆市江北区飞驶特职业培训学校；2016 年 8 月重庆市江北区飞驶特职业培训学校升级为重庆市飞驶特职业培训学校；2016 年 12 月成立重庆飞驶特国际人才服务有限公司。截至 2016 年成立子公司、合资公司 10 余家，大市场形成初具规模的人力资源全业态、全产业链服务供应商，在高度分散的人力资源行业，占重庆市市场 1/7 的份额。

3. 改革创新，从大到强。在不断的市场化发展进程中，2016 年重庆市人才大市场集团在全国范围内率先和重庆市人才交流服务中心事企分离，全面推进市场化运营。通过成立党委，落实党委在企业法人治理结构中的法定地位，理顺党委、董事会、总经理的职责权限，明确相关工作流程等多项措施，建立现代企业管理制度。党委成员履行“一岗双责”责任，党务工作者履行专职化职责，确保党建工作各项任务全面落实，也实现了企业经营的提质增效。

2019 年，重庆市人才大市场集团资产划归市政府所属重庆发展投资有限公司,由重庆市人力资源和社会保障局代管。按照国企改革三年行动方案要求,公司在完善公司治理机制上持续发力,厘清各治理主体权责,建强建优董事会,大力引进职业经理人,厚植高质量发展新优势。按照以业绩为导向的要求,通过狠抓三项制度改革,加速企业形成反应灵敏、运行高效、充满活力的市场化经营机制。按照国有二类企业突出主责主业的要求,紧紧围绕“人才强市战略”“就业优先战略”和“千亿跃升”行动计划,突出“市场化招才引才,专业化人才服务”功能,发挥行业示范引领作用。经过一系列改革创新后,大市场集团营收提升至几十亿元,牢牢锁定重庆市场区域龙头地位。

（三）成就与相关荣誉

重庆市人才大市场集团是中国人才交流协会副会长单位、中国人才交流协会人力资源外包服务专业委员会副会长单位,重庆高技能人才培训基地。荣获全国人力资源诚信服务示范机构,2020、2021 中国人力资源服务机构 100 强,2021 重庆企业 100 强,HRoot2021 年度人力资源服务机构领航者,2021 国际人力资源科技大会领军企业奖,重庆市十佳人力资源服务机构,重庆市人力资源服务行业著名商标(重庆市 HR 机构唯一著名商标)等多项荣誉。企业不断尝试变革,创新发展思路,积极锐意进取,业务规模不断扩大,营收连年保持 20%以上高速增长,占全市人力资源服务业总营收的 1/7。

此外,重庆市人才大市场集团还积极参与国内外人力资源行业峰会活动的组织承办工作,助力人力资源行业高质量发展。2018 年,承办人力资源和社会保障部国际合作司和中国人事科学研究院“一带一路框架下澜湄地区人力资源开发合作”国际研讨会,来自柬埔寨、老挝、缅甸、泰国、越南及我国政府部门、研究机构和高校的专家学者共 80 余人参加了会议。会议就澜湄区域人力资源开发合作形成了共识、描绘了路径,并就国际劳工组织在澜湄地区人力资源开发合作领域提供技术帮助机制进行了探讨。同年,承办第二届西部人力资源服务博览会“新经济形势下人力资源服务外包转型升级”分论坛;协助举办“2018 重庆国际人才创新创业洽谈会”,邀请诺贝尔奖获得者、50 名国内外院士以及知名企业家、专家学者等共商创新创业、人才技术合作大计。大会正式签约引进人才268名、落地项目163个，共有209家企业、23所高校、8家科研院所参加展示、推介和洽谈，25个区县组团参展，吸引了38个国家和地区1300余名高层次人才赴会。

2019年，承办中国人才研究会年会；同年邀请图灵奖得主马丁·赫尔曼参加中国国际智能产业博览会。2019—2021年连续3年参与承办中国人才研究会、中国人事科学研究院、中共重庆市委组织部、重庆市人力资源和社会保障局共同发起的"新时代西部大开发人才发展峰会"。在2019年峰会上，发起成立"西部人才联盟"，推动西部12个省、自治区和直辖市所属的27家人才公共服务机构、经营性人力资源服务机构、人才相关社团共同促进西部人才工作，为高质量发展"聚智"。2020年，在峰会上首创"西部联合引才"模式，大力推动西部省区市搭建线上招聘平台，2021年发展成为西部省区市联合引才月，9个省区市共同提供了超过10万个工作岗位，参与求职者超过1000万人次。

二、主要业务板块与特色

重庆市人才大市场集团致力于打造人力资源服务生态产业链，为各类用人单位和社会人才提供人力资源招聘及中高级人才寻访、人力资源培训咨询、人事代理及档案信息化服务、人力资源外包及劳务派遣、考试考务及人才测评、国际人才交流服务、一站式家政服务等全产业链服务。目前，已经同5000余家跨国公司、上市公司、企事业单位建立长期稳定合作关系，战略合作伙伴覆盖金融、新能源、房地产、食品医药、机械装备、电子信息等多个行业。

集团按照十大主要业态领域，"十大业态"子公司实现产业链条全覆盖。

（一）中高端人才搜寻和猎头服务

重庆市人才大市场集团下设全资子公司中锐国际猎头（重庆）有限公司（以下简称"中锐猎头"），与中国重庆经营管理人才市场、中国国际人才市场重庆市场三块牌子、一套班子，业务形态覆盖高级人才寻访、人才引进、境外引才、国际人才交流、国际人才资源服务、外教人才服务、外籍专家引进等。

作为中国国际人才市场重庆市场的运营实体，公司在港、澳、台地区，日本、新加坡、英国、法国等近二十个国家和地区设有国内国际项目合作站。每年参与重庆市在国内外重大的招才引智活动，承办“百万英才兴重庆”活动赴全国各地和高校举办专场招聘会；组织赴亚洲、欧洲、美洲等地区多个国家开展高层次人才交流洽谈会；参与重庆英才大会、重庆智博会，引进诺贝尔奖、图灵奖获得者等世界顶级专家来中国交流。累计为 3000 余家（次）单位提供了引才、任教、交流、考察等 6 万余人次服务；承办和开展各类引才活动 100 场以上。

2021 年，为贯彻落实中央人才工作会议精神、重庆市人力资源“千亿跃升”计划，根据重庆市重点产业和关键领域靶向引才的现实需要，中锐猎头将工作重心确定为：通过自主引才和合作引进，为重庆市 33 条重点产业链等重要项目完成高端人才精准引进服务。“十四五”期间主要完成以下目标：引进“高精尖缺”人才 1000 名；力争通过柔性引进、项目合作方式引进领军人才、院士等人才 3 名；中高端人才库达到 50 万；完成 10 个城市人才空间站、100 个海外引才哨所设立，精选 100 名“引才大使”，与 100 个知名高校建立有效引才合作；完成中高端人才需求调研，并建立常态化需求跟踪模式。

（二）人才派遣和人力资源综合性服务外包

重庆市人才大市场集团是重庆最早发展派遣外包业务的人力资源服务机构之一。该业务的营运主体为集团下属全资子公司重庆飞驶特人力资源管理有限公司（以下简称“飞驶特公司”），以人力资源服务外包、劳务派遣为核心业务，为客户单位提供招聘与配置、培训与开发、薪酬福利管理、绩效管理、劳动关系管理等综合性人力资源服务。

飞驶特公司成立以来，先后被授予全国人力资源诚信服务示范机构、全国巾帼文明岗、重庆市青年文明号、重庆市人力资源服务机构诚信示范单位等荣誉称号。2017 年，以中国人才交流协会人力资源外包服务专业委员会的副会长单位身份参与《人力资源外包服务规范》制定，同年该国家标准由国家质检总局和国家标准化管理会共同发布。飞驶特公司的服务覆盖重庆市 90%以上的重庆市级机关单位和 90%以上的金融机构,设有约 20 个分子公司,拥有覆盖重庆市、成都、长沙、深圳等多个城市的客服网络。成立至今累计提供就业岗位 16 万个,帮助 15 万人次实现就业,对重庆市和其他服务城市保就业、稳增长、促发展发挥了重要作用。2021 年全口径税收(只含主税种)总额近 7000 万元。截至 2022 年第一季度,缴纳增值税同比增长超过 100%,为地方经济发展作出了自己的贡献。“飞驶特”品牌也是重庆市人力资源服务行业唯一的著名商标。

“十四五”期间,飞驶特公司将不断推动传统业务拓展升级,努力扩大业务覆盖面,突破现有业务圈层,入围各行业(系统)供应商,力争成为各大机构的“首选”“优选”。进一步加强全国布局,扩大影响力;优化业务形态,向专业外包、技术外包、政务外包转型;升级服务质量,突出品牌建设,围绕高效、便捷、智能化原则改善产品(服务)用户体验。

(三) 人事管理、人力资源综合事务代理等咨询服务

重庆市人才大市场集团下设专业从事代理代办业务的全资子公司——重庆人才服务股份有限公司(以下简称“股份公司”)。其服务内容主要分为两大类:第一类是传统人事代理服务,包含:提供有针对性的职称、档案等相关政策指导和代理代办服务;为客户单位提供社会保险、住房公积金、企业年金等相关事务性工作的代办服务,解决企业人事被事务性工作包裹而无法聚焦核心业务的痛点;为客户单位提供各种政策补贴的代理代办服务。第二类是为客户单位提供驻点式、一对一的,全方位、全流程的人力资源代理代办服务。

经过多年沉淀,股份公司服务的客户覆盖教育、卫生、科技、金融、建筑等多个行业,行业知名客户多,为 70%以上的重庆市重点中学、近半数排名前列的三甲医院等提供服务,已形成本土头部品牌效应。创新了一站式人力资源驻点式服务,打破了体制限制,每年平均为 8 万余名雇员、2000 余家单位提供服务。

“十四五”期间,股份公司将全面升级现有的人事代理代办业务,积极向专业化人才服务转型,以高层次人才精准服务为抓手,配合线上“渝快

办”系统、线下人才“服务港”公共服务平台，加强与金融部门（机构）、住建部门、医疗机构等合作，用市场化手段丰富人才服务，努力建成专业化人才服务基地，成为孕育高质量人才发展沃土。

（四）档案数字化和仓储信息化服务

重庆市人才大市场集团下设重庆瀚卓档案服务有限公司，提供集档案整理、档案数字化加工、档案仓储、档案日常维护、档案销毁、档案信息化系统定制开发、档案库房建设等一体化档案服务，能为各类企事业单位提供档案全产业链服务，还可根据客户单位需求，制订个性化档案服务方案，承接各类档案审核整理及数字化外包业务。拥有国家级档案库房、密闭且具有监控设备的档案加工场地、百余台专业的档案数字化加工设备等。

“易档通”是股份公司重点打造的集档案整理、档案数字化加工、档案仓储、档案日常维护、档案销毁、档案信息化系统定制开发、档案库房建设等档案服务功能为一体，为各类企事业单位提供档案全产业链外包的服务产品。产品结合互联网时代背景下的大数据区块链技术，充分融合传统人力资源档案服务与现代科技，实现档案服务领域的全程留痕，确保档案信息的安全。“易档通”档案服务产品获得“2018 中国（宁波）人力资源服务创新大赛三等奖”和“2018 西部人力资源服务创新大赛三等奖”。现已累计服务单位近 1000 家，加工、整理、维护档案 100 余万册，扫描档案 1.2 亿页，建成占地 1000 平方米仓储中心，存放容量达 6 万箱。客户覆盖政府、机关、事业单位、国有企业、医院、高校、银行、保险等，现已经成为西部地区唯一提供档案全流程外包服务的国有企业。

“十四五”期间，股份公司将深入分析档案业务的服务类型、模式等，根据其不同项目特点，持续优化服务模式、落地流程，提升实施效率；在现有档案整理及数字化产品基础上，大力发展档案系统、库房建设等高价值服务产品，积极推进智慧档案馆建设与发展。

（五）人才网络招聘和就业推荐服务

重庆市人才大市场集团下设重庆飞驶特优聘人才服务有限公司，负责重庆人才网（www.cqrc.net）的建设和运营，为用人单位和求职者提供人才网络招聘、就业推荐服务、线上线下招聘会服务、招聘流程外包服务（RPO）及其他招聘求职相关的会展会务、参观考察、大型培训、中小型精品沙龙、比赛、团建拓展等服务。经过多年的发展，现已形成以线上、线下招聘服务为核心，赛事会展为特色，RPO 和市场化猎头为增长点的业务矩阵。

重庆人才网已运营 20 余年，是重庆本土规模最大、服务最全的国有市场化人才网络平台，可全面提供专业的政策和人力资源资讯；招聘渠道遍布重庆所有区县和周边多个省市；拥有成熟的泛高校自媒体平台，辐射百万学生；与全国 10 万余家企事业单位建立了招聘合作关系，重点为重庆市内国有企业及优质民营企业提供人力资源系列服务，并为信誉良好的各类企业提供网站会员服务。为落实“成渝双城经济圈”战略部署，现已与成都人才网实现底层数据共享；连续多年发起“西部联合引才”活动，吸引四川、广西、云南、贵州等西部多个省区共同进行线上联合引才，辐射人群超过 500 万。

“十四五”期间，重庆人才网计划建成千万级数据库，并按照“终端多元，数据一统”的原则进一步强化建设运营，搭建产业发展紧缺人才招聘引进第四方服务引才平台；重点聚焦人才方、用人方，借助科技赋能，重塑市场化引才体系，围绕重庆产业发展提供招聘引才全面支撑；主动为重庆数字经济人才市场的运营管理提供市场化服务，重点聚焦数字经济人才“引（聚）、（培）育”等关键环节，发挥市场化招聘服务作用，助力中国重庆数字经济人才市场发展；进一步拓展升级“零工地图（平台）”，创新构建“外包+灵活用工”新兴产品模式。

（六）人才评价、考试考务及职业发展服务

重庆市人才大市场集团下设重庆飞驰特人才测评中心有限公司（以下简称“测评中心”），是重庆首家具有国资背景的人力资源专业测评机构，是组织人事考试和人才测评的第三方品牌，为机关事业单位、国有企业提供人事考试命题、人才测评、考务服务技术支持的专业化服务。测评中心专注于人力资源评价手段、工具以及体系方法的研究，承接政府机关、企事业单位、高校、公开招考（遴选）公务员、专业技术任职考试等各类考试命题服务；以为各委托单位输送人才为己任，测评中心运用专业的人才测评、招聘考试、

题库建设、人事人才信息系统开发、数据分析等，帮助委托单位识别人才，精准人岗匹配。

测评中心是国家保密局甲级保密资质命题基地，获得 ISO 9001 质量管理体系认证证书，拥有自己专业的命题研发团队，自主研发专业委托命题下单系统，实现精细化分工、流水化作业。通过多年的实践与积累，测评中心建立了门类齐全、灵活新颖、实用性强的试题库。现已服务超过 600 家单位，组织笔面试 1000 余场，命制笔面试试题 10000 余套，阅卷 80 余万份，每年组织参考人数 30 余万次。

“十四五”期间，测评中心将重点强化科技赋能，加强全国布局，为全国客户提供考试技术、在线考试、远程阅卷等服务；不断拓展题库建设、试题分析、数据开发、试题托管等延伸产品，为后期的精准测评服务提供数据支撑；并联合中科院等科研机构开展编制内新型测评的开发研究，为用人单位提供专业的人岗匹配、职业规划、心理健康水平、职业风险等级评估等业务。

（七）人才培训、技能提升及职业鉴定服务

重庆市人才大市场集团下设重庆市飞驰特职业培训学校（以下简称“飞驰特培训学校”），是经重庆市人社局批准成立的市级职业培训学校，重庆市高技能人才培训基地，市级“渝能人”品牌培训机构。提供企业人力资源管理师、劳动关系协调员、创业指导师、大数据工程技术人员、云计算工程技术人员、工业机器人系统运维员、互联网营销师、区块链应用操作员、人工智能训练师、健康照护师等近 30 种职业技能培训；根据客户需求，组织干部及骨干员工到清华大学、北京大学等国内著名高校进行高级研修；组织党建、意识形态、文化建设、财税建设、司法建设等专题培训。此外，人才大市场集团还开展第三方职业技能评价业务，是重庆市首批第三方市级职业技能评价机构，可开展每个获准项目全等级（五级到一级）评价。

飞驰特培训学校与腾讯、重庆市公安局、重庆市招商局等重点机构、企业建立了良性合作关系，培训规模常年位居全重庆前五，高级工及以上数量位居重庆市前三，人力资源从业人员培训数量排名重庆市第一。每年平均培训各类人才数万人，第三方职业技能评价数万人，其中高级工占比 25%以上。

“十四五”期间,飞驰特培训学校将重点发展职业技能培训,大力培养数字经济人才等职业技能人才;大力发展人力资源市场化培训和企业内训,为重庆重点产业等实体经济板块发展提供人力资本服务;同时专业提供产学研融合咨询,开展研修培训、学术交流等,择优推动人才科研成果转化落地。

(八) 产业载体、人力资源产业园运营服务

重庆市人才大市场集团下设重庆飞驰特企业管理咨询有限公司,聚焦重庆市人力社保局人力资源服务产业园“1+10+N”发展规划,主动融入产业集群(产业园)大格局,协同具备条件的有关区县积极开拓省市级产业集群建设运营项目。为产业园区提供规划运营、招商引资、扶持政策筹划和投融资服务等综合服务,为人力资源企业创效赋能,致力于打造人力资源服务产业集群“全生命周期”的建设运营,包括:方案规划、集群建设、集群运营、政策建议等。

集团拥有专业化运营团队,其中硕士、博士研究生占比约40%,工商管理、人力资源等相关专业占比60%,平均从业年限8年以上;建立了优选人力资源服务机构合作伙伴库——“好企汇”,涵盖近百家人力资源服务产业各个细分领域的优质企业,能够有效助力产业园项目可持续、标准化、上规模发展;拥有丰富的招商引资渠道;与中科院计算所西部高等技术研究院共同设立人力资源产业智能技术应用重庆实验室,对入园企业提供科技支撑。目前已成功运营重庆金融人力资源服务产业园、重庆人力资本服务产业园、重庆大足人力资源服务产业园。

“十四五”期间,人才大市场集团发挥信息汇聚、联通各方的优势,运用行业影响力,大力推动“1+10+N”产业园矩阵建设,依托园区建站建点的形式聚合、吸引优质人力资源服务机构,带动行业共谋发展。

(九) 高科技与人力资源产业的融合及转型升级服务

重庆市人才大市场集团与中科计算技术西部研究院联合构建了重庆人力资源产业智能技术应用重庆实验室,下一步双方将合资组建人力资源产业科技公司(以下简称“科技公司”)。由科技公司、实验室牵头,联动重庆

市人社局向人社部申报人力资源科技产业省部级或国家级课题、示范基地，争取政策支持。通过建设并依托人力资源行业科技型企业形成以“国家级创新中心+国家级产业基地+中科院重点实验室+行业产业”为联盟的“计算技术+人力资源服务”产业创新平台。

科技公司力争打造人力资源数字化服务转型引领龙头。依托大市场集团30余年的行业沉淀，重庆区域行业3000余家服务单位、30余万服务人员的数据积累、业务模式积累，通过人力资源产业智能技术应用重庆实验室，结合西研院人工智能、大数据等智能计算技术的赋能，在人力资源服务模型、人力资源数据背景调查、人力资源匹配撮合、灵活用工数字化管理等领域，合力打造人力资源数字化转型服务的龙头企业，做好“先进技术+行业经验+市场转化”的产业化示范，探索国有人力资源服务企业数字化转型升级的路径与模式，引领行业创新方向、争建行业数据标准。

（十）人才投资基金管理、专业人力资源创投及产业投资服务

集团将成立人力资源产业投资公司，通过战略性投资并购打造人力资源行业的科技创新载体。在“人才强国”的行业发展背景下，投资公司将致力于并购或参股人力资源服务业领域中高速成长、能够产生巨大协同作用的企业，以产业投资者的心态投资并长期持有，通过战略梳理、运营改良、协同创造、数字化支撑实现资源对接，造就行业领先企业。

投资公司核心业务包括以下五个方面。

一是基金管理。投资公司将整合优质资源，联合市场上具备成熟条件的战略投资者共同设立“西部人力资源产业投资基金”“西部人才成果转换投资基金”等市场化基金，争取注册成立一家基金管理公司。

二是投资并购。投资公司将根据自有资金情况，兼并收购一定数量的市内外优质人力资源服务机构、项目，包括主业为灵活就业、专业外包等领域的人力资源企业3—5家，投资入股有潜力的创新型人力资源公司、科技公司3—5家。

三是创新金融产品。投资公司将主动对接有关金融机构，开发“人才贷”“精英贷”等与高层次人才引、育、留、用有关的金融产品。

四是做好投后服务。投资公司将主动对接公司内外资源，为并购或参

股企业提供战略规划、融资支撑、项目互助的投后服务，提升并购或参股企业发展质量。

五是善用资本工具。投资公司将在控股或参股企业中整合优质资源，通过战略规划与公司整合打造一个优质平台，推动其走向资本市场。

三、相关经验与启示

（一）以企业文化凝聚发展之魂

重庆市人才大市场集团始终认真贯彻落实新时代国有企业改革发展和企业文化建设新要求，厘清符合集团实际的企业文化基因，形成了“乐观敬业、务实进取、专业创新、诚信共赢”的企业文化核心理念体系，成为引领企业高质量发展的强劲引擎和方向指南。

1. 以人为本立根基，人尽其才绘蓝图。集团汲取传统文化中的人本精神，结合社会主义核心价值观要求，在企业的改革发展实践中形成了以人为本的经营哲学，忠诚、敬业、高效、专业的企业作风，树立了“成为中国一流的人力资源服务供应商和战略合作伙伴”的企业愿景以及“为人才创造机会、为企业创造价值、为社会创造财富”的企业使命，为各行各业的发展提供智力支持，勾画美好蓝图。同时，贯彻“让服务人才的人也成为人才”理念，通过系统全面的教育培养，引导集团人才队伍不断发展壮大，提升服务专业水平。

2. 党建文化做引领，凝心聚力促发展。集团高度重视党建文化建设，大力引导党员干部树牢“四个意识”，坚定“四个自信”，坚决做到“两个维护”。认真落实“中央企业党建巩固深化年”专项行动要求，持续深化“三基建设”，坚持党建工作与业务工作目标同向、措施同定、工作同步，推进党建工作与生产经营深度融合。强化人才系统化规划、体系化管理，加强年轻干部选用管育，逐步解决干部人才紧缺问题。更加突出讲担当、重实干的选人用人导向，坚决把勇于担当作为、狠抓工作落实、工作实绩突出的优秀干部选出来、用起来，大力激励干部担当作为。充分发挥文化对企业高质量发展的助推作用，形成砥砺奋进的强大合力。

3. 多元文化强管理，全员参与创辉煌。集团的使命、愿景、价值观聚集了一批志同道合、敢想敢做、富有活力的员工。集团的持续健康发展与壮大，得益于员工对企业文化的情感认同，从而使集团企业文化在生产经营各方面得到有力贯彻，同时也推动管理机制不断修正和完善，促进了公司法人治理结构和现代企业制度不断健全完善，形成了具有重庆市人才大市场集团特色的现代人力资源企业管理模式。

（二）以改革创新构筑发展之根

重庆市人才大市场集团深入对标党中央、国务院决策部署和国资委工作要求，积极贯彻新的发展理念，系统优化管理目标，突出质量第一、效益优先，适应质量变革、效率变革、动力变革要求，统筹"量"的合理增长和"质"的稳步提升。人才大市场集团30年的发展是一部改革创新的历史，改革创新是企业发展的根本动力。

1. 模式创新有绩效。近年来，人才大市场集团创新以赛引才模式，通过开展留学生创新创业大赛、博士精英挑战赛等活动，吸引全国及海外高层次人才；发起西部联合引才模式，广泛邀请云、贵、川等西部9个省市联合引才，促进西部经济发展；打造全球引才品牌，每年吸引众多海内外人才归国发展；积极探索建立高精尖缺引才服务模式，服务重庆市重点产业发展大局。

2. 业态创新见实效。创新开展"互联网营销师""网约配送员"等新职业工种技能提升培训工作；率先开展第三方职业技能评价，拥有17个工种的技能等级评价资质；拓展产业园运营新业态，正式运营重庆大足人力资源服务产业园、重庆金融人力资源服务产业园，并且持续拓展其他区县园区运营；打造"易档通"全产业链，累计服务档案加工项目近千个，整理档案近70万册。

3. 技术创新显成效。按照技术赋能的发展思路，设计三大平台六大数据库的信息化建设方案，加速向数字化转型；与中科计算技术西部研究院成立人力资源产业智能技术应用重庆实验室，设计产品荣获2020线上中国国际智能产业博览会区块链应用创新大赛优胜奖；大力投入建设运营重庆人才网，现已与广西壮族自治区、四川省、武汉市、成都市等共计十余省市级人才网达成联盟合作，形成大数据人才数据库，助推全国产业人才融合发展。

（三）以初心使命践行国企担当

重庆市人才大市场集团作为人力资源机构国企改革的先头兵，长期致力于推动行业发展的同时，牢记国企责任，积极融入"成渝地区双城经济圈"大局、助力重庆"人才强市"计划，以实际行动践行国企责任担当。

1. 稳就业，夯实民生之本。人才大市场集团每年为高校毕业生、退役军人、农民工等群体开办社会公益性专场招聘活动和大型行业会议活动20余场，累计为300万余人（次）的社会人才提供了就业择业的平台和机会。疫情期间，每年为抗疫情机构、疫情冲击严重行业企业等组织多次专场公益性招聘会；为高校毕业生、农民工、退伍军人等重点群体组织多场线上线下专场招聘会和就业推荐会。

2. 助脱贫，铺就致富之路。人才大市场集团积极响应国家脱贫攻坚和乡村振兴战略，加入脱贫攻坚战，主动设立扶贫专项，组织专家到贫困地区指导产业发展，为扶贫产品的销售免费设计IP，组织贫困户子女参加职业技能培训、推荐就业等，切实为贫困地区可持续发展贡献力量。

3. 广布局，凝聚英才之智。集团深入贯彻重庆"人才强市"行动计划，充分发挥人才供需平台作用。在国内广泛引才的基础上，还采取多种方式、多种形式广泛建立全球引才站点，在英国、法国、德国、瑞士、美国、加拿大等30余个国家设立了100个国家设立人才服务联络站，与100所境外高校建立了引才合作机制，覆盖了全部的中国留学生主流国家，形成覆盖全球的"引才版图"；年组织境内外引才活动50场，储备中高端人才库共计20万人，达成签约意向2000余人次。

四、述评与展望

作为深耕人力资源服务行业整整30年的西部人力资源龙头企业，重庆市人才大市场集团近年来始终坚持"为人才创造机会，为企业创造价值，为社会创造财富"的理念，为各类用人单位和社会人才提供市场化业务，同时也积极承担政府委托购买服务，打造全方位、多元化的人力资源服务生态产业链。

"十三五"时期，集团坚持聚焦主责主业，持续深化改革创新，加快推进转型升级，注重强化协同发展，全产业链价值经营质量稳步提升，企业内生动力活力明显增强，党建引领作用充分发挥，高质量发展取得积极成效，行业影响力不断扩大。

未来集团将充分发挥国有企业担当，积极助力人才强市战略、就业优先战略和“千亿跃升”行动计划，突出“市场化招才引才，专业化人才服务”功能，聚焦“人才引领产业，产业集聚人才”职能，以市场化方式开展引才引智和人才服务等各项工作，发挥行业示范引领作用。通过管理创新激发活力，通过引才服务实现价值，通过“十大业态”做大市场，通过全国布局加快发展，通过资本市场做优做强。力争到“十四五”末，集团实现营业收入100亿元、业务收入（服务费）7亿元、利润突破1亿元、税收突破2亿元的目标；服务客户单位40万家以上，直接服务各类人才1000万人次以上，力争成为重庆市重点人才服务的市场化实施主体和人力资源服务产业发展的战略性领军旗舰。

（一）相对重庆与全国其他企业的优势

重庆人才大市场集团是国内最早从事专业化人力资源服务的机构之一，在不断的改革创新中发展成为重庆最大的人力资源整体解决方案提供商，拥有重庆唯一的人力资源著名商标，在业界具有较高的行业地位和品牌知名度。

重庆人才大市场集团先发优势明显，当前既能享受行业增长红利，各业务板块也将在自身能力构建起独特优势，具备较高的成长性。目前公司主营的派遣外包、中高端人才访寻、招聘、培训等各大板块业务均保持高速增长，为企业人才配置与业务发展提供一体化支撑。

一是先发优势。人力资源服务作为相对技术壁垒较低的行业，先进入者拥有先发优势。这主要依赖于人力资源管理服务业本身是进入门槛较低但管理要求高、工作难度不大但相对繁琐的业务行业，尤其是对于需要管理千、万级别数量员工的客户来说，在没有互联网、大数据等完善的基础建设时，供应商的转换成本相对较高。重庆人才大市场集团的客户基本集中于政府机关、事业单位、大型央企国企等，客户黏性好、续签率高。人社部2022年2月颁布的《社会保险基金行政监督办法》筑高了人事管理业务的门槛，有利于龙头企业加固优势地位。

二是效率优势。“效率”是企业核心竞争力。对于人力资源企业而言，“匹配效率”和“流程效率”是重中之重。

匹配效率指的是快速响应客户需求的能力，实现员工与用工单位的快速对接并交付。匹配效率的提升依靠时间和业务经验的积淀，通过建立详备的人才数据库扩容供给端的储备提升快速交付的能力，同时获得更加优质的客户。重庆市人才大市场集团在 30 年的发展中积累了丰富的服务经验、渠道优势和客户资源，平均每年为超过 100 万以上的用户和 10 万家以上企业提供服务，拥有领先市场的匹配效率。人才匹配效率的提升，也加速了新兴的业务外包、灵活用工、职业技能培训、人才测评业务之间的协同，进一步帮助企业加速构建攫取市场份额和拓展高毛利率的竞争壁垒。

流程效率主要包括程序效率和合规效率两个方面，主要取决企业于内部服务流程的标准化和执行度，以及对政策变化的反应能力甚至超前布局能力，能最大限度减少客户纠纷，深受客户信赖。传统业务领域均已建立规范和标准化的流程体系，老客户复购率近 90%。持续的数字化转型，实现了各大业务模块底层数据的打通，有效赋能企业经营效率的提升。

三是资金管理优势。由于人力资源服务供应商本质收取的是中介服务费，员工的薪酬福利等支付一般需要每月按时全额支付，而客户端的应收款并非完全在资金流量上与员工的应付相匹配，如部分业务外包等资金是在项目结束后统一结算，甚至有些大客户因高议价而存在压账行为，因此企业的资金管理能力也是构建企业核心竞争力的重要的一环。重庆市人才大市场集团始终坚持资金安全与效率并重的管理机制，拥有完善的资金管理体系和风险防控机制，搭建了广泛的资金合作渠道，能有效保证各项业务安全、高效运转。

此外，重庆市人才大市场集团在 30 年的发展历程中，积累了雄厚的企业发展资金。近年来不断加大在数字化转型方面的投入，不断深入探索数字化转型的云端劳动力管理平台及先进智能应用的引入，以求提升用户体验并提高人力资源配置效率，不断提高数字资产门槛，保证服务产品技术的先进性，形成了较高的技术壁垒和资金门槛。

（二）相比国外与当前服务市场需求变化方面的不足与面临的挑战

历经了 30 年的发展，重庆市人才大市场集团已经建立独特的领先优势。但随着宏观经济波动、市场变化和人力资源服务业竞争加剧等，仍面临一些挑战。

一是宏观经济影响。派遣外包、传统人事管理等业务受宏观经济波动影响较大，相关客户如出现经营波动，可能出现需求趋紧等情形，导致公司业务下滑。招聘、中高端人才寻访等作为典型的顺周期行业，宏观经济下行会对企业发展带来较为明显的影响。

随着宏观经济向高质量发展转型，对人力资源企业提供高质量服务也提出了更高的要求。而人才技能供需错配普遍存在于各行各业中，"有人无岗""有岗无人"的局面一定程度上也对重庆市人才大市场集团的匹配效率造成不利影响，是否能快速面向重庆、西南地区乃至全国匹配产业所需的人才，是企业面临的一大挑战。重庆市人才大市场集团现行的打造"重庆人才网"流量入口平台、构建培训—就业—人力资本开发一体化等措施能否破局，也是对企业的一大考验。

二是行业竞争加剧。人力资源服务市场高度分散且竞争激烈，近几年受到国家政策扶持，人力资源服务行业快速发展，从事人力资源服务的企业数量不断增加，预计未来仍将维持激烈的竞争态势。重庆市人才大市场集团主营的派遣外包业务和人事代理业务的竞争将更加激烈。企业竞争实力体现在提供服务的水平、掌握资源信息的数量、提供信息的质量等多个方面。虽然重庆市人才大市场集团在人才资源、客户资源、经营管理能力、品牌知名度等方面均具有优势，但行业内的激烈竞争可能使公司盈利能力面临下降的风险。

此外，由于我国针对人力资源专才的教育相对落后，行业人才储备和培养相对不足，高端技术人才相对稀缺。行业内各个细分行业的优秀人才较为缺乏，一般需要人力资源服务机构投入资源培养人才。重庆市人才大市场集团近年来努力提升人才队伍的专业化、职业化水平，大力打造人才梯队，是否能迅速且有效打造大量从事各个细分业务的高素质人力资源服务人才，也是企业面临的一大挑战。

三是跨界竞争者入局。随着行业升级及新经济行业的出现，人力资源服务信息化发展趋势显著，人力资源服务企业需要通过应用云计算、互联网、大数据及人工智能等有效的信息技术和人力资源服务产品相结合的方式打造聚合性的社会平台，有效利用丰富的客户资源和雇员群体，完成人力资源服务并提高人力资本管理流程的效率及准确度。重庆市人才大市场集团在数字化转型的过程中，能否有效建立从独立的人力资源服务内部系统到以雇员为中心的云端人力资本管理平台，并不断升级技术应用，建立起成熟化的 ERP、HRIS、BI 等技术系统壁垒，也是其面临的一大挑战。

此外，随着我国西部改革开放力度加大与“一带一路”建设的发展，急需重庆人才大市场尽快走出去与发挥重要作用，这对于我们的人才队伍建设与服务业态都提出了新挑战与新要求。近年来新东方、OPPO、农夫山泉、西贝等一些包含上市公司在内的大甲方纷纷成立了自己的人力资源子公司，依托其全国布局和成熟的管理体系快速推进人力资源服务业务。快手等短视频行业的头部机构也不断延展其服务边界，纷纷进行跨界布局，利用其大数据、用户和流量优势切入蓝领招聘业务。跨界竞争者的入局也将推动人力资源行业发展格局发生转变。

（三）集团的发展潜力分析与发展战略的相关建议

“十四五”期间，重庆市人才大市场集团在重庆市率先响应人力资源服务行业“千亿跃升”计划，提出“百亿”发展目标，通过“十大业态”做大做强。我们认为，其目标具备相当高的科学性和可行性，公司具有相当的发展潜力，可从以下几方面进一步挖掘发展动力。

一是充分挖掘客户潜力。重庆市人才大市场集团在传统优势业务领域如人事管理、派遣外包等拥有大量优质客户。目前正大力发展业务外包、灵活用工、中高端人才寻访、职业技能培训等业务，两者的客户重叠率较高，具有较高的客户需求挖掘空间。公司提供的人力资源全产业链服务，一方面可以拓宽业务范围并提高毛利率，另一方面还可以增强客户黏性，最大化客户价值。

二是大力强化品牌背书。重庆市人才大市场集团在重庆市范围内拥有多家分子公司和分支机构，集团化经营模式帮助企业建立了集产品、销售、服务等功能于一体的灵敏服务部门和运营单元，其拥有重庆唯一的 HR 著名商标已充分验证其品牌影响力。该模式可帮助重庆市人才大市场集团乘借“成渝双城经济圈”、“一带一路”向外省市与“一带一路”沿线国家拓展。公司客户的多元化和服务的知名客户也为重庆市人才大市场集团的全国布局提供了品牌背书。与各行业领先企业的合作，使得公司在不同行业内均积累了一定的人才资源，构建起丰富灵活的储备服务方案供客户选择，进一步帮助其强化品牌优势。

三是加码提速数字化转型。重庆市人才大市场集团作为人力资源全产业链服务供应商，单个强项业务并不能发挥其最大的价值，数字化的加码提速能为数据赋能提供良好的实践平台。人力资源产业智能技术应用重庆实验室，能有效帮助公司运用大数据、人工智能等先进技术和现有数字资产，赋能多业务协同发展，进一步提升流程标准化程度、打通资源池；多业务模块的数字仓建设和标签分类等也将进一步提高公司内部运转效率，实现资源合理配置并提高客户交付效率，打破与上下游的信息壁垒，灵活应对市场环境变化。

四是进行人力资源服务的深化与转型。目前重庆市人力资源服务业发展，与全国其他地方类似，主要是服务于人与岗之间的配置，服务于公共部门与企业的人员需求，这仍然停留在“服务到岗”层面上，需要向“服务到家”与“服务到心”深化与转型。

第二部分

专题报告篇

第一章　人力资源服务业各省区市重视度与关注度分析

【内容提要】

本章从公众、政府、媒体和社会组织等不同群体的视角出发，通过大数据分析方法和文本分析方法对主流社交媒介、纸质媒介、网站、各省政府工作报告以及相关政策法规、规划文件进行数量统计和内容分析，来阐述人力资源服务业在我国各省市受到的重视程度及发展情况。

本章第一部分，通过各地2022年政府工作报告以及人力资源服务业相关政策、法规、规划，来系统揭示各地政府对于人力资源服务业的政策保障与发展规划支持力度，并对政府间推动人力资源服务业发展的区域合作以及不同地区典型省份发展人力资源服务业的典型案例进行解析。在第二部分，通过可以检索的人力资源服务企业和人力资源社会组织的登记信息、注册信息，各地人力资源服务业企业、行业协会、人力资源服务中心及其他相关社会组织的微信、微博官方账号或官方网站的信息资源进行分析，来反映各地人力资源服务业企业与社会组织的发展度以及对于人力资源服务的关注度。在第三部分，通过具有权威性的三种互联网检索指数来分析各地公众及媒体对于人力资源服务业关注度及其变化趋势，并描绘关注人群的特征；通过大数据分析方法对全国性媒体和地方媒体对于人力资源服务业的关注度和支持度进行分析。

Chapter 1 Analysis on the Importance and Attention of Human Resources Service Industry in Different Provinces, Districts and Cities

【Abstract】

In this chapter, we analyze the quantity and content of mainstream social media, paper media, websites, provincial report on the work of government and related policies, regulations and planning documents from the perspectives of different groups, including the public, government, media and social organizations, to illustrate the importance and development of human resources service industry in each province in China.

In the first part of this chapter, provincial report on the work of government, policies, regulations and plans related to human resources service industry in 2022 are used to systematically reveal the policy guarantee and development planning support of human resources service industry by local governments. It also analyzes the regional cooperation among governments to promote the development of humanresources service industry and the typical cases of developing human resources service industry in typical provinces of different regions.

In the second part, the registration information of HR service enterprises and HR social organizations that can be retrieved, and the official accounts of WeChat and Weibo or official websites of HR service enterprises, industry associations, HR service centers and other related social organizations in different regions are analyzed to discuss the development degree of HR service enterprises and social organizations in different regions and the concern for human resources service industry.

In the third part, through three authoritative Internet search indexes, we analyze the public and media's attention to human resources service industry and its changing trend, and describe the characteristics of the concerned people; We also analyz the attention and support of national and local media for the human resources service industry through big data analysis.

一、各地政府对人力资源服务业的重视度与关注度

地方政府发布的政府工作报告、年度工作计划以及本年度内公布施行的相关法律法规、政策文件能够集中体现该地区政府在年度内的政策关注点与重视度。因此，本节通过各地 2022 年政府工作报告以及人力资源服务业相关政策、法规、规划，来分析各地政府对于“人力资源服务业”关注与重视程度。

（一）各地政府对人力资源服务业的关注度

首先通过对各省、自治区、直辖市（港澳台地区除外）的 2021 年政府工作报告进行文本分析，探究省级政府对人力资源服务业的关注度。

党的十九大报告提出，着力加快建设实体经济、科技创新、现代金融人力资源协同发展的产业体系，在人力资本服务等领域培育新增长点、形成新动能。这对于推动我国人力资源服务业发展提出了新的更高的要求。习近平总书记在 2018 年“两会”期间参加广东代表团审议时强调，发展是第一要务，人才是第一资源，创新是第一动力。人力资源服务业是生产性服务业和现代服务业的重要组成部分，对推动经济发展、促进就业创业和优化人才配置具有重要作用。在 2022 年各省的政府工作报告中，内蒙古自治区和江西省在政府工作报告中明确提出了加强人力资源服务业特别是人力资源服务业产业园、人才产业园发展的要求，其他省区市虽无明确在政府工作报告中提及“人力资源服务”，但都有间接体现人力资源服务业的重要性，将人力资源服务业视为生产性服务业和现代服务业的重要组成部分，以推动经济发展、促进就业创业和优化人才配置。

表 2-1-1　各地 2022 年政府工作报告与“人力资源服务业”相关内容(节选)

类型	省份	政府工作报告相关内容
加快推进人力资源服务业产业园建设	内蒙古自治区	支持各地创建重点群体就业基地和创业园区,统筹推进人力资源服务产业园建设。开展大规模职业技能培训,推广应用智慧就业服务平台,有效组织供需对接,帮助更多劳动者就业创业。
	江西	实施更具竞争力的高层次领军人才引育计划,组建省人才发展集团,加强高层次人才产业园建设,努力把江西打造成为天下英才的重要首选地。
人力资源是产业体系中的重要构成要素	云南	树牢“发展最好的时候就是现在、最好的地方就在脚下、最好的环境就是自己”的奋勇争先意识,发挥优势、各展所长,协同推进新型工业化、信息化、城镇化、农业现代化,加大人力资源开发力度,适度超前开展基础设施投资,蹄疾步稳构建“滇中崛起、沿边开放、滇东北开发、滇西一体化”的发展格局。
人力资源服务对于实施人才战略的积极作用	北京	加强服务领域规则建设,积极创建国家服务贸易创新发展示范区,打造数字贸易示范区。实施园区(组团)发展提升专项行动,完善自贸试验区管理体制机制,努力在人才服务、知识产权、国际收支、跨境贸易等领域实现改革突破。 全面建设高水平人才高地。围绕创新链、产业链,加快集聚一批战略科学家和敢闯“无人区”的领军人才、创新团队,加强青年人才培养。围绕高精尖产业急需领域,实施校企联合培养卓越工程师计划。落实“朱雀计划”,加快引进项目经理、技术经纪人等多层次人才。
	安徽	打造有重要影响力的人才中心。支持区域性人才强市建设,实施江淮战略“帅才”、产业“英才”、青年“俊才”、制造“匠才”计划。建设高能级人才汇聚平台,健全以平台聚人才、留人才、用人才的机制和政策。
	广东	推动省内单位与港澳知名高校、科研院所共建引才联合体,加强与港澳在人才培养等方面的合作。深化科技人才分类评价改革。
	河北	全方位培养引进用好人才。实施创新人才推进计划、燕赵青年科学家计划,加强与中国科学院、中国工程院、央企研究机构全面合作,大力引进一批院士和高端科研团队,集聚一批产业“高精尖缺”人才,培育一批青年科技人才。完善科技人才培养使用、评价激励机制,推动形成扎实的科研作风,广纳创新英才,共赢创新未来。
	黑龙江	留住用好创新人才,在“引”上给政策,在“留”上出实招,在“育”上下功夫,在“用”上搭舞台,真正让龙江成为创新创业高地、成长成才摇篮,让越来越多的创新人才选择龙江、扎根龙江、圆梦龙江。
	湖南	坚持平台建设与人才招引相结合,抢占产业、技术、人才、平台制高点。要健全落实管理、评价、激励制度,加快构建以增加知识价值为导向的收入分配机制,以期许之心育才、以宽容之心用才、以开放之心引才,匠心打造高品质人才生态,让各类人才各得其所、各展其才、圆梦三湘。

续表

类型	省份	政府工作报告相关内容
人力资源服务对于实施人才战略的积极作用	吉林	优化提升“长白山人才工程”等重点人才项目。实施高端人才薪酬倍增计划。开展“柔性引才”激励计划。下放职称评聘权限和人才评价自主评审权。制定高技能人才与专业技术人才职业发展贯通实施办法。
	江苏	实施更加积极、开放、有效的人才政策,全方位培养引进用好战略科学家、科技领军人才和创新团队、青年科技人才、卓越工程师和大国工匠,纵深推进人才发展体制机制改革,建设国家级人才平台,向用人主体充分授权,不断激发人才创新创造活力,全力打造人才发展现代化先行区。
	辽宁	深入实施新时代人才强省战略,营造识才爱才敬才用才的良好环境。升级实施“兴辽英才计划”,全方位培养引进用好人才。深化“柔性引才”体制机制。
	青海	坚持“四个面向”,实施好人才强省战略,深化人才发展体制机制改革,统筹推进“昆仑英才”行动计划,全方位培养、引进、用好人才。大力弘扬科学家精神,围绕重点领域、重点产业,培育创新型人才团队和青年创新人才,实施产业工人技能提升行动。创新引才方式,探索人才共享模式。
	山东	全力打造具有山东特色的人才发展雁阵格局,实施领军人才“筑峰计划”,创新实行工程配额制和自主遴选认定制,精准引进科技领军人才和高水平创新团队。推进职业教育集团化发展,培育一批卓越工程师、齐鲁工匠和高技能人才。深化科技奖励制度、科技人才分类评价、科技成果评价改革。
	山西	着力构建更为科学的人才培养体系,持续推动人才服务提质增效,切实解决实际问题,消除后顾之忧,让各类人才安心、安身、安业。
	上海	营造高品质人才生态系统,实行更加积极开放有效的人才政策,进一步打响“海聚英才”品牌。健全创投机构与创新项目对接机制,完善商业银行与风险投资、天使投资的投贷联动模式。加快建设世界顶尖科学家社区,推进人才安居工程,优化教育、医疗等服务供给。
	新疆	强化人才引领发展的战略地位,全方位培养、引进、使用人才,实施更加开放的人才政策,建立以信任为基础的人才使用机制。

(二) 各地政府对人力资源服务业的政策保障度

使用“北大法宝 V6 版”数据库的高级检索针对“地方法规规章”进行检索。以“人力资源服务”进行全文检索,发布时间范围为 2021 年 8 月 1 日至 2022 年 7 月 31 日。检索到各地政策主要包括两类,一类是地方性法规,另一类是地方规范性文件。

1. 地方性法规

检索得到与“人力资源服务”相关的地方性法规有 17 篇，与 2021 年的 17 篇相比持平。这些法规主要是规范人力资源市场条例及优化营商环境相关的政策。

（1）对人力资源市场的规范性政策。例如《广西壮族自治区人力资源市场条例》规定：“县级以上人民政府应当将人力资源市场建设纳入国民经济和社会发展规划，加强统筹协调和政策引导，建设统一开放、竞争有序的人力资源市场体系，加强大数据、智能化等技术在人力资源市场的应用，推动人力资源与实体经济、科技创新、现代金融协同发展，提升人力资源服务业发展水平。”①《安徽省人力资源市场条例》规定：“支持长江三角洲区域人力资源信息共享、服务标准统一、机构等级互认、从业人员资格贯通，共建长江三角洲区域人力资源服务产业园合作机制，推动区域人力资源服务协同发展。”②《广东省人力资源市场条例》指出：“县级以上人民政府人力资源社会保障主管部门应当推进人力资源服务领域的管理创新、服务创新和产品创新，推动大数据、人工智能、区块链等新技术、新知识在人力资源服务中的运用；支持人力资源服务机构创新人力资源服务产品，发展人才寻访、人才资源测评、人力资源服务外包、人力资源管理咨询、人力资源信息软件服务、人力资源薪酬绩效管理等新兴业态。”③

（2）对优化营商环境的促进性政策。例如《湛江市优化营商环境条例》中规定：“人力资源社会保障部门应当会同有关部门加强人才大数据建设，建立人才信息支撑平台、人才引进平台，设立人才综合服务平台、窗口，培育国际化、专业化人力资源服务机构，为人力资源合理流动和优化配置提供服务。”④《苏州市优化营商环境条例》中要求：“发挥人力资源服务产业园集

① 《广西壮族自治区人力资源市场条例》，广西壮族自治区人大常委会公告十三届第 64 号，2022 年 3 月 24 日发布。

② 《安徽省人力资源市场条例》，安徽省人大常委会公告第 60 号，2021 年 12 月 22 日发布。

③ 《广东省人力资源市场条例》，广东省第十三届人民代表大会常务委员会公告第 97 号，2021 年 12 月 1 日发布。

④ 《湛江市优化营商环境条例》，湛江市第十五届人民代表大会常务委员会公告第 3 号，2022 年 4 月 2 日发布。

聚发展和辐射带动作用,维护人力资源市场秩序稳定。"①

(3)对促进就业提振经济有关的地方性法规。例如《江苏省就业促进条例》规定:"县级以上地方人民政府应当建立政府宏观调控、市场公平竞争、单位自主用人、个人自主择业、人力资源服务机构诚信服务的人力资源流动配置机制,引导人力资源自由有序流动,促进人力资源高效配置,实现高水平的人力资源市场供需动态平衡。""地方各级人民政府可以通过政府购买服务等方式支持经营性人力资源服务机构以及其他社会组织提供公益性人力资源服务。"②

(4)对促进当地经济特别是数字经济的鼓励性法规。这类地方性法规将人力资源服务的数字化作为促进数字经济发展的重要手段和抓手。例如《江苏省数字经济促进条例》中要求:"县级以上地方人民政府以及有关部门应当推进研发设计、现代物流、检验检测、商务咨询、人力资源服务等生产性服务业数字化,提升生产性服务业智能化、网络化、专业化水平。"③《广州市数字经济促进条例》要求:"人力资源社会保障部门应当推进人才管理和人力资源服务业数字化转型,支持开展人才数据资源开发利用,探索人才资源规划、招聘引进、使用开发、培养考核等产业链数字化。"④

综合比较,同2021年各地发布的人力资源服务业相关法规相比,本年度相关法规的发布呈现的趋势主要有:更多的省份研究制定了关于人力资源市场的相关法规,以规范公共性和营利性的人力资源服务机构和从业人员的行为,进一步保障人力资源服务业的有序健康发展;各地方更加重视人力资源服务业在优化营商环境和促进就业方面的重要作用,在上一年度多省发布相关法规的基础上,部分地市根据自身发展状况制定了更加具有针对性的法规和政策;伴随着发展数字经济的大潮,人力资源服务业数字化发展也进入了各地政府的视野。

---

① 《苏州市优化营商环境条例》,苏州市第十六届人民代表大会常务委员会公告第26号,2021年12月10日发布。

② 《江苏省就业促进条例》,江苏省人民代表大会公告第4号,2022年1月23日发布。

③ 《江苏省数字经济促进条例》,江苏省第十三届人民代表大会常务委员会公告第81号,2022年5月31日发布。

④ 《广州市数字经济促进条例》,广州市第十六届人民代表大会常务委员会公告第1号,2022年4月6日发布。

2. 地方规范性文件

从 2021 年 8 月 1 日至 2022 年 7 月 31 日，检索得到与“人力资源服务”相关地方规范性文件共 228 篇（如表 2-1-2 所示），相比 2020 年 223 篇有所上升。

表 2-1-2 “人力资源服务”相关地方规范性文件地域分布

省份	2022 年排名	2021 年排名	排名变化	2022 年数量	2021 年数量	数量变化
浙江省	1	1	0	24	23	+1
山东省	2	3	1	23	17	+6
广东省	3	2	−1	18	23	−5
四川省	4	4	0	17	14	+3
河南省	5	18	13	13	5	+8
云南省	6	27	21	13	2	+11
内蒙古自治区	7	7	0	11	9	+2
甘肃省	8	11	3	11	7	+4
安徽省	9	12	3	9	7	+2
广西壮族自治区	10	6	−4	8	11	−3
辽宁省	11	8	−3	8	8	0
北京市	12	13	1	8	7	+1
福建省	13	9	−4	6	8	−2
河北省	14	24	10	6	3	+3
新疆维吾尔自治区	15	30	15	6	0	+6
湖北省	16	14	−2	5	7	−2
上海市	17	20	3	5	4	+1
贵州省	18	28	10	5	2	+3
江苏省	19	5	−14	4	14	−10
江西省	20	19	−1	4	5	−1
青海省	21	21	0	4	4	0
黑龙江省	22	22	0	4	4	0
湖南省	23	23	0	3	4	−1
海南省	24	25	1	3	3	0
宁夏回族自治区	25	26	1	3	3	0

续表

省份	2022 年排名	2021 年排名	排名变化	2022 年数量	2021 年数量	数量变化
重庆市	26	10	−16	2	8	−6
吉林省	27	15	−12	2	7	−5
天津市	28	16	−12	1	7	−6
陕西省	29	17	−12	1	6	−5
山西省	30	29	−1	1	1	0

数据来源：北大法宝、各地政府官方网站，检索时间段：2021 年 8 月 1 日至 2022 年 7 月 31 日，2021 年数据参考《中国人力资源服务业蓝皮书 2021》。

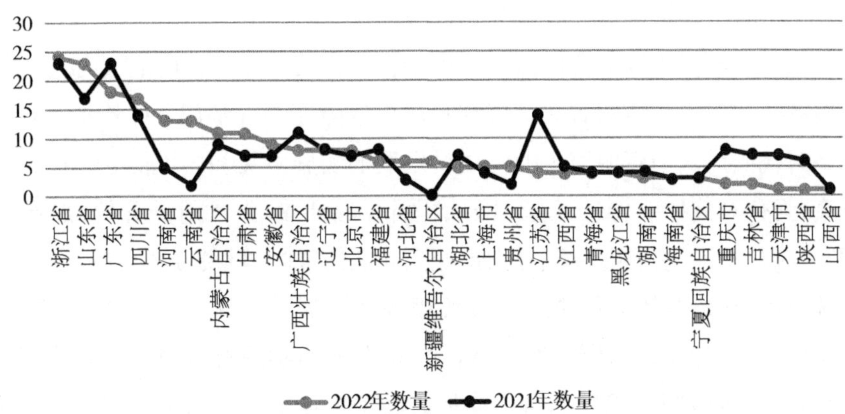

图 2-1-1　“人力资源服务”相关地方规范性文件地域分布图

从图 2-1-1 分析可以看出，在 2021 年 8 月到 2022 年 7 月的一年中，浙江省、山东省、广东省、四川省、河南省、云南省、内蒙古自治区、甘肃省出台发布的涉及人力资源服务相关内容的地方规范性文件数量超过 10 件，显著高于其他地区；同上一年度相比，出台文件数量超过 10 件的省份由 6 个上升至 8 个，反映出在绝对数量有所提升的同时，对人力资源服务进行重点关注的省份也增加了。

从地方规范性文件的增幅数据来看，云南省、河南省、新疆维吾尔自治区、山东省的地方规范性文件较之上年增长明显，云南省更是比 2021 年度增加了 11 件。从地方相关规范性文件发布数量的排名来看，云南省、新疆维吾尔自治区、河南省同上年相比，名次也有了大幅提升。综合来看，上述省区在规范性文件中对人力资源服务业的关注度和支持力度大大增强了。

综合数量和排名的情况，浙江省连续两年在相关规范性文件的发布方面排名第一，广东省、山东省、四川省也连续两年跻身前五，反映了四省区作为人力资源使用、输入、输出大省，对于人力资源服务的重视程度。

应该注意到的是，同人力资源服务相关的地方规范性文件的数量及排名只能从一个侧面部分反映各省区市政府的关注度，由于各省区的资源禀赋和政策偏好不尽相同，在规范性文件的发布特别是年度趋势上也必然有各自的特点和影响因素。

梳理这些规范性文件，从具体的文件内容来看，大致可以分为以下几类。

第一类与促进人力资源服务业发展直接相关。促进和规范域内人力资源服务业的发展。四川省人力资源和社会保障厅等 6 部门《关于进一步推进新时代四川人力资源服务业高质量发展的实施意见》提出推动产业集群集聚、强化对接指引、突出创新驱动、提升供给质量、扩大对外开放、加强知识产权保护、优化营商环境、壮大产业人才队伍、加大财税金融支持、强化协调统筹等 10 条具体的促进人力资源服务业发展的意见。《德阳市人民政府印发〈关于加快人力资源服务业高质量发展的实施意见〉的通知》提出："培育人力资源服务优质品牌。支持人力资源服务机构加强品牌建设，注册和使用自主商标，参选服务业重点企业名录，参与高新技术企业认定，争创中国质量奖、天府质量奖等，打造一批品牌服务产品和品牌企业。举办人力资源服务业创新创业大赛，遴选支持一批专精特新人力资源服务机构和项目。"《上海市人力资源和社会保障局、上海市财政局关于印发〈上海市人力资源服务"伯乐"奖励计划实施办法〉的通知》则对以奖励方式促进人力资源服务业发展、提高机构和从业人员的积极性提出了更加具体的建议和办法。

第二类与人力资源服务产业园的发展相关。《北京市人力资源服务产业园建设发展办法（试行）》规定："本市支持建设人力资源服务产业园，完善人力资源服务业基础设施和配套服务，引导资本、技术、人力资源等要素聚集，提供人力资源培育、孵化、展示、交易服务。鼓励有条件的区根据需要建设区级人力资源服务产业园，申请建设国家级和市级人力资源服务产业园。"《辽宁省省级人力资源服务产业园管理办法(试行)》指出:"支持省级产业园内的人力资源服务机构有序承接政府转移的人才引进、流动、服务等项目,按规定享受补贴;对吸纳重点群体就业的,按规定享受社会保险补贴;对为重点群体提供就业创业服务的,按规定享受就业创业服务补助;对开展就业见习的,按规定给予就业见习补贴。符合条件的人力资源服务机构开展职业技能培训,按规定纳入补贴类培训范围。"该办法还提出了省级产业园应该符合的基本条件:规划论证充分、基础设施完善、产业集聚度高、运营管理科学、政策体系完备。《内蒙古自治区区级人力资源服务产业园管理办法》则对产业园的评价考核提出了比较明确的要求:"建立自治区级产业园定期评估考核制度,自治区人力资源和社会保障厅每两年组织评估考核一次,评估考核内容包括平台建设、政策体系、管理运营、服务保障、依法治理、经济社会效益等方面。所在地盟市人力资源和社会保障局每年组织开展自评,向自治区人力资源和社会保障厅报告。"

第三类与当地发展规划与政策相关,特别是与当前"保发展稳就业"的任务紧密联系,将发展人力资源服务置于比较重要的地位或强调发展人力资源服务业。例如《四川省进一步稳定和扩大就业十五条政策措施》提出:"提供精准就业服务。强化全方位公共就业服务,建立重点企业用工保障制度,设立就业服务专员,提供招工用工、政策咨询、劳动关系协调等服务。大力发展人力资源服务业,支持国家级、省级人力资源产业园建设,发展区域性、专业性人力资源市场。"《内蒙古自治区促进服务业高质量发展实施方案(2022 版)》提出:"实施人力资源服务业人才培养计划,加大服务业高层次人才培养力度,组织重大项目培训班,全面提升从业人员专业化、职业化水平。开展人力资源服务业骨干企业培育计划,集中开展人力资源服务业专项整治,维护公平、规范、竞争有序的人力资源市场秩序。鼓励各地区培育建设体现自身优势的自治区、盟市级人力资源服务产业园,推动呼和浩特、包头人力资源服务产业园提档升级,建成 1—2 家自治区级人力资源产业园。"

第四类主要是与各地吸引人才和使用人才的政策有关。例如《广西壮族自治区关于进一步加强事业单位人才人事工作若干措施》中针对产业人才的评价工作提出:"在汽车产业和人力资源服务产业开展产业人才职称评价试点，探索产业人才精准评价。在自然科学研究系列、工程系列新设‘技术经纪’职称专业，打造一支服务成果转化和技术转移的专业人才队伍。”《甘肃省全面推行中国特色企业新型学徒制 加强技能人才培养工作实施方案》中提到：“具有劳务派遣资质的人力资源服务企业申请新型学徒制培训的，由实际用工单位向当地人社部门申报，除提供规定的相关资料外，还应提供用工单位与人力资源服务企业签订的委托用工合同或劳务派遣服务协议。经审核后列入学徒培训计划的，按规定向企业预支不超过50%的补贴资金。”

总体来看，各地政府高度重视人力资源服务业的发展。首先，各省市在2022年的政府工作报告中将人力资源服务业视为生产性服务业和服务业高质量发展的重要组成部分，同2021年相比，江西省和内蒙古自治区在政府工作报告中着重强调了人力资源服务业产业园的建设计划，而不仅仅是在人才工作和就业要求中对人力资源服务业予以关注。其次，从各地政府在本年度中发布的相关地方法规和规范性文件来看，都给予人力资源服务业比较充分的关注，东部地区特别是沿海地区省市由于自身对于人力资源的巨大需求，对于人力资源服务业的关注度和重视度一直非常突出。本年度从政府层面来看，这一趋势依然在延续，浙江和广东在政策制定与实践探索中仍然走在全国前列，而山东省等省市也取得了长足的进步；而西部地区的四川省、重庆市，继续发挥区域性的人力资源聚集优势，对人力资源服务业的发展做出了新的规划和部署。从各省市的关注重点来看，全国范围内呈现出一种政策法规的创新扩散效应。在2021年度，部分先进省份（如广东、浙江）提出人力资源市场条例以及对于数字经济发展浪潮中人力资源服务业发展的一些政策与思路，2022年度有更多的省区市进行了相关发布与政策创新。而2021年度由省一级发布的政策与法规，本年度则有更多地市根据自身发展禀赋予以创新和具体化实施。整体而言，人力资源服务业在经济建设、科学发展、人才高地建设中发挥的重要作用，使各省市政府对于人力资源服务业的关注度和重视度都再上一个新台阶，中西部地区也基于本地的需求和政策创新的趋势在政策、文件、法规方面给予了更多关注。

二、各地人力资源服务业企业与社会组织的重视度与关注度分析

（一）各地人力资源服务业相关社会组织的发展概况

本部分通过对在地方民政部登记的地方社会组织进行查询和分析，来反映各地与人力资源服务相关的社会组织的发展程度，拓展政府组织之外的另一观察各地对于人力资源服务业发展关注度的视角。

截至 2022 年 7 月底，各地民政部门登记的社会组织中，与"人力资源服务"相关的、登记年限在一年之内的社会组织共有 36 个，同 2021 年度的增长量 17 个相比翻了一番还多，其中 34 个为社团组织（主要是各地的人力资源服务行业协会），2 个为民非组织（主要是各地的人力资源服务中心）。

从存量情况来看，截至 2022 年 7 月底，全国共有与人力资源服务相关的社会组织 217 个，其中 179 个为社团组织（主要是各地的人力资源服务行业协会），39 个为民非组织（主要是各地的人力资源服务中心）。[①]

除了数量增长、层级结构逐步完善之外，在新思想、新理念的影响下，人力资源服务业发展迅速，社会组织也发挥了相当大的作用。例如，上海市人才服务协会积极参与了关于人力资源服务业的研究工作。据报道，2022 年 2 月 15 日，《上海现代服务业发展报告 2020》编撰工作总结暨 2021 版动员会议在上海现代服务业联合会召开，上海现代服务业联合会驻会会长、各专委会负责人、《上海现代服务业发展报告》各供稿单位代表等出席。会议分享了《上海现代服务业发展报告 2020》的编撰成果和经验，并布置了 2021 版的编撰工作。

深圳市人力资源服务协会则围绕促进行业发展开展了一系列的活动。据报道，为全面推进深圳市社会信用体系建设，树立先进典型，引导和激励深圳市人力资源服务行业加强信用管理，实现高质量发展，协会于 4 月启动了 2022 年深圳市人力资源服务行业诚信机构评选活动。活动开展以来，经自愿申报、资格审核、专家评审等程序，共 71 家单位入选，其中 21 家诚信示

① 以上新增和存量数据仅包括运行状态正常的社会组织。

范机构、50 家诚信机构。

2022 年度,各地人力资源服务社会组织还积极推进合作与共建。据报道,2021 年 12 月 14 日,由广西壮族自治区人力资源和社会保障厅指导,柳州市、北海市、来宾市三市人力资源和社会保障局主办,广州人力资源服务协会(以下简称"广州人协")承办的"穗柳人力资源服务合作峰会"在柳举行。本届峰会旨在成立人力资源服务产业园联盟,共同迎挑战、谋合作、促发展。来自广州、柳州、北海、来宾的人力资源和社会保障局领导,行业知名专家,人力资源服务机构、知名企业及院校的相关负责人共 150 人汇聚一堂,迎挑战、谋合作、促发展。

(二) 各地人力资源服务企业的发展概况

本部分通过"天眼查"进行查询,通过登记企业的数量等信息综合分析人力资源服务相关的企业的发展程度。拓展政府组织、社会组织之外的另一观察各地对于人力资源服务业发展关注度的视角。

我们通过"天眼查",以人力资源服务为关键词,对业务范围为人力资源服务且注册时间为 2021 年 8 月 1 日到 2022 年 7 月 31 日之间的企业进行了查找筛选,共查找到人力资源服务企业 31984 家,其中注册资本在 1000 万元人民币以上的企业 1939 家,企业名称直接同人力资源服务业有关的 4253 家,注册资本在 1000 万人民币以上的 119 家。

而关注 2020 年 8 月 1 日到 2021 年 7 月 31 日即上一年度的情况,注册且仍存续企业 28024 家,其中注册资本在 1000 万元人民币以上的企业 1888 家,企业名称直接同人力资源服务业有关的 4417 家,注册资本在 1000 万人民币以上的 177 家。

经过比较可以发现,尽管中国经济在过去一年受到疫情和国内外复杂形势的影响,但人力资源服务业企业仍然蓬勃发展,也仍然是现代服务业发展的重要领域。本年度,行业龙头企业也对人力资源服务业的发展投注了精力,付出了行动。如科锐国际作为国内首家登陆 A 股的人力资源服务企业,同西部人才城合作推出了"金凤凰人才码"。据报道,科锐国际旗下科锐数字助力西部(重庆)科学城"金凤凰人才码"系统平台上线。通过整合人才信息、人才身份、人才政策,推行人才服务专员靠前一步,通过"一对

一、代理办、陪同办”服务模式，实现区域多项人才服务闭环，赋能推进高层次人才在科学城立住脚、留住心、扎下根。此次上线的是“金凤凰人才码”一期系统，主要面向重庆市和重庆高新区认定的人才。具体而言，人才可在西部(重庆)科学城微信公众号“西部重庆科学城”，通过“服务”栏目点击“金凤凰人才码”登录系统。系统为每位人才匹配了专门的账号，登录系统提交一次材料，就可以申请配偶(子女)就业、档案管理、社保经办、子女入(转)学、汽车年审、出入境服务、税费办理、公共体育场所申请等多项人才绿色服务通道。

(三) 各地人力资源服务业企业与社会组织的微信微博官方账号情况与发布分析

1. 微博

2022年3月3日，微博发布2021年第四季度及全年财报。四季度微博总营收达到6.16亿美元，同比增长20%。截至2021年四季度末，微博月活跃用户达到5.73亿，同比增长10%，日活跃用户达到2.49亿，同比增长11%。微博已经是公众了解新鲜事物、参与社交活动的重要平台。各地人力资源服务企业、社会组织与个人也关注到微博的传播效应和积极影响，我们可以通过相关数据了解企业与社会组织的关注度与参与度。

通过新浪微博的用户高级搜索界面，搜索到了“人力资源服务”相关用户数量为8841，比上年同期增长了92个，增幅为1.05%。其中机构认证用户数量2348个，个人认证用户数量406个。通过对微博用户的标签信息进行检索，搜索到了178个机构认证用户，与上年持平；13个微博个人认证用户，与上年持平；222个普通用户，同比减少1个。

从地域分布上来看，与2021年排序保持一致。除其他地区外，数量排在前三位依然为北京、广东、上海，其人力资源服务相关用户数量远高于其他地区，且用户增长速度较快，属于第一梯队。江苏、河南、山东与浙江区域内的相关用户数量都在100以上，也相对较高，属于第二梯队。湖北、河北、四川、福建、辽宁、陕西地区的用户数量在50个及以上，属于第三梯队。其余则是在各个省份分布，西北、西南、东北部分省份排名较为靠后。整体而言，从微博相关账号的地域分布来看，全国性的经济中心和经济发达地区数量较多，关注程度较高(见表2-1-3)。

表 2-1-3 人力资源服务相关用户地区分布

排名	地区	数量	排名	地区	数量	排名	地区	数量	排名	地区	数量
1	北京	312	8	浙江	103	15	天津	44	22	吉林	18
2	广东	242	9	湖北	86	16	重庆	42	23	贵州	14
3	其他*	449	10	河北	83	17	安徽	35	24	云南	15
4	上海	196	11	四川	73	18	湖南	34	25	黑龙江	12
5	江苏	131	12	福建	61	19	广西	31	26	山西	12
6	河南	125	13	辽宁	59	20	甘肃	26	27	青海	12
7	山东	115	14	陕西	54	21	海外	20	28	香港	6

注：* 表中的其他为微博自动分类的，除了国内省区市之外的其他地区。

2. 微信公众号

根据腾讯 2022 年 3 月发布的 2021 年全年财报，截至 2021 年底，微信及 WeChat 的合并月活跃账户数达到了 12.68 亿，同比增长 3.5%，环比增长 1.6%。在用户基数已经十分庞大的情况下，微信依然保持增长。

以“人力资源服务”为关键字在搜狗微信公众号检索平台上进行检索（检索截止时间为 2022 年 7 月 31 日），得到 198 个具有认证资格的相关微信用户，用户数量较之 2021 年同期相比减少一个（见表 2-1-4）。

表 2-1-4 2021 年“人力资源服务”相关微信公众号地域分布

地区	2022 年区域内相关微信公众号数量	地区	2022 年区域内相关微信公众号数量
广东	20	内蒙古	5
江苏	20	贵州	5
山东	17	云南	4
河南	14	江西	4
河北	10	新疆	3
辽宁	10	天津	2
北京	9	山西	2
四川	9	宁夏	2
浙江	8	重庆	1
上海	8	吉林	1

续表

地区	2022 年区域内相关微信公众号数量	地区	2022 年区域内相关微信公众号数量
湖北	8	广西	1
福建	7	黑龙江	1
甘肃	7	西藏	1
陕西	6	海外	1
安徽	6	海南	0
湖南	6		

数据来源:搜狗微信公众号检索,http://weixin.sogou.com/,截止日期:2021 年 7 月 31 日。

对比 2021 年数据,可以发现 2022 年各省份的微信公众号数量排序基本保持不变,广东、江苏公众号数量仍然依然明显多于其他地区,两地公众号累计占比 28.5%,山东、河南、河北、辽宁公众号超过十个,其余公众号在各地零散分布。

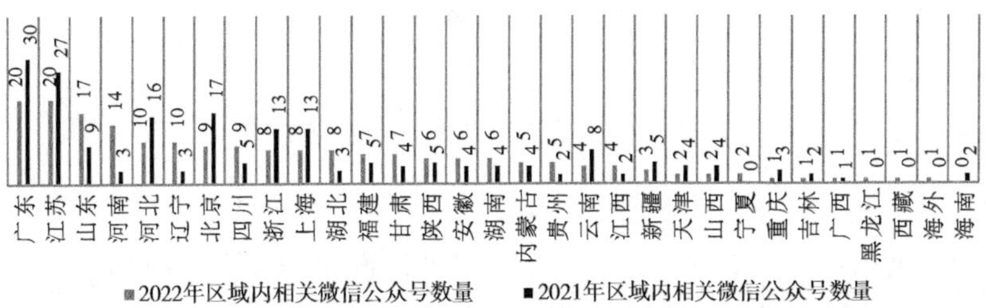

图 2-1-2　2021 年、2020 年“人力资源服务”相关微信公众号地域分布对比

本节主要通过对相关平台数据的查询,分别从人力资源服务业社会组织的登记数量、人力资源服务业企业的注册登记数量、人力资源服务业社会组织与企业的微博账号和微信账号分布等三个维度对各地人力资源服务业社会组织的重视度与投入度进行分析。从全国的情况来看,同 2021 年度相比,尽管仍然存在新冠疫情和较为严峻的经济形势的影响,人力资源服务业社会组织数量和注册企业数量仍然在稳定增长,呈现出良好的发展态势,微博账号和微信公众号数量也稳中有增,并且大多保持着比较稳定的人力资源服务业相关信息的输出与传播。从地区比较的角度来看,东部沿海地区省份和作为经济中心的超大型、大型城市的企业、社会组织从数量上和信息输出量上都占整体的较大比重,关注度和投入度较高;中西部地区在过去一年中也取得了显著的进步,社会组织和企业在当地经济和人力资源服务业的发展中也扮演了非常活跃的角色,但仍有着较大发展空间。

三、人力资源服务业的公众关注度与媒体关注度

(一) 人力资源服务业的公众关注度

1. 百度指数

百度指数是以百度海量网民行为数据为基础的数据分享平台。通过检索特定关键词,可以呈现关键词搜索趋势、洞察网民兴趣和需求、监测舆情动向、定位受众特征。

"人力资源"是输入百度指数的关键词,将时间段限定为 2021 年 8 月 1 日到 2022 年 7 月 31 日,得到的搜索指数①如图 2-1-3 所示。

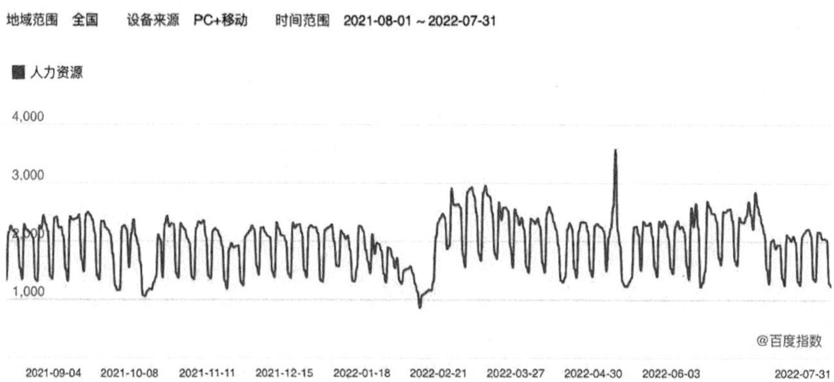

图 2-1-3 百度指数的关键词搜索趋势图

整体趋势呈现一个不断波动的水平,在农历新年前后搜索指数较低,而在 5、6 月份即应届生毕业前后的搜索指数增长较大,而以农历新年为分界点,之后的搜索指数显著高于之前的水平。

需求分布图所呈现的是近一年(2021 年 8 月 1 日到 2022 年 7 月 31

① 搜索指数是以网民在百度的搜索量为数据基础,以关键词为统计对象,科学分析并计算出各个关键词在百度网页搜索中搜索频次的加权和。

日）与“人力资源”相关的检索关键词，该图是针对特定关键词的相关检索词进行聚类分析而得的词云分布。从中可以看出公众对于人力资源的检索关注点在于“人力资源管理师”“人力资源证书”“人力资源管理”等领域，对于“人力资源服务业”的关注虽未有明确的体现，但其中“人力资源公司”“人力资源招聘”等都是与人力资源服务业相关的词语（见图 2-1-4）。

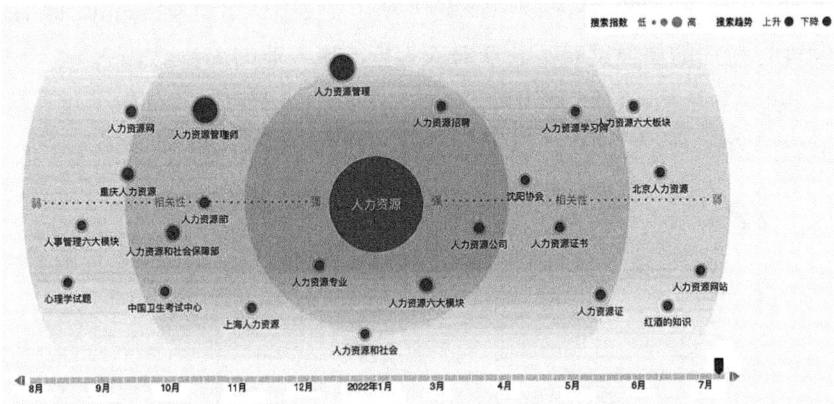

图 2-1-4　与“人力资源”相关的需求分布图

对关注“人力资源”的人群展开分析，各地区人们对于“人力资源”这一关键词的搜索指数，总体上华东地区公众的关注度明显高于其他地区，华北、华南次之，而东北、西北的社会公众关注度相对较低，地域分布情况与 2021 年基本相同。

从城市上来看，北京、上海、深圳、成都则是社会公众关注度相对高的地区。呈现东西南北各成中心的趋势。从检索关注的人群地域分布可以发现，经济发达地区对于人力资源服务业的关注度较高，北京、上海连续五年排名位于前三位，成都排名稳中有升，侧面反映出这些地区人力资源服务业发展具有相对良好的社会环境基础和广泛的社会关注度。

2. 微信指数

微信指数①是腾讯开发的整合了微信上的搜索和浏览行为数据，基于

① 微信指数计算采用数据：总阅读数 R、总点赞数 Z、发布文章数 N、该账号当前最高阅读数 Rmax、该账户最高点赞数 Zmax。采用指标：总阅读数 R、平均阅读数 R/N、最高阅读数 Rmax、总点赞数 Z、最高点赞数 Zmax、点赞率 Z/R。

对海量云数据的分析,形成的当日、7 日内、30 日内以及一年内的“关键词”的动态指数变化情况,即用具体的数值来表现关键词的流行程度。相较于长时间段的百度指数和微博指数,微信指数提供的数据异动查看功能能够更加精确地反映某个词语在短时间段内的热度趋势和最新指数动态,能够预测该关键词成为热词的潜力。并且考虑到微信作为“国民 App”在覆盖度和使用率上的优势,以及微信搜索和浏览对传统搜索引擎的冲击,微信指数从实际应用的层面反映了公众对人力资源服务业的关注度。

以“人力资源服务业”作为检索关键词,我们得到了近一年(2021 年 8 月 7 日到 2022 年 8 月 6 日)“人力资源服务业”微信指数变化趋势图(见图 2-1-5)。

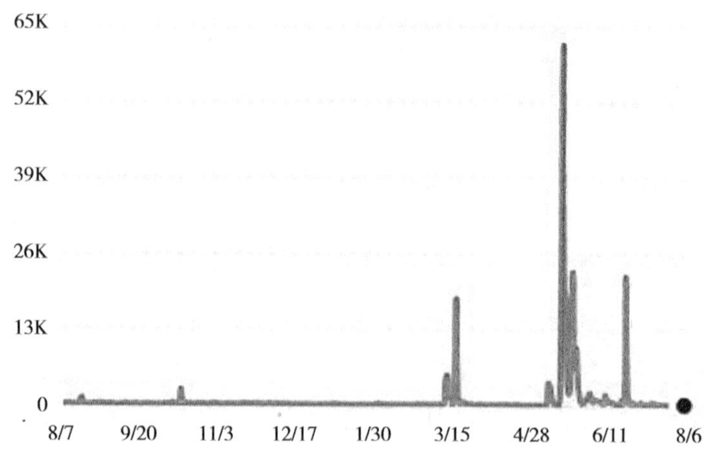

图 2-1-5 “人力资源服务业”微信指数变化趋势图
(2021 年 8 月 7 日至 2022 年 8 月 6 日)

与 2021 年同时段微信指数相比,2022 年 4 月 30 日至 7 月 30 日微信用户对人力资源服务业搜索数量有所上升,在微信平台,微信用户对于人力资源服务业的浏览量、搜索量和关注度是有提升的。

使用数据异动查看功能对几个微信指数大幅提升的时间节点进行查看,我们发现指数显著较高的时间主要有几个,例如,2022 年 6 月 30 日,指数出现了非常显著的增长,经过搜索,我们发现这一天人力资源社会保障部发布了关于开展人力资源服务机构稳就业促就业行动的通知。由此可见,随着人力资源服务业对于稳增长促就业的行业效益进一步体现,公众的关注度和重视程度会不断提高。

3. 360 指数

360 指数平台是以 360 网站搜索海量网民行为数据为基础的数据分析统计平台，在这里可以查看全网热门事件、品牌、人物等查询词的搜索热度变化趋势，掌握网民需求变化。“人力资源”是在 2020 年 8 月 1 日至 2021 年 7 月 31 日中浏览较多的关键词，可以通过分析其 360 指数的变化趋势来分析社会公众对于“人力资源”领域的关注度（见图 2-1-6）。

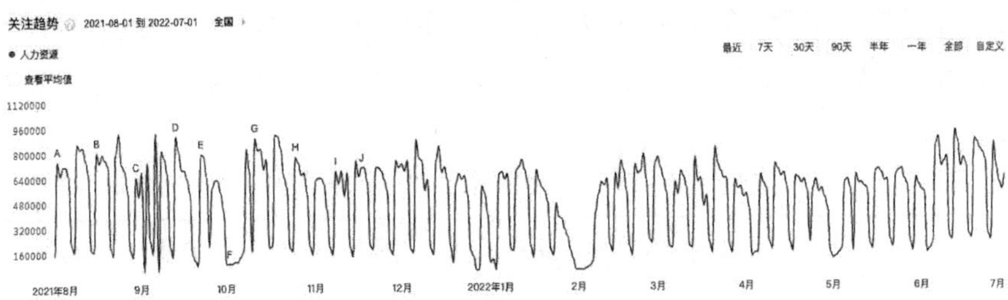

图 2-1-6　“人力资源”360 指数变化趋势图（2021 年 8 月 1 日至 2022 年 7 月 31 日）

同 2021 年度的变化趋势比较，我们发现本年度中 360 指数的变化更加频繁，“热搜”出现的次数显著增多，热点程度也明显超越上一年度，这同百度指数、微信指数以及我们对各省区市对人力资源服务业重视程度的分析是高度吻合的，公众对于人力资源和人力资源服务业的作用和影响都更加重视。

与百度指数反映出的结论类似，广东、北京、江苏等地区对于人力资源服务的热议度最高。与 2021 年相比，多个省区市对人力资源的关注度有显著提升，不同省区市间的关注度差距正在不断缩小（见图 2-1-7）。

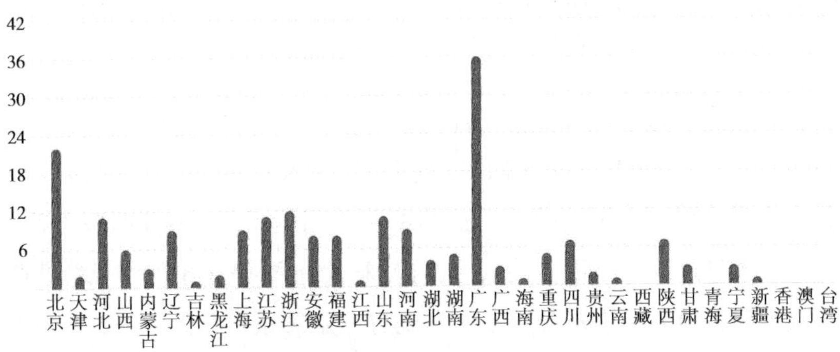

图 2-1-7　“人力资源”关注人群地区分布图（2021 年 8 月 1 日至 2022 年 7 月 31 日）

（二）人力资源服务业的媒体关注度

在公众关注度之外，媒体对于人力资源服务业的关注度也能够很好地反映人力资源服务业的发展状况和在年度中受到社会关注的程度。这里我们主要选全国有一定知名度和代表性的主流媒体以及各省区市的主要报刊，对其报道的数量进行检索和分析，并同其他年度比较分析。

1. 全国性主流媒体的关注度

通过搜索引擎，在光明网、人民网、环球时报、中国青年报、新京报官方网站搜索“人力资源服务业”相关新闻，得到下列数据（见图 2-1-5）。

表 2-1-5　2017—2022 年全国性主流媒体关于人力资源服务业新闻报道数量

	光明网	人民网	环球时报	中国青年报	新京报	总量
2022 年相关报道篇目	104	331	39	2	10	486
2021 年相关报道篇目	176	381	44	5	12	618
2020 年相关报道篇目	128	324	35	13	2	502
2019 年相关报道篇目	154	373	57	8	3	595
2018 年相关报道篇目	96	257	40	16	1	410
2017 年相关报道篇目	81	203	35	4	3	326

数据来源：各媒体官网，检索时间段：2020 年 8 月 1 日到 2021 年 7 月 31 日。2017 年、2018 年、2019 年、2020 年数据参考各年份《中国人力资源服务业蓝皮书》。

从我们检索的结果来看，全国性主流媒体对于人力资源服务业的新闻报道的数量相较 2021 年有所下降。这可能与 2021 年召开第一届人力资源服务业发展大会有一定的关系。这其中人民网关于“人力资源服务业”的相关报道数量连续七年最多，从报道内容来看，主要是关于保增长稳就业的相关政策和各地的人力资源服务业发展有一定关系。此外，2022 年中国人力资源服务业发展战略高端论坛暨《中国人力资源服务业蓝皮书 2021》发布会也受到了各个媒体的关注和报道。

2. 地方媒体的关注与报道

本部分通过对各省区市(港澳台地区除外)主流报纸对“人力资源服务业”的相关报道数量进行统计分析(见表 2-1-6)。

表 2-1-6　2018—2022 年各地报纸媒体人力资源服务业相关报道数量

	2022 年相关报道篇目	2021 年相关报道篇目	2020 年相关报道篇目	2019 年相关报道篇目	2018 年相关报道篇目
北京日报	6	22	21	1	20
天津日报	7	8	12	1	27
上海新民晚报	*	5	8	7	*
重庆日报	22	31	6	11	14
河北日报	15	9	11	8	23
河南日报	2	9	7	14	28
云南日报	8	5	2	3	18
辽宁日报	3	11	8	4	24
黑龙江日报	4	4	3	2	31
湖南日报	3	13	11	8	6
安徽日报	*	5	7	9	22
山东齐鲁晚报	*	5	6	*	*
新疆日报	7	*	1	5	9
江苏扬子晚报	*	1	*	*	*
浙江日报	1	6	2	5	17
海南日报	2	2	1	2	10
江西日报	7	2	2	3	14
湖北日报	3	2	5	1	25
广西日报	8	6	3	8	22
甘肃日报	1	7	2	3	7
山西日报	2	2	3	4	6
呼和浩特日报	5	4	*	1	5
陕西日报	6	3	13	4	15
吉林日报	11	7	4	6	15
福建日报	4	8	5	1	9
贵州日报	14	12	13	10	16
广东日报	*	3	1	*	*

续表

	2022 年相关报道篇目	2021 年相关报道篇目	2020 年相关报道篇目	2019 年相关报道篇目	2018 年相关报道篇目
青海日报	5	1	2	4	10
中国西藏新闻网	*	*	*	*	*
四川日报	13	2	8	2	18
宁夏日报	5	1	1	*	6
总计	164	92	168	127	417

数据来源:中国知网—报纸系统,全文检索"人力资源服务业",检索时间跨度为:2021 年 8 月 1 日到 2022 年 7 月 31 日,http://kns.cnki.net/kns/brief/result.aspx? dbprefix=CCND,2018 年、2019 年、2020 年数据参考各年份《中国人力资源服务业蓝皮书》。

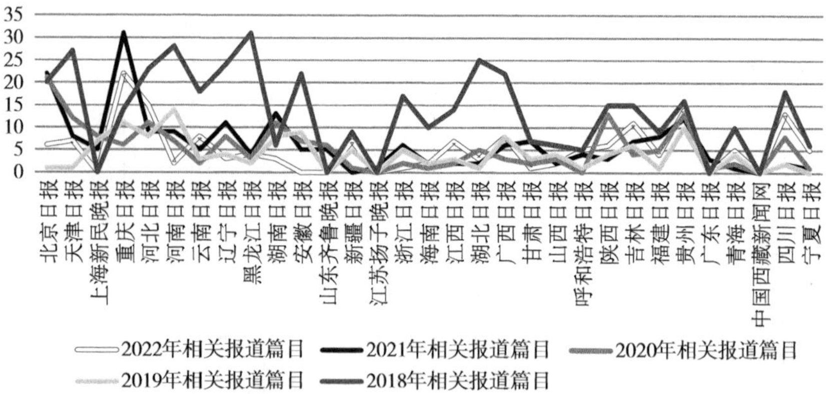

图 2-1-8 2021—2022 年各地报纸媒体人力资源服务业相关报道数量(截止日期:2022 年 7 月 31 日)

近一年来各地媒体关于人力资源服务业的相关报道在总量上较上一年度有所提升,中西部地区、东北地区等相关报道的数量也较有大幅的提升,这与各地政府、公众对人力资源服务业的重视和关注是密切相关的。

同 2021 年度相比,社会公众和媒体对于人力资源服务业的关注度都有了比较明显的提升。社会公众对于人力资源服务业的关注的趋势从对重大事件的集中关注,向比较持续的较高关注度转变;而关注的重点也从对新闻大事的集中关注,逐渐向同就业、人才服务等事项而转变。国内主流报纸媒体和各省市主流报纸媒体关于"人力资源服务业"的报道数量有所上升,一方面体现了人力资源服务业正逐渐成为媒体的关注点,另一方面,也同人力资源服务业的社会关注度一道，反映出本年度人力资源服务业蓬勃发展的势头。如果说，2021 年度的公众与媒体关注度体现的是党和政府对人力资源服务业的重视和必不可少的引导作用和引领效应，那么本年度的公众与媒体关注度则体现了人力资源服务业“服务”于经济社会的本质和其同社会经济事业协调发展的内生动力与创新特质。

从地区间的比较来看，地方媒体对于人力资源服务业的报道的差异并不像我们在本章中所关注的其他维度的重视度与关注度那样存在明显的东中西部的差异，以及同地方经济发展水平的强关联。例如北京和浙江的地方媒体对人力资源服务业的关注度较高，但上海、广东等地方的地方媒体在过去一年中对人力资源服务业的关注度并不算高，而中部地区的河南、河北、湖北等省的地方媒体对于人力资源服务业的重视度与关注度比较高。这同新经济发展格局下各省区市政府对于人力资源服务业普遍较高的关注度以及中西部地区省区市政府对于通过人力资源服务业等新型服务业的发展，带动盘活区域经济，吸引并留住各类人才，实现经济的创新发展和跨越式发展的关注和努力是密切相关的。总之，本章主要是从政府、社会组织、公众与媒体等不同群体的视角出发，通过大数据和文本分析方法对主流社交媒介、纸质媒介、网站、各省政府工作报告以及相关政策法规、规划文件进行数量统计和内容分析，来阐述人力资源服务业在我国各省区市受到的重视程度及关注程度。

同 2021 年度相比较，本年度各省区市对于人力资源的关注度和重视度都有显著提升，各地政府在政府工作报告的目标规划中，都以各种方式对人力资源服务、人才市场、人才政策专项等提出了新的要求和目标。其中江西省和内蒙古自治区还专门对人力资源产业园的发展提出了要求与规划。而对过去一年中地方性法规和政策文件进行梳理，各省区市在 2022 年度都有出台新的政策文件，内容关注人力资源服务业的多个方面。其中东部及沿海省区市仍保持一个较高的数量增长，而中西部地区尤其是作为人力与人才大省的四川省和重庆市，也公布出台了较多的相关政策法规。从趋势上看，政策创新的横向传导和纵向传导效应明显。

尽管受到新冠疫情和国内外形势的影响，本年度的经济发展趋势仍然严峻，但各省区市的人力资源服务业企业和社会组织从数量和规模上看仍然保持了稳定的发展趋势,通过分析行业相关企业和社会组织的微信公众号和微博账号,我们进一步对各省区市的企业和社会组织重视度进行分析。企业和社会组织的分布与重视度有着较高的重合,同区域经济的基本发展情况有着很强的关联性,东部经济较发达的省市,企业和社会组织的关注度显著较高。

公众和媒体对于人力资源服务业的重视度和关注度分别是通过对权威搜索指数和主流媒体的大数据分析进行的。从搜索指数来看,对人力资源服务业的关注度同区域经济发展以及人力资源的流入流出有着密切关系,经济发展优势突出的北京、上海、广东等省市的人力资源服务业关注度非常高,而人口大省也是人力资源大省的河南省和四川省,人力资源服务业的公众关注度也显著高于其他省份。而媒体的关注度方面则没有呈现非常强的省区市差异,一些中西部地区省份如湖北、河南、河北,媒体对人力资源服务业的关注和报道还显著多于东部地区的上海与广东等地市。这一现象同地方政府本年度都对人力资源服务业给予高度关注有很强的联系。

第二章　人力资源服务业发展环境指数与各省区市水平排名

【内容提要】

中国人力资源服务业发展环境指数研究对指导中国人力资源服务业的健康发展具有十分重要的意义。本年度课题组在充分吸收借鉴往年指数体系以及最新研究及实践成果的基础上，基于客观性与引领性、科学性与系统性、可比性与可操作性、全面性与简约性等原则对指数体系进行了修订，形成了包括就业因素、社保因素、土地因素、收入因素、消费因素、财政因素、生产因素、技术因素、研发因素、市场因素、贸易因素共计11个指标在内的指数评价体系，并通过与相关指标进行对比论证了其科学性和合理性。在收集2021年以及2017—2020年全国31个省区市相关数据的基础上，对各省区市人力资源服务业发展环境水平进行了指数分析、横向对比、纵向对比，并对相关的结果进行了阐述和说明。发现各省区市人力资源服务业发展环境存在一定的差异性，其中广东、江苏、北京处于领先水平，海南、西藏呈现出蓬勃发展的向好态势，东北、中西部地区劲头不足，需要警惕环境吸引力、竞争力减弱等问题的出现。最后，基于指数分析结果提出改进建议，包括重视顶层设计，加强政策扶持；强化市场监管，规范行业发展；保障居民就业，化解失业风险；打造技术引擎，实现数智赋能；加强区域合作，发挥联动优势；扩大对外开放，共建“一带一路”。

Chapter 2 The Development Environment Index of Human Resource Service Industry and the Ranking of Each Province, District and City Level

[Abstract]

The research on the development environment index of China's human resource service industry is of great significance to guide the healthy development of China's human resource service industry. This year's research group revised the index system based on the principles of objectivity and leadership, scientificity and systematisms, comparability and operability, comprehensiveness and simplicity on the basis of fully absorbing and drawing on the previous index system and the latest research and practice results. A total of 11 indexes including employment factor, social security factor, land factor, income factor, consumption factor, financial factor, production factor, technology factor, research and development factor, market factor and trade factor have been formed, and the scientific and rational evaluation system has been proved by comparing with related indexes. Based on the data collected from 31 provinces, distrids and cities in 2021 and 2017-2020, this paper conducts index analysis, horizontal comparison and vertical comparison on the development environment level of human resource service industry in each province, district and city, and elaborates and explains the relevant results. It is found that there aresome differences in the development environment of human resource services among provinces, regions and municipalities, among which Guangdong, Jiangsu and Beijing are in the leading level, Hainan and Xizang show a good trend of vigorous development, and the northeast and central and western regions are not strong enough, so it is necessary to be vigilant against the emergence of environmental attractiveness and competitiveness weakening.

Finally, based on the results of the index analysis, suggestions for improvement are put forward, including attaching importance to top-level design and strengthening policy support; strengthen market supervision and standardizing industry development; ensuring employment for residents and defusing unemployment risks; building a technology engine to realize digital intelligence; strengthening regional cooperation and leverage our interconnected advantages; opening wider to the outside world and jointly build the Belt and Road.

一、人力资源服务业发展环境指数修订与说明

（一）人力资源服务业发展环境指数的概念及研究现状

作为产业经济中的重要门类以及服务业的关键范畴，人力资源服务业在合理配置社会人力资源以及社会生产经营管理等方面发挥着至关重要的作用。特别是在目前我国经济下行压力持续加大的情况下，人力资源服务业持续走高，是当前与未来中国经济发展的新增长点。事实上，任何一个产业想要发展，除了自身的发展实力和潜力外，都离不开外界环境因素的影响和干预。人力资源服务业作为一个朝阳产业，必然存在影响其发展的各种复杂环境因素的综合作用，并且该作用呈现出动态发展且不断变化的过程。人力资源服务业发展环境是人力资源服务业培育、成长、勃发的土壤，环境好，则产业兴，人才聚；环境劣，则产业衰，人才散。党和国家始终坚持优化人力资源服务业发展环境，并将其作为推动人力资源服务业产业升级和发展创新的重要抓手。

人力资源服务业发展环境指数，是指依据特定的人力资源发展环境指标评价体系所计算出的综合数量结果。近年来受到新冠疫情等复杂因素的影响，中国经济增速整体放缓，然而人力资源服务业持续走高，呈现出良好的发展态势，成为当前与未来中国经济发展的新增长点。开展人力资源服务业发展环境指数研究，有利于在充分归纳概括人力资源服务业现实经验的基础上，构建一套科学的评价标准指导人力资源服务业实践活动，对于优化经济活动中的人力资源配置、促进社会经济民生发展、引导和促进中国人力资源服务业健康发展具有重要的现实意义。

学术研究方面，目前学术界关于中国人力资源服务业的研究主要集中在发展现状和发展趋势等方面，但关于人力资源服务业发展环境的研究相对较为缺乏。近年来，叶红春和邓琪（2015）①、田永坡（2016）②、王凌（2016）③、陈超（2021）④、王建兰（2021）⑤等多位学者围绕人力资源服务业发展环境的影响因素和评价方法进行了探讨，其中比较有代表性的是北京大学萧鸣政教授领衔的《中国人力资源服务业蓝皮书》团队的研究成果。该团队深耕中国人力资源服务业发展环境的影响因素研究，探讨影响其发展的内在机理和关键因素，于2019年首次开发了中国人力资源服务业发展环境指数评价体系，从产业发展的角度设计了经济发展水平、居民生活水平、当地投资水平等10个指标⑥；2020年借鉴PEST分析工具对指数体系进行了丰富和优化，形成了涵盖政治、经济、社会、技术、空间5个维度共计21个指标的人力资源服务业发展环境指数体系⑦；2021年结合双循环背景对原有体系作了进一步修订，形成了包括“人”“源”“资”“技”“外”5个方面共计16个指标的人力资源服务业发展环境指数体系⑧。

（二）本年度人力资源服务业发展环境指数修订原则

本年度人力资源服务业发展环境指数修订主要基于以下四方面的原则。

---

① 叶红春、邓琪：《湖北省人力资源服务业服务效率的影响因素研究》，《湖北大学学报（哲学社会科学版）》2015年第4期。

② 田永坡：《人力资源服务业发展环境评估及其取向》，《重庆社会科学》2016年第9期。

③ 王凌：《人力资源服务产业集聚建设的影响因素及其突破》，《江西社会科学》2016年第7期。

④ 陈超：《基于SWOT分析人力资源服务业发展——以湖北荆门为例》，《中国人力资源社会保障》2021年第12期。

⑤ 王建兰：《基于人力资源服务视角的无锡人才发展服务环境建设》，《江南论坛》2021年第9期。

⑥ 萧鸣政等编著：《中国人力资源服务业蓝皮书（2019）》，人民出版社2020年版，第109—119页。

⑦ 萧鸣政等著：《中国人力资源服务业蓝皮书（2020）》，人民出版社2021年版，第115—125页。

⑧ 萧鸣政等著：《中国人力资源服务业蓝皮书（2021）》，人民出版社2022年版，第122—127页。

一是客观性与引领性相结合。人力资源服务业发展环境评价指标体系的提出，其核心目标是客观反映不同地区人力资源服务业发展环境的现状，为政府制定相关产业发展政策提供全面清晰的依据。因此在修订指标时，要尽可能使用官方数据，剔除实效性不强、与人力资源服务业发展关联不大的指标，客观反映当前人力资源服务业发展的环境因素情况，引导政府着力改善行业发展环境。

二是科学性与系统性相结合。指标体系的权威性、引导性取决于指标选取和指标体系设计是否科学合理。在评价指标体系中，既要强调单个指标内涵的准确性，也要注重指标体系的系统性和合理性。这就决定了评价指标体系并非若干单一指标的简单结构，而应尽可能使用复合指标，从不同层次、不同角度对不同地区的人力资源服务业发展环境作出综合性评价。

三是可比性与可操作性相结合。人力资源服务业发展环境评价指标体系必须考虑评价结果在不同地区之间的横向可比性和动态可比性，尽量避免人力资源服务业发展环境以外因素的不一致对评价结果造成的影响。此外，指标体系还要充分考虑数据的可获得性和操作性，因此课题组在本年度的评价指标体系中对资料获取难度大或缺失较多的指标进行了调整和优化。

四是全面性与简约性相结合。评价指标体系应尽可能涵盖人力资源服务业发展环境的各个方面，指标选择不仅要反映行业发展的现状和规律，还要体现行业未来发展的方向和趋势。此外，本年度课题组对过去三年的指标进行了大规模删减和合并，仅保留了其中最具代表性的少量指标，旨在在不影响评价质量的前提下尽可能提高评价效率。

（三）修订后的人力资源服务业发展环境指数体系及结构

本年度课题组邀请了人力资源服务业中多位领导干部、专家学者、从业人员对原有指数体系进行修订，形成了包括就业因素、社保因素、土地因素、收入因素、消费因素、财政因素、生产因素、技术因素、研发因素、市场因素、贸易因素共计 11 个指标在内的指数评价体系，具体见表 2-2-1。

表 2-2-1 中国人力资源服务业发展环境指数体系(2022 年修订版)

指标	含义	来源
就业因素	城镇就业比例(%)	国家统计局
社保因素	失业保险参保比例(%)	国民经济和社会发展统计公报
土地因素	人均土地面积(平方公里)	各省区市统计年鉴
收入因素	人均可支配收入(元)	国民经济和社会发展统计公报
消费因素	居民消费价格指数(上年为 100)	国家统计局
财政因素	地方财政一般预算收入(亿元)	国家统计局
生产因素	第三产业增加值(亿元)	国民经济和社会发展统计公报
技术因素	专利授权量(万项)	国民经济和社会发展统计公报
研发因素	规模以上工业企业 R&D 经费支出(万元)	国家统计局
市场因素	技术市场成交额(亿元)	国家统计局
贸易因素	外商投资企业进出口总额(千美元)	国家统计局

就业因素指标是指城镇就业比例,即城镇就业人口与常住人口的比例。就业人口是参与了就业经济活动、实现就业获得劳动报酬的人口,就业人口比例与一个地区的人力资源数量以及人力资源服务业所要服务对象的情况紧密相关,可以反映一个地区的就业状况和劳动就业环境。

社保因素指标是指失业保险参保比例,即城镇失业保险参保人数与常住人口的比例。失业保险制度是保障民生的重要内容,具有保生活、防失业、促就业的功能作用。作为人力资源服务的重要形式,设立失业保险可以为失业人员提供基本保障,使失业后的人员在短时间内能够得到一定的补助,度过艰难的时期。

土地因素指标是指人均土地面积,即土地面积与常住人口的比值。土地资源在很大程度上制约着人力资源服务业的发展,一个地区已经被人类所利用和可预见的未来能被人类利用的土地是宝贵的自然资源,土地面积的多少直接影响到人力资源服务业发展的速度和潜力。

收入因素指标是指人均可支配收入,即居民可以用于自由支配的支出和储蓄的平均数。居民可支配收入涉及人力资源服务业的生产、交换、流通、分配全过程,关乎整个社会的基本需求,能够有效推动社会生产的发展,是社会交换、分配的重要表征,因此常用于衡量一个国家居民生活水平的变化情况。

消费因素指标是指居民消费价格指数,即反映一定时期内城乡居民所购买的生活消费品和服务项目价格变动趋势和程度的相对数。居民消费价格指数涉及城市居民和农村居民两类人群,反映了人力资源服务项目价格变动对城乡居民实际生活费支出的影响程度。

财政因素指标是指地方财政一般预算收入,包括增值税、营业税、所得税、资源税等在内的地方财政一般预算收入是地区财政收入的重要来源之一,是有计划有组织并由国家支配的纳入预算管理的资金,能够有效支撑一个地区的经济社会发展。

生产因素指标是指第三产业增加值。第三产业指服务业,即除去第一产业、第二产业以外的其他行业。人力资源服务业属于现代服务业的一个重要分支,一个地区的第三产业发展状况包含并影响着人力资源服务业的发展。第三产业增加值能够较好地反映一个地区人力资源服务业的发展状况。

技术因素指标是指专利授权量。专利是国家或者地区科技资产的核心和最富价值的部分,专利的拥有量能反映该地区拥有自主知识产权的科技和设计成果情况与创新能力,体现了科技人力资源。科技人力资源作为科技活动的原动力,对一个地区科技创新能力的发展至关重要。

研发因素指标是指规模以上工业企业 R&D 经费支出。区域创新能力是在一定的区域范围内,创新主体根据当地的发展需要,充分使用各种创新资源,并将其投入到生产中,持续产出新产品和新工艺的一种能力。R&D 投入是区域技术创新能力的影响因素之一。

市场因素指标是指技术市场成交额。技术市场与一般的实物性商品市场不同,具有其独特的经营方式和范围,包括技术开发、技术转让、技术承包、技术咨询、技术培训等环节和服务。技术市场成交额可以反映一个地区的技术市场经营状况,体现技术研发环境和条件。

贸易因素指标是指外商投资企业进出口总额,即实际进出我国国境的货物总金额。外资进入中国市场不仅带来资金,还带来了先进的知识、技术和管理理念,加快了中国人力资源服务机构与国外机构之间的关联效应,形成理念、管理和信息等方面的互补,对于我国人力资源服务业发展具有一定的促进作用。

为进一步论证本研究构建的中国人力资源服务业发展环境指数体系的科学性和合理性，将该指数体系与其他相近指数体系进行对比。对学术文献中涉及人力资源服务业发展环境的指标进行梳理，包括行业竞争、科技进步①，市场开放、市场国际化②，财税政策③，市场机制、竞争机制④，产业扶持、公共服务、市场监管⑤，地理聚集⑥，经济发展、客户需求、规模经济⑦等。本研究充分吸收借鉴了这些研究经验，构建的人力资源服务业发展环境指数体系包含了就业、社保、土地、收入、消费、财政、生产、技术、研发、市场、贸易共 11 个维度，基本涵盖了现有研究中与人力资源服务业发展环境相关的全部指标，聚焦人力资源服务业发展环境而非行业本身，重视行业发展的外部环境因素。此外，本研究在现有研究指标的基础上进一步拓展了就业和社保指标，具有一定的创新性。事实上，人力资源服务业的目标客户是劳动者，一个地区就业和社保情况反映了劳动者的供给水平，直接决定了人力资源服务业中人才寻访、职业咨询、劳务派遣的规模和范围，因此应该被纳入人力资源服务业发展环境的评价体系中。

二、各省区市人力资源服务业发展环境指数排名与分析

（一）各省区市人力资源服务业发展环境指数排名

本章进行人力资源服务业环境指数分析时主要采用的是 2021 年的数

① 陆晓敏：《提高人力资源服务性企业的核心竞争力》，《东方企业文化》2011 年第 22 期。

② 莫荣、陈玉萍：《国外人力资源服务业的发展》，《第一资源》2013 年第 4 期。

③ 董小华：《人力资源服务业发展问题初探》，《中国人力资源开发》2013 年第 5 期。

④ 侯增艳：《我国人力资源服务产业园区发展状况及对策研究》，《经济研究参考》2014 年第 56 期。

⑤ 董良坤：《构建上海人力资源服务产业发展的制度环境研究——以中国上海人力资源服务产业园区为例》，《第一资源》2014 年第 2 期。

⑥ 郭璐：《地方政府促进人力资源服务业集聚的行为研究》，硕士学位论文，西安电子科技大学，2017 年。

⑦ 王林雪、熊静：《人力资源服务业空间集聚组织模式研究》，《科技进步与对策》2016 年第 14 期。

据,受限于可得性,部分指标使用了2020年甚至之前的数据。数据来源为国家统计年鉴、各地方统计年鉴以及国民经济和社会发展统计公报。

在上述指标体系中,每种指标的量纲是不同的,有总量指标,也有比例指标,不同量纲的指标之间没有综合性,无法进行运算,因此要先对数据进行标准化处理,即无量纲化处理,解决不同指标数值不具有综合性的问题,处理方式如下:

$$X_i = (x_i - \mu)/\sigma$$

其中,X_i表示处理后的指标值,x_i表示指标的原值,μ表示该指标值的期望,σ表示该指标的标准差。本文使用SPSS24.0完成这一标准化的处理。

上述指标体系包含了多种具体指标,根据每个单项指标对全国各地(不包括港澳台)进行排名都能得到一个排序,而综合评价需要综合考虑所有这些指标对全国各地(不包括港澳台)的人力资源服务业发展状况进行评价和排序。本书将采用主成分分析法,选取特征值大于1的主成分,再根据主成分各自的权重通过加总得到一个综合的主成分,以综合的主成分表示各地区人力资源服务业发展环境状况,最后根据综合主成分的得分为不同地区的人力资源服务业发展状况排序。具体操作是以上述评价指标体系选取的11个指标作为变量对2021年的数据进行KMO检验和Bartlett检验。结果表明,Bartlett球度检验近似卡方值为412.328,显示指标变量间具有较强的相关性;KMO为0.775,适合做主成分分析。根据特征值大于1的原则,从变量中提取公因子,可以解释原有变量总方差的86.50%,表明指标体系具有较好的解释力,能够反映人力资源服务业环境水平,具体见表2-2-2、表2-2-3。

表2-2-2　KMO和巴特利特检验

KMO和巴特利特检验		
KMO取样适切性量数		.775
巴特利特球形度检验	近似卡方	412.328
	自由度	55
	显著性	.000

表 2-2-3 指标体系的总方差解释

成分	初始特征值			提取载荷平方和			旋转载荷平方和		
	总计	方差百分比	累积	总计	方差百分比	累积	总计	方差百分比	累积
1	6. 134	55. 765	55. 765	6. 134	55. 765	55. 765	5. 012	45. 562	45. 562
2	2. 323	21. 117	76. 882	2. 323	21. 117	76. 882	3. 234	29. 397	74. 959
3	1. 058	9. 621	86. 503	1. 058	9. 621	86. 503	1. 270	11. 544	86. 503
4	0. 719	6. 532	93. 035	—	—	—	—	—	—
5	0. 293	2. 667	95. 702	—	—	—	—	—	—
6	0. 165	1. 504	97. 206	—	—	—	—	—	—
7	0. 135	1. 227	98. 433	—	—	—	—	—	—
8	0. 066	0. 602	99. 036	—	—	—	—	—	—
9	0. 059	0. 539	99. 575	—	—	—	—	—	—
10	0. 038	0. 344	99. 918	—	—	—	—	—	—
11	0. 009	0. 082	100. 000	—	—	—	—	—	—

提取方法：主成分分析法。

对原始数据进行标准化变换之后，以各指标的因子载荷系数为权重，采用回归法估计因子得分系数矩阵，计算各因子得分；并以旋转后的各因子对应的方差贡献率为权数对各因子值进行加权，计算出 2020 年全国各省、自治区、直辖市服务业发展环境的指数得分及其排名，并根据得分 0. 5 分及以上的为 A 类、0—0. 5 的为 B 类、-0. 5—0 的为 C 类、-0. 5 及以下的为 D 类进行等级划分。

（二）各省区市人力资源服务业发展环境指数横向比较

表 2-2-4 展示了 2021 年各省区市人力资源服务业发展环境得分、排序及分类结果，其中广东、江苏、北京、上海、浙江、山东等地评级为“A”，四川、福建、河南等地评级为“B”，天津、湖北、湖南、安徽、辽宁、重庆、陕西、河北、山西、江西、内蒙古等地评级为“C”，西藏、海南、云南、新疆、广西、吉林、贵州、黑龙江、甘肃、宁夏、青海等地评级为“D”。

表 2-2-4　2021 年中国各省区市人力资源服务业发展环境得分、排序及分类

地区	得分	排序	分类
北京	1. 54120139	3	A
天津	-0. 017417949	10	C
河北	-0. 239254701	17	C
山西	-0. 391737024	18	C
内蒙古	-0. 493120121	20	C
辽宁	-0. 228763764	14	C
吉林	-0. 585357637	26	D
黑龙江	-0. 630671331	28	D
上海	1. 29397134	4	A
江苏	1. 939437318	2	A
浙江	1. 118633805	5	A
安徽	-0. 195421213	13	C
福建	0. 0966089	8	B
江西	-0. 44231433	19	C
山东	0. 522120083	6	A
河南	0. 029581225	9	B
湖北	-0. 10269433	11	C
湖南	-0. 147777239	12	C
广东	2. 562297639	1	A
广西	-0. 572824886	25	D
海南	-0. 511897347	22	D
重庆	-0. 228798202	15	C
四川	0. 130876649	7	B
贵州	-0. 586137784	27	D
云南	-0. 532896001	23	D
西藏	-0. 501864774	21	D
陕西	-0. 238290077	16	C
甘肃	-0. 631003593	29	D

续表

地区	得分	排序	分类
青海	−0. 712609105	31	D
宁夏	−0. 702905919	30	D
新疆	−0. 540971022	24	D

具体而言,广东、江苏、北京、上海、浙江、山东等地 2021 年评级为“A”,说明这些地区人力资源服务业发展环境非常优秀,在全国范围内处于领先地位。这些省区市大多位于东部沿海地区,具有良好的政治、经济、文化基础,科技创新水平较高,外商投资高度活跃,为人力资源服务业发展提供了良好的环境条件和基础。

四川、福建、河南等地 2021 年评级为“B”,说明这些地区人力资源服务业发展环境比较良好,对其他省区市具有一定的参考借鉴的价值。这些省区市在生产因素、消费因素、社保因素等特定方面表现较为亮眼,在促进人力资源服务业发展方面取得了显著成效,但在技术因素、研发因素、贸易因素等方面相对较为不足。

天津、湖北、湖南、安徽、辽宁、重庆、陕西、河北、山西、江西、内蒙古等地 2021 年评级为“C”,说明这些地区人力资源服务业发展环境具有一定的特点,能够因地制宜发挥自身的比较优势,为人力资源服务业提供针对性、特色化的发展平台和机会,但整体的人力资源服务业环境与第一梯队存在着一定差距,亟待进一步改善。

西藏、海南、云南、新疆、广西、吉林、贵州、黑龙江、甘肃、宁夏、青海等地 2021 年评级为“D”,说明这些地区人力资源服务业发展环境亟待改进。这些省区市大多分布在西部及边疆地区,经济产业基础相对比较薄弱,人力资源供给相对不足,人才流失较为严重,难以为人力资源服务业高速发展提供有效的环境支撑。

(三) 各省区市人力资源服务业发展环境指数纵向比较

为了进行趋势研究以及纵向比较,课题组对 2017—2021 年的数据进行了收集和分析,按照相同的计算方式得到近五年来中国各省区市人力资源服务业发展环境得分及排名，详见表 2-2-5。

表 2-2-5　2017—2021 年中国各省区市人力资源服务业发展环境排序及等级分类

省份	2017		2018		2019		2020		2021	
	排名	分类	排名	分类	排名	分类	排名	分类	排名	分类
北京	3	A	3	A	3	A	5	A	3	A
天津	10	B	13	C	15	C	15	C	10	C
河北	14	C	14	C	13	C	13	C	17	C
山西	22	C	21	C	21	C	20	C	18	C
内蒙古	24	C	25	C	24	C	19	C	20	C
辽宁	15	C	16	C	17	C	17	C	14	C
吉林	20	C	19	C	22	C	26	C	26	D
黑龙江	23	C	24	C	25	C	25	C	28	D
上海	4	A	4	A	4	A	4	A	4	A
江苏	2	A	2	A	2	A	2	A	2	A
浙江	5	A	5	A	5	A	3	A	5	A
安徽	13	C	12	C	12	C	11	B	13	C
福建	9	B	9	B	9	B	9	B	8	B
江西	18	C	18	C	18	C	18	C	19	C
山东	6	A	6	A	6	A	6	A	6	A
河南	8	B	7	B	8	B	7	B	9	B
湖北	7	B	8	B	7	B	12	B	11	C
湖南	12	C	11	C	11	C	10	B	12	C
广东	1	A	1	A	1	A	1	A	1	A
广西	19	C	20	C	19	C	21	C	25	D
海南	26	C	26	D	27	D	29	D	22	D
重庆	16	C	15	C	14	C	14	C	15	C
四川	11	B	10	B	10	B	8	B	7	B
贵州	25	C	23	C	23	C	23	C	27	D
云南	21	C	22	C	20	C	22	C	23	D
西藏	31	D	31	D	31	D	30	D	21	D
陕西	17	C	17	C	16	C	16	C	16	C
甘肃	28	D	28	D	28	D	27	D	29	D

续表

省份	2017		2018		2019		2020		2021	
	排名	分类	排名	分类	排名	分类	排名	分类	排名	分类
青海	30	D	30	D	30	D	31	D	31	D
宁夏	29	D	29	D	29	D	28	D	30	D
新疆	27	D	27	D	26	C	24	C	24	D

对 2017—2021 年中国各省区市人力资源服务业发展环境指数进行纵向比较,发现具有以下特点。

一是各省区市人力资源服务业发展环境指数近 5 年来得分及排名变化不大,未发生明显波动,说明近年来我国各省区市人力资源服务业发展环境整体上较为稳定。此外,不同地区在人力资源服务业环境方面存在一定的差异性。从得分和排名来看,人力资源服务业发展环境指数与地理位置呈现出较强的相关性,东部沿海地区普遍领先于中西部地区。事实上,一个地区人力资源服务业的发展环境与当地的经济地位和产业发达程度密切相关。东部地区大多经济发达、对外开放、产业层级较高,属于人力资源服务业发展环境良好、发展潜力巨大的区域,中西部地区则属于人力资源服务业发展环境相对落后的区域。

二是从短期来看,一方面,天津、海南、辽宁、西藏等省区市 2021 年人力资源服务业发展环境指数相较于 2020 年明显上升,其中西藏在 2017 年至 2020 年间排名长期徘徊在末位,2021 年上升至第 21 名,创造了历史最佳成绩,不再明显落后于其他地区。海南省由 2020 年的第 29 名上升至 2021 年的第 22 名,进步较为明显。此外,天津和辽宁排名在经历了短暂的下滑后 2021 年有所回升。另一方面,河北、黑龙江、广西、贵州等省区 2021 年人力资源服务业发展环境指数相较于 2020 年有所下滑,排名相较于 2020 年均下降了 3—4 个位次。排名变化的原因是复杂的,与当地经济发展、社会生活状况紧密相关。从指标来看,这些地区尽管在生产和消费方面具有一定优势,但在就业、收入、技术、研发、贸易等方面与第一梯队存在一定差距。

三是从长期来看,一方面,山西、内蒙古、海南、西藏等省区 2021 年人力资源服务业发展环境指数相较于 2017 年明显上升。其中西藏 2021 年的指数排名相较于 2017 年上升幅度最大,为 10 个位次,其他省区市的排名上升了4个位次，说明其人力资源服务业发展环境相较于五年前得到了明显改善。这些地区的人力资源服务业发展环境指数大多处于全国中游水平，其中西藏、山西和四川排名逐年上升，内蒙古和海南的排名尽管有波动，但仍然呈现出上升的趋势。另一方面，吉林、黑龙江、广西等省区的人力资源服务业指数在五年间均表现出持续性下滑的趋势，下降幅度普遍在5—6个位次，说明这些省区的人力资源服务业发展环境的相对水平相较于五年前有所回落。

三、人力资源服务业发展环境指数差异分析与改进建议

（一）人力资源服务业发展环境指数差异分析

基于本年度人力资源服务业发展环境指数得分与排名，以及纵向分析和横向分析结果，发现各省区市人力资源服务业发展环境存在一定的差异性，其中广东、江苏、北京处于领先水平，海南、西藏呈现出蓬勃发展的向好态势，东北、中西部地区劲头不足，需要警惕环境吸引力、竞争力减弱等问题的出现。

广东省出台《广东省人力资源市场条例》，印发《加快人力资源服务业发展意见》，推动制定"十四五"人力资源服务业发展规划，科学规划产业布局，配套培育扶持政策。不断优化市场环境，促进行业持续发展。目前已逐步建立政府宏观调控、市场公平竞争、单位自主用人、个人自主择业、机构诚信服务的行业发展新格局。全省市场主体总量居全国第一，区域创新综合能力长年保持全国第一。广州、深圳等地机构数量和营收数年均增速都保持15%以上。外商投资及港澳人力资源服务营收超过45亿元，比"十三五"开局增长67%，年均增长超过10%。推动完善公共就业服务，充分发挥人力资源服务产业在优化配置人力资源方面的专业作用，将人力资源市场建设成为劳动者实现就业和高效人力资源配置的主渠道，千方百计帮助劳动者稳岗，助力实现更高质量和更充分就业。2021年全省人力资源服务机构帮助实现就业、择业和流动超3800万人次，服务用人单位超660万家次。

江苏省积极实施人力资源服务业高质量发展专项行动，制定出台人力资源服务业高质量发展实施意见，举办江苏省人力资源服务业发展大会。

实施社会化引才奖补政策，支持南京、苏州、无锡高标准建设国家级人力资源服务产业园。培育壮大市场主体，建设一批上市人力资源服务企业、高水平猎头公司和科技人才服务企业。建设一批人力资源服务培训基地和实训基地，为行业培养领军人才、高级经营管理人才和专职从业人员。推动行业数字化转型，举办人力资源服务数字化创业大赛，创新应用大数据、人工智能、区块链等新兴信息技术提供数字化服务，支持建设数字化人力资源服务产业园，打造智慧园区，为数字经济发展提供专业化人才服务。扩大对外开放，大力引进国际先进人力资源服务机构，鼓励有条件的人力资源服务机构在共建“一带一路”国家设立分支机构，构建全球服务网络。加快发展人力资源服务贸易，建设国家级人力资源服务出口基地。打造高标准市场体系，建设集成电路、生物医药、人工智能等领域的专业性、行业性省级人力资源市场，组建省人力资源服务标准化技术委员会。强化市场监管，发挥行业协会组织作用，组织开展全省人力资源服务机构信用等级评价认定工作。

北京市于 2021 年颁布实施北京市首部促进人力资源市场发展的政府规章《北京市促进人力资源市场发展办法》，首次将人力资源服务业纳入本市高精尖产业登记指导目录，人力资源服务产品向多层次、分类别、多样化转变，大数据、云计算等新兴信息技术广泛应用，服务能力进一步提升。建设中国北京人力资源服务产业园，把人力资源服务业与经济运行的新形态新机制结合起来，为人力资源服务企业发展搭建实体平台。目前，中国北京人力资源服务产业园通州园区已入驻机构 50 家，2022 年 1—5 月服务用人单位 0.8 万家，服务劳动者 31.6 万人。在疫情期间持续加力助企纾困和营商环境优化，全力稳住经济基本面，确保符合条件的企业存量留抵税额“应退尽退”，社会保险费和住房公积金“应缓尽缓”，国有房租减免“即申即享”。强化重点群体就业服务保障，确保本市国有企业招用高校毕业生实现一定比例增长，稳定本市所属机关事业单位招用高校毕业生规模。挖掘一批基层养老服务、社会工作等就业岗位，支持高校、科研院所和企业扩大科研助理岗位规模。用人单位招用毕业年度本市高校毕业生，符合条件的给予一次性社会保险补贴。为新增就业农村劳动力提供城镇职工保险，牢牢兜住社会民生底线。

海南省人力资源服务业近年来取得了长足发展，在促进就业、优化人力资源配置以及服务自贸港经济建设中发挥了积极作用。目前,全省人力资源服务机构达到242家,年产值达到97亿元,实现利税近3亿元。打造了"游艇驾驶员""儋州月嫂""定安护工""洋浦技工"等人力资源服务品牌,提供"一站式"灵活用工解决方案等,人力资源服务创新能力不断提升。颁布《海南省进一步促进服务业领域困难行业恢复发展的实施办法》,通过实施减税降费、金融扶持等一系列服务业助企纾困政策,建立产业可持续运营环境,帮助企业恢复经营,促进经济平稳运行,着力解决服务业成本上升、需求减少、资金紧张和疫情影响等问题。大力建设中国海南人力资源服务产业园海口分园和三亚分园,以促进就业、服务人才为根本,以强主体、建园区、创品牌、聚人才为着力点,为入驻的企业提供税收优惠、房租补贴以及股权投资支持,开展人才咨询、高层次人才认定、外国人来华工作许可审批、高端人才活动等多项服务,发挥"集聚产业、优化服务、培育市场、孵化企业、拓展业态"的重要功能,为海南建设自贸港提供全方位人力保障,打造海南人才发展高地。

西藏自治区充分利用各项引进和使用人才优惠政策,助力自治区人力资源服务业实现发展。设立西部地区人力资源服务业发展专项工程,如海外留学人员归国创业工程、西部地区管理人才创新培训工程、东西部公务员对口培训、农村教师培训计划、博士服务团计划、"西部之光"计划、领导干部MPA教育计划、人才对口扶贫计划、中等职业教育东西联合培养计划、高层次专业人才援西工程、西部地区人才市场建设示范项目、西部现代农业人才培训计划、大学生志愿服务西部计划等。其中西部地区人才市场建设示范项目依托西部地区中心城市,扶持建设一批有实力的人才服务机构,改进服务设施,提高服务能力,充分实现项目对人才的集聚效应以及人才对项目的引领效应。

中西部地区人力资源服务业发展环境尽管已经有了很大的改善,但还是居于中下水平,与第一梯队相比仍有较大的差距,现有环境难以支撑人力资源服务业实现跨越式发展。这不仅与经济欠发达的客观实际有关,还受制于行业从业人员的素质偏低和高层次人才紧缺等因素。有进就有退,一个产业的良性发展并不完全依靠产业本身,其需要与产业发展基础、经济发展环境、市场成熟条件等因素综合作用、协调互动。想要保持一个产业的良性健康发展，应注重产业发展的健康性、长期性和持续性积累，并且保持和推动多方联动。当前国内外环境变数明显增多，面临不少风险挑战；经济下行压力较大，企业生产经营困难增加，转型升级、动能转换任务繁重，结构调整任重道远；市场化、法治化程度有待提高，人口人才集聚能力亟待加强，深化改革、扩大开放仍需加大力度；财政收支矛盾突出，就业、物价等民生保障压力加大。东北地区的部分省区市经济衰落，面临着名不副实的产出数据、对通货紧缩的到来适应不良、债务挤压导致衰退、企业破产以及作为老工业基地的生产过剩等诸多问题。中西部地区的个别省区市经济社会发展相对落后，人力资源服务业发展起步较晚、基础较薄弱、高端业态少。对于这些地区，人力资源服务业"动力变革"应秉持量力而行、抢抓机遇、合理选择、逆境生存的原则①。自 2017 年起，人社部组织实施西部和东北地区人力资源市场建设援助计划，累计支持 15 省（区、市）和新疆生产建设兵团共 63 个项目，有效促进了相关地区人力资源服务业高质量发展，将加快解决我国人力资源市场发展不平衡不充分问题。援助计划旨在深入贯彻落实中央巩固拓展脱贫攻坚成果和全面推进乡村振兴决策部署，聚焦乡村振兴重点帮扶县、脱贫县、脱贫村，紧紧围绕高校毕业生、农民工、脱贫人口等重点群体，主要开展促进劳动力就近就地就业、东西部劳务协作、高校毕业生专场招聘、结对帮扶、筑巢引凤和人力资源市场供求信息监测等活动。

（二）人力资源服务业高质量发展改进建议

对人力资源服务业发展环境的研究可以从优化社会经济活动、人力资源的配置、促进社会经济民生发展等角度来归纳中国人力资源服务业的发展实践，兼具理论意义和现实意义。从指标体系的修订到数据的处理与结果分析来看，我国各省区市人力资源服务业发展环境具有一定的差异性。中国幅员辽阔，发展不平衡始终存在，这种差异既包含了社会文化的差异，也包含了经济发展水平的不一致，人力资源服务业也不例外。认识这种地域差异性是了解整个行业发展态势的重要组成部分，对于政府制定统筹发

---

① 李诗然、蔡美菊：《新时代安徽人力资源服务业的"动力变革"机制》，《合肥师范学院学报》2019 年 5 期。

展的经济产业政策以及私人部门的投资决策而言具有重要的参考价值。为引领实现人力资源服务业高质量发展,提出以下政策建议。

一是要重视顶层设计,加强政策扶持。各地政府应加强顶层设计,科学制定人力资源服务业的发展规划,构建和完善支持服务业发展的政策体系。明确人力资源服务业的发展条件、路径和目标,以及具体的扶持政策和配套的监管措施,为企业创新与转型升级创造良好的制度环境。进一步加大对人力资源服务业的支持力度,出台各类扶持政策,为人力资源服务业发展注入新的政策红利。积极转变职能,积极引导和推进本地区人力资源服务业发展。充分发挥市场主体作用,改善人力资源服务业发展的市场环境,鼓励和引导各类人力资源服务机构参与市场中的有序竞争,不断提升人力资源服务机构的竞争力以及相关从业者的素质水平,推动人力资源服务业技术进步和管理创新。持续深化"放管服"改革,不断提升行政效能,下放行政审批权限,推进省际资格互认,简化入驻审批程序。在保持政策延续性和平稳性的同时,创新管理模式,不断推动实现政策完善化、精确化,因地制宜保证政策实施落地,避免各省间政策趋同。

二是要强化市场监管,规范行业发展。建设高标准人力资源市场体系,避免政府管理错位、监管不足等问题,进一步推动人力资源服务业规范有序发展。健全人力资源服务业法律法规,强化市场管理和劳动保障监察行政执法,清理整顿人力资源市场秩序,整治非法劳务中介,限制人力资源服务业中将正式用工变为劳务派遣以规避劳动关系所带来的雇主责任等违规操作,在维护劳动者的合法权益的同时倒逼行业优化升级。加强对人力资源服务机构日常经营行为的检查和监督,结合行政审批制度改革的相关要求,从重市场准入监管的事前监管转向事前、事中、事后监管并重,落实"双随机、一公开"、年度报告公示等监管措施。加强人力资源市场监测预测和风险预警,健全人力资源服务机构信用评价标准,加强行业信用监管,通过诚信体系建设、品牌建设等引导企业诚信经营、规范发展,推动人力资源服务业健康有序发展。建立健全人力资源数据安全管理制度,探索实行人力资源数据分类管理和风险评估,防止数据泄露和滥用。

三是要保障居民就业,化解失业风险。面对严峻的疫情防控形势,强化就业优先政策,坚持"六稳""六保",千方百计稳定和扩大就业,将保居民就业摆在重要位置。根据就业形势变化调整政策力度，稳定就业总量，改善就业结构，提升就业质量。加大援企稳岗力度，因地因企因人分类帮扶，着力防范化解规模失业风险。例如强化对高校毕业生、农民工、退役军人等重点群体帮扶，实施部分职业资格“先上岗、再考证”阶段性措施，用好职业技能提升行动专账资金，加强对就业困难人员特别是贫困劳动力的就业援助。加大职业技能培训力度，从劳动力市场需求出发，围绕产业转型升级、知识更新、技术进步以及新业态、新兴产业的新职业、新工种开展培训，推动就业市场供需匹配。探索灵活就业、共享用工等新就业形态，倡导流动、开放的就业方式，建立灵活就业监测平台以及一站式共享云平台，为失业者提供必要的就业服务、资金支持和生活支援。坚持以内循环为主体，外循环为促进和补充，做好国内优势与国际支撑的配合。

四是打造技术引擎，实现数智赋能。伴随着5G、人工智能、大数据、云计算、区块链等技术颠覆了传统人力资源服务业的供应和交易模式，出现了产品交互、业态多元、精准订单、智能操作等新产品、新业态。人力资源服务业应把握机遇，实施“互联网+人力资源服务”行动，推进技术与产业深度融合，促使人力资源服务业最大限度地向数字经济、共享经济、社群经济等新业态渗透。加速数字化转型，树立以用户为中心的发展理念，重视用户体验和管理效率，为企业提供精细高效的人才服务。搭建人才库、智能化简历搜索、候选人匹配等人力资源服务平台，利用技术为人才整个职业生命周期及企业不同发展阶段提供全覆盖的人力资源闭环服务。政府应加强新型基础设施建设，发展新一代信息网络，建立全国统一的人力资源服务管理信息系统，加强人力资源服务基础数据建设，制定人力资源公共数据资源开放清单，推进人力资源服务数据资源依法有序向企业和个人用户开放，实现人力资源服务企业间的动态管理和信息协同共享。

五是要加强区域合作，发挥联动优势。我国人力资源服务业区域发展水平存在客观差异，东部地区发展环境明显优于中西部地区。各地区应在发展的过程中优势互补，相互学习借鉴，形成联动效应。东部地区具有经济、科技、人才等多重优势，可以对中西部地区的产业拉动和资源输入产生影响效应，通过政策优惠等方式进一步推动其开拓中西部市场，以产业发展的先进经验带动中西部地区的产业结构转型升级。中西部地区建议采取跟跑策略，通过模仿创新、再创新和集成创新等手段，尽可能规避人力资源服务业发展过程中的“弯路”“岔路”，充分把握自身的后发优势，形成独特的生存模式和竞争优势。此外，各省区市应充分发挥城市内部的产业聚集效应，依托人力资源服务业产业园等平台载体，推进人力资源服务机构合作共赢。建立区域合作协调机制，合理规划布局京津冀、环渤海、长三角、粤港澳大湾区等城市集群，形成产业集聚优势，实现优质资源共享，全面提升人力资源服务业的协同效应和溢出效应。

六是扩大对外开放，共建“一带一路”。建议扩大人力资源服务领域对外开放，深度融入全球人才链、产业链、创新链，在激发国内市场巨大活力的同时打通国际国内双循环市场，进一步培育国际市场竞争优势、深化对外开放程度，充分利用国内国际两个市场两种资源，积极有效利用外资和实施“引进来”和“走出去”相结合的战略，推动对外贸易迈上新台阶。加强国际交流合作，积极引进国际先进人力资源服务企业、技术和管理模式，促进行业技术、产品研发及成果转化，打造支持未来产业发展的服务产品，拓展海外人力资源市场。积极提升人力资源服务业的服务质量与水平，适应和融入国际竞争格局，实现人力资源服务业以及相关产业在全球价值链上的升级。加快发展人力资源服务贸易，探索建设国家人力资源服务出口基地。开展“一带一路”人力资源服务行动，鼓励有条件的人力资源服务机构在共建“一带一路”国家设立分支机构，举办人力资源服务业国际合作论坛，构建覆盖全球的服务网络。

第三章 各省区市人力资源服务业发展水平评价与排名

【内容提要】

本章根据新的研究对2021年度的人力资源服务业发展水平评价指标体系进行了修订，在搜集各地有关数据资料基础上，依托新修订的指标体系对各省区市人力资源服务业的发展现状、发展潜力与竞争力水平进行了分析与评价、排序与分类，并对相关数据结果进行速度和效益的单项分析、纵向和横向的比较分析，最后基于相关分析与总结评价结果提出了相应的政策建议。分析结果发现，我国人力资源服务业整体发展环境持续优化，发展状态稳中向好；各省区市人力资源服务业发展现状、发展潜力与竞争力水平排名相互之间存在差异，不同区域的发展水平仍存在显著差异；区域人力资源服务业发展水平与经济发展间具有相互协同与良性互动作用；政府的政策扶持与宏观调控对人力资源服务业的发展至关重要；人力资源服务业将成为区域经济增长的新引擎。基于以上结果，本章最后针对性地提出了配套的政策建议，包括依据经济发展状况确立本地人力资源服务业的发展目标；应加大各级政府政策扶持力度，助力行业发展；增强各地人力资源服务业发展中的联系与互动，在更高层面上实现产业区域发展的总体布局；建立创新发展的复合型人力资源服务业人才培养机制；利用大数据和“互联网+”技术，加强行业数据库建设；大力推进产业园区建设；等等。

Chapter 3　Evaluation and Ranking of the Development Level of HR Service Industry in Each Province, District and City

【Abstract】

Based on the new research, this chapter revises the Evaluation Index System of the development level of human resource service industry in 2021. Relying on the newly revised index system, this paper analyzes and evaluates, sorts and classifies the current situation, development potential and competitiveness level of the human resources service industry in various provinces, districts and cities, and the related data results of the speed and efficiency of a single analysis, vertical and horizontal comparative analysis, and finally based on the analysis and summary of the evaluation results of the corresponding policy recommendations. The results show that the overall development environment of human resources service industry in China is continuously optimized and its development status is stable and positive; there are differences among provinces, districts and cities in the development status, development potential and competitiveness ranking, the development level of different regions still has significant difference; the development level of regional human resource service industry and economic development have mutual synergy and positive interaction; Government policy support and macroeconomic regulation and control are critical to the development of human resource services; Human resource service industry will become the new engine of regional economic growth. Based on the above results, this chapter finally puts forward some corresponding policy recommendations, including setting the development goal of local human resource service industry according to the economic development status; strengthening the support of government policies at all levels to promote the development of local human resources service industry;

strengthening the connection and interaction in the development of human resource service industry, and realize the overall layout of the regional development of the industry at a higher level; establishing a mechanism for training talents with innovative and developing human resources services; strengthening the construction of industrial databases with big data and Internet plus technology; vigorously promoting the construction of industrial parks and so on.

人力资源服务业作为现代服务业的重要组成部分，是促进就业和人力资源开发配置的重要载体，对国民经济的健康快速发展具有重大的战略意义。因此，了解我国人力资源服务业的发展状况，对于未来国家制定合理的产业发展战略规划与政策、统筹地区发展大有裨益。为了帮助人们了解不同省区市人力资源服务业发展状况、发展潜力与发展水平的差异，本章在构建人力资源服务业发展水平评价指标体系的基础上，通过宏观数据对各省区市人力资源服务业发展水平进行了综合排序，这无疑具有很重要的意义。

本章有关的各地区人力资源服务业发展水平评价指标体系和数据结果，可以更加直面地凸显出人力资源服务业与一系列经济社会发展指标间的密切联系，提供了一种联系而非孤立的视角来看待该行业的发展，使其更好地借助服务业改革的浪潮来推动产业向着纵深方向发展，如建设产业园区、扶植行业龙头企业、促进咨询等高端业态的发展等，在行业不断完善、提升中更好地发挥对整个经济社会发展的推动作用，进而实现经济社会发展与人力资源服务业发展之间的协同效应。

一、新修订的人力资源服务业发展水平评价体系

（一）新修订的评价内容与指标

综合往年蓝皮书有关研究和已有的相关文献，本章进行了人力资源服务业发展水平评价指标体系的设计，在充分关照行业内部重要指标的基础上，对该行业与整体经济社会发展间的潜在关系进行了把握，以在更深的层面展开实证测度。需要指出的是，服务业发展水平评价涉及多方面信息资

源的获取，是一项系统工程，单一指标的评价不足以供研究分析之用，故而本章在遍历多种指标体系建构视角和维度的基础上，力求构建一套相对完整的评价体系，即它至少应当包含三个层级的指标。具体来看，评价内容应该有较大的覆盖面，应该包括条件指标、过程指标与结果指标；指标体系应当分层建构，包括直接绩效指标、间接绩效指标与发展绩效指标；指标体系中要突出能够反映人力资源服务业发展水平特点的指标，包括发展规模、发展速度、发展效益与发展潜力等方面。

根据人力资源服务业涵盖的范围，结合蓝皮书往年确立的人力资源服务业发展水平评价指标体系构建的原则，吸取竞争力评价理论中的有关内容，从两个方面为人力资源服务业竞争力综合评价体系选取指标，两大板块分别是人力资源服务业发展水平和人力资源服务业发展潜力。每个板块内部都包括了若干细分的维度和指标，具体如表 2-3-1 所示。

表 2-3-1　人力资源服务业竞争力综合评价指标说明

<table>
<tr><th colspan="3">指标</th><th>说明</th></tr>
<tr><td rowspan="11">发展水平</td><td rowspan="4">发展规模</td><td>人力资源服务业增加值比重</td><td>人力资源服务业增加值/GDP</td></tr>
<tr><td>人力资源服务业产值</td><td>当年当地人力资源服务业产值</td></tr>
<tr><td>人力资源服务业机构数量</td><td>行业机构总规模</td></tr>
<tr><td>人力资源服务业从业人数</td><td>从业人员总规模</td></tr>
<tr><td rowspan="3">发展速度</td><td>人力资源服务业生产率</td><td>人力资源服务业增加值/人力资源服务业从业人员数量</td></tr>
<tr><td>人力资源服务业增加值增速</td><td>当年人力资源服务业增加值/上年人力资源服务业产值-1</td></tr>
<tr><td>人力资源服务业从业人员数量增速</td><td>当年人力资源服务业从业人员数量/上年人力资源服务业从业人员数量-1</td></tr>
<tr><td rowspan="4">发展效益</td><td>人均人力资源服务业增加值</td><td>人力资源服务业增加值/总人口</td></tr>
<tr><td>人力资源服务业产业园区建设情况</td><td>国家级人力资源服务产业园区数量</td></tr>
<tr><td>人力资源服务业对 GDP 的贡献率</td><td>人力资源服务业总产值的增量占国内生产总值的增量的比重</td></tr>
<tr><td>人力资源服务业对服务业的贡献率</td><td>人力资源服务业总产值的增量占第三产业总产值的增量的比重</td></tr>
</table>

续表

指标		说明
发展潜力	人均国内生产总值	GDP/总人口
	城镇化率	城镇人口数量/总人口
	第二产业增加值比重	第二产业增加值/GDP
	居民人均消费性支出	无特别说明
	利用外资情况	当年实际利用外资总额
	城镇居民储蓄余额	无特别说明

从表 2-3-1 中可以看出,2022 年度指标体系与 2021 年度指标体系相比,除在“发展效益”二级指标下新增一个“人力资源服务业对服务业的贡献率”指标,其余基本保持稳定,这与过去一年行业平稳有序发展的现实相映照。同 2020 年及之前的指标体系相比,有若干变化得以稳定下来:一是将指标总标题由发展水平评价指标变更为竞争力综合评价指标,以更好地反映各地区人力资源服务业的综合竞争力;二是将“发展现状”一级指标改为“发展水平”,更科学地概括了各地区行业发展的整体情况;三是对二级指标发展规模、发展速度、发展效益下的三级指标进行了针对性的内部调整;四是在三级指标发展效益下新增了“人力资源服务业对 GDP 的贡献率”指标,并以“国家级人力资源服务产业园区数量”来反映人力资源服务业产业园区建设情况,更好地体现对人力资源服务业评价的业绩结果导向。

人力资源服务业发展水平主要反映一个地区现有人力资源服务业发展的总体状况,具体包括三个部分:发展规模、发展速度、发展效益。

人力资源服务业发展规模主要包括人力资源服务业增加值比重、人力资源服务业产值、机构数量和从业人数情况,这些都是对某一地区人力资源服务业静态发展水平的最直接说明。其中又以人力资源服务业增加值占 GDP 比重最为直接,这一指标能清楚地反映出人力资源服务业在当地整个国民经济中所占的比重;当年当地人力资源服务业产值反映了额定期限内行业生产的最终产品和提供劳务活动的总价值量;人力资源服务业机构数量则反映了地区行业机构的规模和发展程度;人力资源服务业从业人数体现了该地区行业从业人员总规模,是行业蓬勃发展的一个有力参照。

人力资源服务业发展速度主要反映了一个地区人力资源服务业的增长情况,有的地区可能因占据先发优势和规模效益而在产业总量有关指标上占有优势,但受制于增长速度低下,后续依然会被后进高增长地区所超越,因此我们也应将人力资源服务业发展速度作为考察产业发展评估的重要方面,并将它看作对一个地区人力资源服务业动态发展水平的最直接说明。发展速度下的三个指标均为增速指标,其中人力资源服务业生产率反映了一个地区人力资源服务行业从业者的生产效率,是对该地区人力资源服务业服务供给质量的一个直接体现,其余两项分别反映了人力资源服务业增加值和人力资源服务业就业人员数量的增长速度。

人力资源服务业发展效益主要反映该地区人力资源服务业转型升级的效果和其对国民经济的贡献,是本地人力资源服务业发展质量的一个集中体现,细分来看:人均人力资源服务业增加值反映了该地区人均占有人力资源服务产品的情况;人力资源服务业产业园区建设情况主要由当地国家级人力资源服务产业园区数量来体现,国家级人力资源服务业产业园区是经人力资源社会保障部同意,具有功能完善的人力资源社会保障公共服务体系,经营性人力资源服务机构集聚,人力资源服务业及相关产业链集中度高,创新能力强,对全国或区域人力资源服务业及相关产业发展起示范、引领作用的特定区域,能集中反映当地人力资源服务业产业园区建设的成熟情况;人力资源服务业对 GDP 的贡献率指的是人力资源服务业总产值的增量占国内生产总值的增量的比重,反映了人力资源服务业增量对国民经济的综合贡献率,是行业有无正式成长为国民经济支柱产业的有力测度方式;人力资源服务业对服务业的贡献率指的是人力资源服务业总产值的增量占第三产业总产值的增量的比重,反映了人力资源服务业增量对第三产业的综合贡献率,是行业有无正式成长为现代服务业支柱产业的有力测度方式。

人力资源服务业发展潜力指标主要反映了一个地区人力资源服务业未来可能的发展水平,这部分指标虽然与人力资源服务业本身不直接相关,但却能较好地说明该地区行业未来的发展潜力。人均国内生产总值反映了一个地区的整体经济发展水平，相关经济理论指出区域产业结构和经济发展间有较高关联，随着一个地区国民经济的发展，其产业结构也在相应发生变化，从业人员和社会资源会逐步从第一、第二产业向第三产业转移。从当前国情出发，中国整体经济发展水平正从高速增长向中高速增长转变，从注重"增量"到注重"提质"转变，中国应该处于人口和资源大规模向第二产业转移、部分地区向第三产业转移的阶段。人力资源服务业作为第三产业下的分支，因此当一个地区人均 GDP 水平较高时，预示着其第三产业将会迎来一个较大的发展空间，人力资源服务业也将从中受益；反之，人力资源服务业的发展仍会受到低人口和资源转移的限制。城镇化率是一个反映地区居民结构的指标，城镇化率高说明人口更加集中在少数地区，更加集中的人口会促进包括人力资源服务业在内的现代服务业的发展；此外，城镇化率高意味着更多的农民离开乡土进入城镇，这部分农民流动带来的就业需求，会转变成对人力资源服务的需求。第二产业增加值占 GDP 的比重描述了一个地区产业结构的现状，根据产业迭代规律，当一个地区第二产业较为发达时，意味着这个地区会更早地开始产业升级，大量资源和要素将从第二产业流向第三产业，人力资源服务业将从这个过程中受益；反之，则说明该地区产业结构偏落后，服务业快速发展的阶段远未到来。居民人均消费性支出反映了一个地区的消费状况，根据生产—消费关系理论，消费旺盛的地区第三产业往往更为发达，居民的有效消费将会刺激包括人力资源服务业在内的现代服务业的发展。利用外资情况反映了一个地区的对外开放程度，总体来说人力资源服务业在国内依然属于朝阳产业，但在发达国家属于比较成熟的产业，向发达国家学习管理模式、制度规章等人力资源服务业发展经验可以帮助国内的人力资源服务企业快速成长并提供专业化的服务，引入外资就是一条很重要的学习途径。城镇居民储蓄余额反映了一个地区的投资潜力，任何行业的长期发展都离不开投资的支持，人力资源服务业的发展也会从一个地区巨大的投资潜力中受益。

（二）数据来源

考虑到数据的时效性和可获得性，本章进行人力资源服务业发展水平评价的数据均为2022年的数据，数据来源为国家统计年鉴及有关公报、各地方统计年鉴及有关公报、国家和地方人力资源和社会保障部门官网、国家企业信用信息公示系统网站和其他相关网站。①

（三）评价方法

对行业发展状况进行评价的方法较多，比较常见的有综合指数法、聚类分析法、因子分析法等。按照其属性可划分为：定性评价方法、分类评价方法、排序评价方法和操作型评价方法。综合指数评价法是一种指标体系综合评价法②。该方法通过选取一定的定性指标以及定量指标，经过无量纲化处理，达到统一量化比较的目的，从而得出具体的综合评价指数。

表2-3-1所呈现的指标体系包含了诸多具体的指标，根据每个单项指标对全国各地进行排名都可以得到一个具体的排序，而综合评价需要通盘考虑所有这些指标，对各地人力资源服务业发展水平进行评价和排序。本章在进行各地发展水平和发展潜力评价时将采取降维的思想把多个指标转换成较少的几个互不相关的综合指标，使得研究更简单易操作。具体来看是在对原始数据进行标准化变换之后，以各指标的因子载荷系数为权重，采用回归法估计因子得分系数矩阵，计算各因子得分；并以旋转后的各因子对应的方差贡献率为权数对各因子值进行加权，计算出全国各省区市服务业发展水平、发展潜力和竞争力的指数，进而得出各省区市发展水平评价情况排序表（反映该地本年度现有人力资源服务业发展的总体状况）、各省区市发展潜力评价情况排序表（反映该地区人力资源服务业未来可能的发展水平）和各省区市竞争力评价情况排序表（综合行业发展现状与未来成长前景），并以此作为后续分析的依据。

---

①　需要说明的是，国家统计局现有的行业分类中是没有人力资源服务业的，人力资源服务业的统计散布于不同行业类别中，例如商业服务业中包含了人力资源服务业的企业管理、咨询与调查及职业中介服务等；教育中包含了人力资源服务业的培训服务等。除少部分省份对于人力资源服务业进行了专项统计外，本书所主要采用的关于人力资源服务业的数据是从相关行业数据中筛选提取出来的，是一种近似的代替。

②　在这里主要采用的综合指数评价法，包括主成分分析法、因子分析法、集对分析法、层次分析法、功效系数法等。

二、各省区市人力资源服务业发展情况评价与排名结果

针对上述指标体系，基于所搜集的 2021—2022 年度数据，对于各省区市的人力资源服务业发展水平、发展潜力和综合竞争力进行了评判。具体操作过程如上节所述，依据得分情况我们进行了排名与分类（发展水平与发展潜力单独成表），具体情况见表 2-3-2、表 2-3-3 和表 2-3-4。

表 2-3-2 各省区市发展水平评价情况及排序

地区	综合得分	2022 年排名
广东	0.995843168	1
北京	0.859314393	2
江苏	0.835670372	3
上海	0.693752185	4
浙江	0.688611372	5
山东	0.561801169	6
湖北	0.464496741	7
海南	0.424235059	8
安徽	0.325994344	9
湖南	0.185745261	10
福建	0.172902105	11
河南	0.168010465	12
贵州	0.165114202	13
四川	0.157328551	14
重庆	0.110228638	15
内蒙古	0.102624628	16
江西	0.09670427	17
河北	−0.237737294	18
辽宁	−0.283218441	19
天津	−0.324390061	20
广西	−0.345252828	21
陕西	−0.368062136	22
吉林	−0.421571539	23

续表

地区	综合得分	2022 年排名
云南	-0. 4319257	24
山西	-0. 557016446	25
黑龙江	-0. 570810511	26
甘肃	-0. 617727979	27
宁夏	-0. 642432183	28
新疆	-0. 67125515	29
青海	-0. 734231628	30
西藏	-0. 802745027	31

表 2-3-3　各省区市发展潜力评价情况及排序

地区	综合得分	2022 年排名
广东	2. 055716712	1
上海	1. 226943903	2
北京	1. 10043129	3
江苏	0. 927793435	4
浙江	0. 766123667	5
福建	0. 456914203	6
天津	0. 311645712	7
山东	0. 216403931	8
重庆	0. 012075181	9
湖北	-0. 004795366	10
辽宁	-0. 005588564	11
安徽	-0. 083621412	12
陕西	-0. 095331878	13
内蒙古	-0. 108082161	14
四川	-0. 123586828	15
河北	-0. 138399156	16
江西	-0. 144313221	17
河南	-0. 14606732	18
湖南	-0. 203735602	19
山西	-0. 210665278	20

续表

地区	综合得分	2022年排名
宁夏	-0. 32518521	21
吉林	-0. 373879216	22
新疆	-0. 462663065	23
青海	-0. 473772776	24
黑龙江	-0. 479729007	25
云南	-0. 534840612	26
广西	-0. 550143611	27
贵州	-0. 556660837	28
海南	-0. 560926753	29
甘肃	-0. 652040496	30
西藏	-0. 840019666	31

表 2-3-4 各省区市综合竞争力评价情况及排序

地区	综合得分	2022年排名	分类
广东	1. 19813668	1	A
北京	1. 109194908	2	A
上海	1. 056705554	3	A
江苏	0. 798914252	4	A
浙江	0. 674551723	5	A
山东	0. 608119119	6	A
福建	0. 39901209	7	B
湖北	0. 278913523	8	B
海南	0. 116489741	9	B
安徽	0. 1138073	10	B
四川	0. 075965367	11	B
湖南	0. 043221155	12	B
重庆	0. 013078564	13	B
河南	0. 011193719	14	B
江西	-0. 065274549	15	C
天津	-0. 102136625	16	C
贵州	-0. 112030665	17	C

续表

地区	综合得分	2022 年排名	分类
辽宁	−0. 216887061	18	C
河北	−0. 228411199	19	C
陕西	−0. 253629508	20	C
内蒙古	−0. 294320158	21	C
广西	−0. 316076774	22	C
吉林	−0. 361430028	23	C
云南	−0. 399021287	24	C
山西	−0. 418696259	25	C
新疆	−0. 546956593	26	D
甘肃	−0. 57188444	27	D
黑龙江	−0. 624574193	28	D
宁夏	−0. 633376488	29	D
西藏	−0. 657234954	30	D
青海	−0. 695362915	31	D

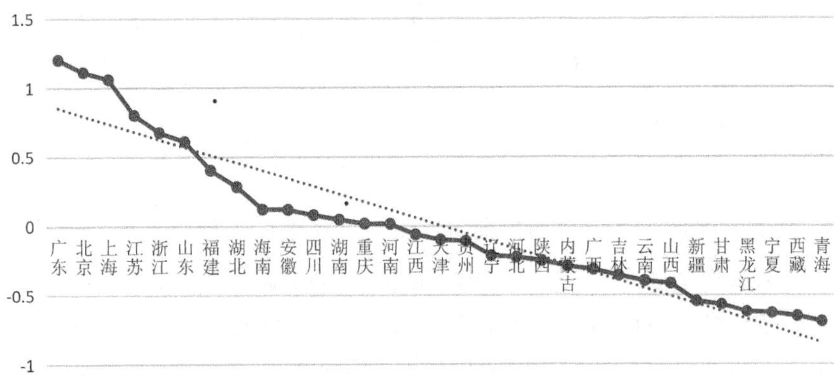

图 2-3-1　各省区市综合评价结果分布曲线图

表 2-3-4 显示了各省区市综合评价结果具体值，图 2-3-1 直观地显示了各省区市综合评价结果情况。广东省、北京市、上海市、江苏省、浙江省、山东省等 6 个省市的评价均在 0. 5 分以上，有 17 个省市在 0 分以下，分布呈现出了明显的层次性差异。0 分以下说明其发展水平低于全国平均水平，并不说明其没有发展。从全国看仍然呈现出东高西低的特点，尤其是新疆、甘肃、西藏、青海等地的得分依然落后于其他省区市，位于末端，可以看

出这些地区的人力资源服务业发展水平虽有进步,但仍落后于全国其他地区。

本书依据评价得分阈值宽度把地区分为四类,其中得分 0.5 分及以上的为 A 类,0—0.5 分为 B 类,-0.5—0 为 C 类,-0.5 分以下为 D 类,表 2-3-4 第四列显示了这一分类的结果。

广东省、北京市、上海市、江苏省、浙江省、山东省等 6 个省市属于 A 类地区;福建省、湖北省、海南省、安徽省、四川省、湖南省、重庆市、河南省等 8 个省市属于 B 类地区,江西省、天津市、贵州省、辽宁省、河北省、陕西省、内蒙古自治区、广西壮族自治区、吉林省、云南省、山西省等 11 个省区市属于 C 类地区,新疆维吾尔自治区、甘肃省、黑龙江省、宁夏回族自治区、西藏自治区、青海省等 6 个省区属于 D 类地区。

为便于进一步分析,本书按国家地区划分标准分别统计了不同区位的省区市分类情况①,得到表 2-3-5。

表 2-3-5 不同地区省市区类别情况统计表

地区	A	B	C	D
东部	6	2	3	0
中部	0	4	3	1
西部	0	2	5	5

表 2-3-5 所显示的分布情况可以更为直观地展示排序结果,东部地区的大部分省市都属于 A、B 两类,中部地区的省区基本集中于 B、C 类,西部地区的绝大部分省区市都属于 C、D 两类。该表说明我国各地区的人力资源服务业发展水平依然呈现出明显的东、中、西部水平差异,东部地区省市的人力资源服务业发展水平明显优于其他地区,这种水平优势不仅体现在人力资源服务业发展的现状上,而且体现在人力资源服务业发展的潜力上。相较之下,中部地区的省区大多处于中等的水平,而西部省区市的人力资源

① 依据《中国卫生健康统计年鉴》东、中、西部地区的划分:东部地区包括北京、天津、河北、辽宁、上海、江苏、浙江、福建、山东、广东、海南 11 个省、直辖市;中部地区包括山西、吉林、黑龙江、安徽、江西、河南、湖北、湖南 8 个省;西部地区包括内蒙古、重庆、广西、四川、贵州、云南、西藏、陕西、甘肃、青海、宁夏、新疆 12 个省、自治区、直辖市。

服务业发展水平就比较落后了，这种东中西部地区的人力资源服务业强弱格局与各地区在中国经济发展中的现实状况是相契合的。

三、各省区市人力资源服务业发展情况排名变化与原因分析

前面评价结果表明，同上一年的分类结果相比，从划档角度看：A 类地区作为第一梯队，其数量和结构均保持了相对稳定（有一个从 A 类下降至 B 类）；B 类地区数量有小幅上升（主要是由 C 类上升至 B 类）；C 类地区数量有小幅下降（有 C 类上升至 B 类，如湖北省；也有 C 类下滑至 D 类，如宁夏回族自治区），这也显示了在一定程度上我国人力资源服务行业正在朝一个更具均衡性的方向上发展；而 D 类地区在数量明显减少的同时显现出了其内部结构的某些固化（D 类中有五个地区均为上年排名后五位的地区）。从区域角度看：三大经济板块行业发展状态较去年总体保持稳定。东部地区虽然有小幅的回退，但整体保持稳定，尤其是依然包揽了作为第一梯队的 A 类地区，显示了其在人力资源服务行业中稳健的引领导向作用；中部地区无论在数量还是结构上均保持了高度稳定，且发展后劲有所显现；西部地区依然处于相对落后的位置，但各地区间的发展差异有所减少，发展势头较去年相比有小幅上升。

表 2-3-6 显示了 2021—2022 年各省区市人力资源服务业发展水平排名的变化情况。

表 2-3-6　近两年各省区市人力资源服务业发展水平排名变化数据

地区	综合得分	2021—2022 年度排名	分类	2020—2021 年度排名	两个年度的排名变化①
广东	1. 19813668	1	A	1	0
北京	1. 109194908	2	A	5	3

① 此处的排名变化，是排序运算而非代数运算，意义上是 2021 年相对于 2020 年的排名变化（上升+，下降-），但在计算上则体现为“2020 年排名”-“2021 年排名”。如广东省 2021 年排名为 2，2020 年排名为 5，则 2021 年与 2020 年排名变化为 5-2=3，即上升 3 名。以此类推。

续表

地区	综合得分	2021—2022 年度排名	分类	2020—2021 年度排名	两个年度的排名变化
上海	1.056705554	3	A	3	0
江苏	0.798914252	4	A	2	-2
浙江	0.674551723	5	A	4	-1
山东	0.608119119	6	A	6	0
福建	0.39901209	7	B	7	0
湖北	0.278913523	8	B	19	11
海南	0.116489741	9	B	18	9
安徽	0.1138073	10	B	9	-1
四川	0.075965367	11	B	15	4
湖南	0.043221155	12	B	11	-1
重庆	0.013078564	13	B	10	-3
河南	0.011193719	14	B	14	0
江西	-0.065274549	15	C	13	-2
天津	-0.102136625	16	C	8	-8
贵州	-0.112030665	17	C	24	7
辽宁	-0.216887061	18	C	12	-6
河北	-0.228411199	19	C	17	-2
陕西	-0.253629508	20	C	16	-4
内蒙古	-0.294320158	21	C	22	1
广西	-0.316076774	22	C	21	-1
吉林	-0.361430028	23	C	25	2
云南	-0.399021287	24	C	26	2
山西	-0.418696259	25	C	23	-2
新疆	-0.546956593	26	D	27	1
甘肃	-0.57188444	27	D	29	2
黑龙江	-0.624574193	28	D	31	3
宁夏	-0.633376488	29	D	20	-9
西藏	-0.657234954	30	D	30	0
青海	-0.695362915	31	D	28	-3

一般情况下，由于受到数据统计口径等因素的影响，4 个位次以内的变

化我们都可以将之视作正常的排名波动，因此根据表 2-3-6 的结果，2021—2022 年，湖北、海南、天津、贵州、辽宁、宁夏均有较大的排名波动，而其余省区市的排名大都保持相对稳定，波动地区数量较 2020—2021 年大幅增加。与 2021 年相比，人力资源服务业“第一集团”总体稳定，但出现了局部变动，主要体现在福建因小幅回退而掉出其中。而广东、北京、上海、江苏、浙江、山东均保持极小变动或不变，稳居人力资源服务业发展水平的“第一梯队”，从侧面反映出评价指标的科学性和合理性，也在一定程度上凸显了人力资源服务业是依托于经济发展水平和市场发展环境的新兴产业，在某种程度上具有相对稳定性，短期内难以实现跨越式发展；但在短期区域内部的经济社会形势也能在一定程度上影响行业发展。

在排名上升的省份之中，湖北省并不让人意外。在 2021 年蓝皮书中，已经就湖北省于危机中育新机、积极发展人才事业对冲新冠疫情对经济的消极影响进行了详细介绍，并指出湖北省未来人力资源服务业的发展值得期待。2021 年，湖北省基本走出了新冠疫情对本省经济的负面影响，长期以来良好的产业发展基础，以及湖北政府对于人力资源服务业发展的政策支持力度日趋加大，共同助推湖北省冲进全国前十。据湖北日报报道：2021 年初以来，湖北省人社部门牢牢抓住发展机遇，推动全省人力资源服务业迈上了高质量发展的快车道，提高了人力资源配置市场化水平。同时在 2021—2022 年度，湖北省强化了行业发展的制度供给，完善并落实《湖北省人力资源市场条例》《湖北省人民政府关于加快人力资源服务业发展的实施意见》《湖北省人力资源服务机构等级划分与评定标准》等政策文件，为人力资源市场的管理、运营及人力资源的流动、配置等，提供了强有力的制度保障。注重行业领军企业的培育，深化“放管服”改革，在全省实行许可告知承诺制试点，降低设立门槛，重点培育一批有核心产品、成长性好、竞争力强的人力资源服务企业集团，打造人力资源服务企业“湖北军团”。鼓励人力资源服务机构开展自主品牌建设，形成一批知名企业和著名品牌。每年培育 10 家“领军企业”和 10 名“领军人才”。在打造平台载体方面，按照“因地制宜、突出特色”的建设思路，加大招引力度，在武汉及有条件的市州建立集公共就业人才服务与市场服务为一体的全产业链的人力资源服务产业园，促进人力资源服务企业向园区集中。全省共建成国家级、省级、地市级人力资源服务产业园 9 个，入驻企业达到 345 家。从行业发展延续性看，“十三五”以来，湖北省人力资源服务业年均增速保持在 25%以上，超过全国平均水平。截至 2021 年 7 月，全省各类人力资源服务机构有 2465 家，从业人员近 4 万人，全年营业总收入将超过 900 亿元，将向千亿级发起冲刺，行业规模和 2015 年的 180 亿相比，翻了五番。除了产业规模迅速壮大，企业实力也在逐步增强，服务业态也更加丰富。从行业发展具体效益看，一是作为服务第一要务的必备产业来抓。围绕打造“光芯屏端网”等 5 个万亿级支柱产业、先进材料等 10 个五千亿级优势产业，培育生物医药等 20 个千亿级特色产业，同步谋划人力资源服务业发展，为企业提供专业化、市场化的人力资源服务，降低企业人工成本，提高企业市场竞争力。二是作为服务第一资源的重点产业来抓。立足湖北高校云集、人才资源丰富，组织人力资源服务业开展高层次人才对接活动，积极服务企业市场化招聘，帮助更多高校毕业生选择湖北、留在湖北，吸引更多人才在鄂创新创业创富，实现由人才资源大省向人才资源强省转变。三是作为夯实第一民生的基础产业来抓。支持和引导人力资源服务业全面落实“六稳”“六保”任务，疫情以来全省人力资源服务业积极组织力量参与雷神山火神山医院、方舱医院建设，保障公共事业运行必需“停不得”企业近 5 万人缺工需求，采取“点对点、一站式”方式输送 70 余万人返岗就业，开展云招聘、直播带岗等活动，助力企业复工复产。接下来，针对人力资源服务业，湖北省将进一步推动创新发展，大力提升人力资源服务水平；进一步推动协同发展，不断强化人力资源支撑经济高质量发展作用；进一步推动集聚发展，健全完善高水平人力资源服务产业园体系；进一步推动开放发展，着力促进人力资源服务助力共建“一带一路”；进一步推动规范发展，抓紧建设高标准人力资源市场体系。

在 2022 年的评价结果之中，海南省延续 2021 年良好的发展态势，排名继续蹿升，表现抢眼。海南排名持续跃升得益于海南自由贸易试验区建设的扎实推进，海南省近年来对外开放步伐不断加大，经济运行总体平稳，发展态势持续向好，国民生产总值稳步提高，主要经济指标增速历史性地走在全国前列。过去一年，其第三产业（服务业）增加值同比增长 15.3%，高于 GDP 增速 4.1 个百分点，对经济增长贡献率达到 82.5%，拉动 GDP 增长 9.2 个百分点，已经成为支撑全省经济持续较快增长的“主动力”，表明其产业结构调整、经济转型升级的速度加快。海南人力资源服务业近年来取得了长足发展，在促进就业、优化人力资源配置以及服务自贸港经济建设中发挥了积极作用。全省人力资源服务机构达到 242 家，年产值达到 97 亿元，实现利税近 3 亿元。与此同时，海南打造了“游艇驾驶员”“儋州月嫂”“定安护工”“洋浦技工”等人力资源服务品牌，提供“一站式”灵活用工解决方案等，人力资源服务创新能力不断提升。在 2021—2022 年度，海南省政府先后发布《海南省人力资源和社会保障事业发展“十四五”规划纲要》《海南省创新型省份建设实施方案》等政策文件，提出在十四五期间实施技能人才评价扩面行动，推动新增技能人才 7.5 万人以上，其中高技能人才 3 万人以上。落实国家高技能人才振兴计划，建设中国（海南）技能人才综合发展基地 1 个，国家级职业技能公共实训基地 3 个，国家级高技能人才培训基地、国家级大师工作室各 10 个。开展特色高效农业创新创业人才、优秀科技创新创业人才、旅游和文体企业创新创业人才等高层次人才的评选和认定工作，同时加强创新载体建设和创业支持、放开人才落户限制，不断加大柔性引才引智力度和荐才引才奖励力度。在产业规范化发展方面，海南省政府积极贯彻中央精神，出台《海南省人力资源服务机构诚信评价办法（试行）》，通过专项行动开启本地人力资源市场征信机制建构，加强人力资源服务机构事中监管，引导人力资源服务机构依法经营、诚信服务，切实维护劳动者和用人单位合法权益，改善了人力资源市场秩序，为促进劳动者就业营造了良好的社会环境。中国海南人力资源服务产业园海口分园 2022 年投入运营。作为海南人力资源服务业集聚发展的重要载体和平台，该产业园将发挥“集聚产业、优化服务、培育市场、孵化企业、拓展业态”的重要功能，可提供人才咨询、高层次人才认定、外国人来华工作许可审批、高端人才活动等服务，为海南建设自贸港提供全方位人力保障，打造海南人才发展高地。由此可见，过去一年海南省多措并举大力推进区域人才队伍和人力资源服务建设，为将海南打造成“全面深化改革开放试验区、国家生态文明试验区、国际旅游消费中心、国家重大战略服务保障区”提供人才人力支持，这一系列努力有利于培育市场主体、推进业态创新、加快开放合作，进一步改善了人力资源服务业的发展环境。除政府大力支持外，海南省人力资源服务业发展规模指标和发展潜力指标也整体增长迅速，如人均人力资源服务业增加值、人均国内生产总值等指标均已达到或超过全国中游水准，市场环境日趋成熟，产业基础逐渐完善。但不能否认，当前海南人力资源服务业发展水平与“第一梯队”仍有一定差距，现有发展水平与跨越式发展目标仍不协调，发展的质量比较有限，发展的持续性有待观察，这不仅与海南本省经济发展的客观实际有关，还受制于行业从业人员的素质偏低和高层次人才紧缺等因素。

此外，贵州的异军突起让人眼前一亮，这是其整体经济实力迅速提升带来的厚积薄发。过去 10 年，贵州经济增速连续 10 年位居全国前三，923 万贫困人口全部脱贫，数字经济增速连续 6 年全国第一，以“中国天眼”为代表的高精尖产业蓬勃发展。与之相伴的是，近三年来，贵州省人力资源服务业实现了连续两年的较快增长。截至 2021 年末，贵州省共有各类人力资源服务机构 1252 家，其中民营性质的服务企业达到 798 家，帮助实现就业和流动人数 329.24 万人次，服务用人单位 11.96 万家次。全省 58 家省级人力资源诚信服务示范单位中，有 7 家机构获得“全国人力资源诚信服务示范机构”称号。这背后，是贵州以促进市场化社会化就业和人才顺畅有序流动为主线，聚焦重点产业发展，打造人才优质服务平台，加快推动人力资源服务产业园建设，使得人力资源服务业高质量发展呈现良好态势。首先是强化顶层设计，推动开发协作。贵州把人力资源开发作为支持实施“强省会”五年行动的重要政策措施，不断加强人力资源要素倾斜，培育重点人力资源服务骨干企业，为“强省会”集聚更强的人力资源支持；围绕重点产业发展和城镇化战略对人力资源开发配置的需要，贵州及时研究制定出台《贵州省人力资源市场条例》《贵州省关于加快人力资源服务业发展的意见》等；积极推动东西部协作，围绕“引进高端、强化中端、做大初端”人力资源开发规划目标，签署《广东、贵州东西部扶贫协作人力资源开发协议（2020—2022 年）》，聚焦脱贫攻坚目标和乡村振兴战略，3 年内实施七大人力资源开发帮扶项目。其次是搭建供需平台，构筑聚才磁场。贵州围绕“集聚产业、培育市场、孵化企业、集聚人才”功能定位，大力引进和培育优质高端人力资源服务机构，加快提升集聚效应和竞争优势，着力打造具有贵州特色的多元化、多层次、专业化人力资源服务产业链。同时，打造“贵州人才博览会”“省外知名高校专项人才引聘”等人力资源开发品牌，不断扩大“朋友圈”,营造尊重人才、关心人才的良好氛围。最后是优质高效服务,释放市场活力。贵州已开始全面推行人力资源服务许可告知承诺制,不断简化优化服务流程。在实现“全省通办、一次办成”和已经压缩人力资源服务机构许可审批50%时限基础上,人力资源服务许可审批1个工作日即可办结,成为贵州人社政务服务率先推行的高效便民利民承诺制办理业务;此外,致力于完善流动人员人事档案政策体系,加快流动人员人事档案信息化建设,及时开展本地化,并在2021年10月与全国档案平台成功对接。

在排名下跌的省份之中,宁夏和天津均下滑较大。宁夏回族自治区下跌的原因较为明晰,即逆全球化带来的外贸萎缩、资源环境约束趋紧、人口老龄化问题加重、企业亏损面较大、重大疫情负面影响尚未化解等困境叠加,对自治区的国民经济造成了较大影响。2021年宁夏GDP增速为6.7%,低于全国平均水平(8.1%),使其在一系列行业发展评价重点指标上大幅下滑。具体表现在宁夏人力资源服务业从业人员数量增量为负,即出现了明显的负增长(全国第三)。从业人员的较多流出造成了自治区人力资源服务业增加值比重、人力资源服务业增加值增速等指标在全国范围内排名的相对下滑,这和宁夏前两年行业的高速发展形成了明显的对比。作为人力资源服务业发展水平评价指标体系中体现发展规模和发展速度的重要指标值,这两项指标直接反映出一个地区人力资源服务业的发展和增长状态,在这些关键指标上的疲软表现,说明2021年宁夏人力资源服务业的总体发展活力、速度的确受到了客观经济社会形势的较大影响。相应地,宁夏人力资源服务业生产率也伴随出现相对下滑,已滑落至全国末端位置。这些反映人力资源服务业发展现状的核心指标出现相对下滑,势必会影响宁夏的排位。加之宁夏地处西北地区,城市化和工业化步伐相对落后,现代服务业发展基础相对薄弱,对外开放程度较低,市场体系不完善,区域协同发展效果不明显,也让其失去了部分的产业发展机会。在这里我们看到,一个产业的发展不能只关注发展的速度,产业发展的基础以及未来发展的潜力等均是产业水平的重要组成部分,短期内发展速度指标的快速提升确实能带来短期排名的上升(如宁夏前两年的表现),但若想真正取得长期的进步甚至跻身于全国前列,还应注重产业发展的健康性、长期性和持续性积累。

天津市的排名下跌了 8 位。天津市排名下跌主要有以下两方面原因：一是经过前些年的稳步发展后，人力资源服务业发展速度指标增长趋于放缓。具体来看，天津市上年人力资源服务业增加值增速为 9.3%，虽然在经济运行正常化背景下较上年有大幅上升，但在全国范围内已从 2021 年的全国第 8 位下跌到了 2022 年的全国第 17 位；2021 年人力资源服务业从业人数增速为-5%，也在全国中下游水平。二是反映人力资源服务业发展水平和发展潜力的部分指标排名已相对落后，如反映发展规模的人力资源服务业增加值比重、反映发展效益的人均人力资源服务业增加值，以及反映发展潜力的第二产业增加值比重、利用外资情况、城镇居民储蓄余额等指标均处于全国中等或中等偏后的水平，发展后劲有所不足。加之天津受计划经济思维影响较大，国企央企在市场中占据绝对优势，私营企业活力不足、效率低下，商业发展效益不高，法治环境、营商环境和管理方式亟待进步，也让天津很难出现行业的领军企业。此外，天津的相对下滑也与近年来其他地区行业的强势崛起有关，特别是在长三角一体化、粤港澳大湾区、成渝城市群、中部崛起等区域集聚效应的影响下，全国各地的人才要素也在加速汇集上述地区，且京津冀一体化战略尚未面向天津显示出应有的辐射效力，天津的区域协同发展效果尚不明显，致使其人才流出状况较为严重。

位于东北地区的辽宁跌幅也较大，一方面是因为近年来该地区整体经济形势不容乐观，辽宁作为东北地区的领头羊，2021 年的整体经济运行情况不理想，客观来讲还是比较低迷的。与 2020 年相比，一产增加值比重下降了 0.2 个百分点，二产增加值比重提高了 2 个百分点，三产增加值下降了 1.8 个百分点。东北三省中，辽宁省的 GDP 名义增速最高，远高于黑龙江、吉林两省，但 GDP 实际增速却远低于黑龙江、吉林两省，更远低于全国平均增速，在全国范围内仅高于青海省（5.7%）。这背后反映的是区域产业转型升级滞后，增长乏力，使得诸如人力资源服务业相关的重要指标如国民生产总值、第三产业增加值等增速放缓，而且在全国的排名相对落后。另一方面，辽宁 2021 年人口流失 25.6 万，人口净流出较为严重，人口自然增长率持续呈现负增长，全省人口结构步入深度老龄化，一定程度上限制了其人力资源服务业的产业发展步伐。基于上述数据与分析可以看到，人力资源服务业的良性发展并不完全依靠人力资源服务业本身，其需要与产业发展基础、经济发展环境、市场成熟条件、社会人口结构等因素综合作用、协调互动。想要保持人力资源服务业的良性健康发展，应注重人力资源服务业发展的健康性、长期性和持续性等影响因素的建设、培育与累积，并且保持和推动多方联动。

四、评价总结与政策建议

人力资源服务业作为为劳动者就业和职业发展、为用人单位管理和开发人力资源提供相关服务的专门行业，有着巨大发展潜力，在中国属于朝阳产业。现代知识经济对人才的重视使得这一产业在国民经济中的地位迅速提升，并引起人们的广泛关注和重视。党的十九大报告明确提出，要加快建设实体经济、科技创新、现代金融、人力资源协同发展的产业体系；在人力资本服务等领域培育新增长点、形成新动能。国家、政府和社会都希望这一行业能健康、快速发展，为整个国民经济的持续健康发展作出应有的贡献，因此，了解人力资源服务业在不同地区的发展水平就成为实现这一期许的前提。中国幅员辽阔，南北差异巨大，这种差异既包括了社会文化的差异，也包含了内在经济发展水平的不一致，大部分产业在中国的地域差异是巨大的，人力资源服务业也不例外。了解这种地域差异是了解这个行业整体发展状况的重要组成部分，它对政府制定统筹发展的经济产业政策以及私人部门的投资决策有着巨大参考价值。

（一）结果总结

本章通过设计人力资源服务业发展水平评价指标体系，在搜集 2022 年全国 31 个省区市的相关数据基础上，依托这一指标体系对各地区人力资源服务业发展水平进行了排序、分类，并对相关的数据结果进行了阐释与说明。通过这一研究过程，并综合对比前些年的排名结果，我们可以总结出以下认识。

1. 我国人力资源服务业整体发展环境持续优化，发展状态稳中向好

2021 年我国基本摆脱了新冠疫情对国民经济运行的负面影响，经济增速迎来触底反弹，国内各地区整体经济发展环境持续优化，各地区人力资源

服务业运转也随之走上正轨。人力资源和社会保障部《2021年度人力资源和社会保障事业发展统计公报》数据显示，2021年末，人力资源服务机构5.91万家，人力资源服务业从业人员103.15万人。全年共为5099万家次用人单位提供人力资源服务，帮助3.04亿人次劳动者实现就业、择业和流动。就整年看，机构数量进一步增长、行业规模进一步扩大、高端业态快速发展、人力资源服务业产业园区持续铺开、人力资源市场配置能力进一步提高，人力资源服务业总体发展水平稳中有进，发展环境不断改善。人力资源服务业日益成为现代服务业和生产性服务业的重要组成部分，成为实施创新驱动发展战略、就业优先战略和人才强国战略的关键举措，成为构建人力资源协同发展产业体系的重要力量，成为经济社会长效健康发展的有力推手。

2. 我国人力资源服务业区域发展水平仍存在显著差异

根据2022年人力资源服务业区域发展水平评价结果来看，我国人力资源服务业区域发展水平仍存在显著差异，且相对差距趋于稳定，中西部地区行业发展空间依然广阔。与我国经济发展水平的区域性差异类似，我国东部、中部和西部地区的人力资源服务业发展水平差距仍然明显。这种差异在相当一段时期内依旧会存在，但会随着不断发展而逐渐缩小。通过对比2022年和2021年我国各地区人力资源服务业发展水平的排名便可以发现，2022年A类省区和C类省区的总数有了小幅减少，而B类省区的总数有了明显增加，在一定程度上呈现出聚敛趋势（尤其是西部省区已有2个来到了B类），这也可以从一定程度上看出西部省区市人力资源服务业的发展水平在整体上有了提升。未来我们一方面不能忽视中西部省区市在行业发展中作出的努力，采取多方措施为人力资源服务业发展创造更好的环境与空间，不断提升其发展速度，发挥中西部行业后发优势；另一方面也要总结东部省市在人力资源服务业发展中的经验教训，注重行业的可持续性发展与长期积累，追求行业发展数量与质量的统一。

3. 应正确理解地区人力资源服务业发展与经济发展间的相互协同关系，重视两者间的良性互动

经济发展主要体现为经济水平和产业基础。经济水平是人力资源服务业发展的基础，而成熟的产业条件则是人力资源服务业发展的前置条件。

具体来看，经济水平为人力资源服务业的发展提供了诸如资源、市场、基建等基础性条件，而产业积累则为人力资源服务业的发展提供了平台和依托。也即人力资源服务业的发展并不是孤立的，一个地区的经济发展水平可以反衬出产业发展的未来潜力，反映在本书中就是指标体系中人力资源服务业发展现状和人力资源服务业发展潜力两部分指标相辅相成，缺一不可。因此，人力资源服务业的发展在空间上并不是孤立的，需要地区整体经济建设和产业发展的支撑；在时间上并不是能够短期速成的，需要长期性的经验积累和要素沉淀。反过来讲，人力资源服务业的不断发展也会促进地区产业结构的优化调整，繁荣地区的就业，提升企业运行效益，促进地区整体经济发展。这启示地方政府要兼顾人力资源服务业发展的速度和效益，打好产业发展的基础，注重产业发展的长期性、健康性和持续性积累。

4. 政府及时积极的政策扶持与宏观调控对人力资源服务业的发展至关重要

政府大力完善相关产业政策、优化环境、增强监管、提升服务，如明确产业发展目标、具体扶持政策和监管措施，推动人才队伍建设和地方标准化的实施，搭建供需平台，引进人才等一些具体措施的推行，对于一个地区人力资源服务业的发展（尤其是发展速度指标）能起到极大的促进作用。2022年贵州省排名的迅速提升和天津市排名的大幅下滑，可以从很大程度上证明这一点。

5. 人力资源服务业将成为区域经济增长的新引擎

根据《中国统计年鉴》的数据显示，我国适龄劳动力人口占总人口比重逐年下降，已从2013年的73.9%跌落至2021年的62.5%，与此同时，人口抚养比也从2013年的35.3%上升到2021年的46.3%。在这一人口结构性变化大背景下，企业的人力成本势必不断增加，倒逼人力资源需求从数量向质量转变，招聘、培训等人力资源环节应发挥更大的人才人力合理配置作用，对人力资源服务业的需求也会更加旺盛。因此，人力资源服务业的发展对地区产业结构的优化与调整意义重大，对于增加地区人口的就业数量、提升企业运行效率具有更积极的影响。特别是在当前我国多个区域经济一体化进程如火如荼的情况下，人力资源服务业将成为加强区域智慧联结、促进区域经济发展的新推手。

（二）政策建议

基于本章所构建的人力资源服务业发展水平评价指标体系以及以此为依托而计算出的近些年各地区人力资源服务业发展水平排名结果，吸取排名靠前地区人力资源服务业发展的先进经验与做法，在综合考虑产业发展与区域发展相结合的背景下，提出以下政策建议。

1. 依据经济发展状况确立本地人力资源服务业的发展目标

各省、自治区、直辖市人力资源服务业的发展目标应依据其经济发展状况而定，产业发展的相关政策也应与当地整体的社会经济发展政策相吻合，不能脱离现实而盲目追求产业发展的高速度。自2014年《关于加快发展人力资源服务业的意见》首次从国家层面对发展人力资源服务业作出全面部署以来，各省也相继出台了关于加快人力资源服务业发展的实施意见，支持人力资源服务业的发展。从近两年各地区人力资源服务业发展水平的实际排名结果来看，一些省区市在科学的发展目标和政策支撑下产业发展取得了长足的进步。总结其经验，重要的一点在于地方政府在发展人力资源服务业时，不能孤立地只从产业出发制定发展目标与发展政策，还应综合考虑地方的经济社会发展水平以及相关的发展政策，而不是单单追求产业发展的高速度。《中国人力资源服务业蓝皮书2021》一书也基于实证研究发现，各地区人力资源服务业发展水平与其经济社会发展水平密切相关。人力资源服务业作为现代服务业的组成部分，其主要意义就是服务于经济社会的发展，尤其是在当代中国，人力资源服务业作为新兴产业还不能起到显著的引领经济社会发展的作用，这就更应将其发展融入经济社会发展的大环境中，避免跨越式的产业推进带来的低效与资源浪费。这启示各地区在发展的过程中，应因地制宜地制定人力资源服务业发展规划。各地政府应通过系统调研，厘清人力资源服务业的现状，摸清机构、从业人员、服务内容等基本情况，全面了解经济社会发展对人力资源服务业的需求状况以及业务完成情况，拟定不同阶段的发展规划，确定整个区域的人力资源服务业的战略目标。

2. 加大各级政府政策扶持力度，助力行业发展

各省、自治区、直辖市政府应在政策层面大力扶持人力资源服务业的发展，不断实现政策的完善化、精准化，保持政策的延续性和平稳性，因地制宜

地保证政策实施落地，避免各省间政策条文的相互模仿。首先，政府应积极转变职能，积极做好本地区人力资源服务业引导者与推进者的角色工作。充分发挥市场的主体作用，改善人力资源服务业发展的市场环境，鼓励和引导各类人力资源服务机构参与市场中的有序竞争，不断提升人力资源服务机构的竞争力以及相关从业者的素质水平。其次，重视顶层设计，要构建和完善支持人力资源服务业发展的政策体系，在因地制宜的基础上明确人力资源服务业的发展目标、具体的扶持政策以及配套的监管措施。再次，根据“放管服”改革要求，提升和创新监管服务能力，如进一步深化行政审批改革、推进诚信体系建设、推进行业标准化实施、加强行业队伍建设等，不断提升公共服务的供给能力和供给效率。最后，重视人才的作用，以政策优惠为吸引，依托各类人力资源服务机构搭建供需平台，开展各类招才引智活动。

3. 增强各省、自治区、直辖市人力资源服务业发展中的联系与互动，在更高层面上实现产业区域发展的总体布局

尽管本章以省为单位对各地区人力资源服务业发展水平进行了排名，但是这并不意味着各地区人力资源服务业的发展是相互割裂的，反而彼此间存在着很强的联动性。本章研究的意义之一在于可以让各地区直观了解目前人力资源服务业的发展状况，摆正位置，更好地树立学习标杆，向行业发展较好的地区借鉴与学习，实现各地区人力资源服务业在发展中的优势互补，同时人力资源服务业发展水平较高地区应发挥好辐射带动作用，这样才能实现人力资源服务业的有效整合，实现行业的发展壮大。我国东部地区目前仍保有经济、科技、人才等多重优势，作为我国现代人力资源服务业的发源地，扮演着产业领头羊的角色。中西部地区虽然目前发展水平处于弱势，但具有较大发展空间和后发优势。未来要持续调动东部地区对中西部地区产业发展的带动拉动作用，形成对中西部地区产业拉动和资源输入的影响效应，通过政策优惠等方式进一步推动其开拓中西部市场，以产业发展的先进经验带动中西部地区的产业结构转型升级。与此同时，中西部地区尚处于跨越发展阶段，在多数领域并不具备领跑能力，应采取跟跑策略。但跟跑并不是保守的，因为它要求始终贴近行业前沿、快速跟进创新业态，通过模仿创新、再创新和集成创新等手段，形成自己的成长模式和竞争优势，充分把握自身“后发优势”，积极主动地学习东部地区先进经验，尽可能

规避东部地区在产业发展中的弯路岔路，降低发展成本。如2022年排名大幅上升的海南省在制定本省《海南自由贸易港外籍"高精尖缺"人才认定标准（2020—2024年试行）》等政策文件时，便深度借鉴了上海自贸区、天津自贸区等的人才政策设计方案，在人力资源服务机构对外合作方面优化了相关条例，取得了明显成效。

然而从全国范围看，各地区人力资源服务业在发展中的联动效应尚未凸显，人力资源服务业发展水平较高地区的辐射带动作用尚未充分发挥。若想实现这种联动和辐射效应，应从以下三个方面着手。第一，以产业集聚为基础，在更高层面上实现产业区域发展的总体布局。目前来看，各地区均在积极推进人力资源服务产业园的建设，试图依托已形成的产业发展优势，发挥产业集聚效应。然而依托人力资源服务产业园而形成的产业集聚目前看仍仅局限在某一个城市或者区，尚未在某个区域范围内以点带面形成合力，这就需要未来在更高层面上实现产业区域发展的总体布局，这里的区域选择可以是京津冀、长三角、珠三角、成渝经济圈、中部六省经济圈等。围绕某个区域，合理规划布局，形成集聚优势，提升溢出效应，可成为产业未来发展的重要路径选择。第二，完善各地区间人力资源服务业沟通与协调机制，加强相互间的资源要素共享，发挥行业协会在地区间合作交流中的作用。第三，为各地区间人力资源服务业发展的联系与互动配套以相应的制度保障。

4. 建立人力资源服务业创新发展的复合型人才培养机制

人力资源日益成为经济社会发展的第一资源，任何行业的发展都离不开专业人才，人力资源服务业的发展也不例外。基于人力资源服务业高技术含量、高人力资本、高成长性和辐射带动作用强等特点，其在识人、选人、用人、育人、留人、送人等各环节都有其特定的专业要求，因而人力资源服务业的繁荣更需要创新发展的复合型人才。同时，人力资源服务业志在促成百业兴旺，其服务对象具有跨行业的特点，要为各行各业的管理者提供岗位配备、人才激励等各种形式的人才管理服务。因而，人力资源服务业人才不仅要拥有人力资源管理专业的理论知识，还要掌握所服务行业机构的用人标准和模式，唯其如此才能提供有的放矢的高品质服务。此外，从企业成长角度看，小型人力资源服务业机构往往从事低层次的人才服务，中型人力资源服务业机构的主营业务往往依托于特定的某类行业，大型综合实力强的人力资源服务业机构才能提供更广、更深、更多层次的业务服务，因而创新发展的复合型人才也是人力资源服务业机构实现跨越成长的必要条件。

培养创新发展的复合型人力资源服务人才需要建立理论与实践相结合的培训机制。首先以培养人力资源服务人才为主的人力资源管理学科要做到理论素养和实践技能深度融合，如构建人力资源管理专业专家学者参与实务的机制。离开现场谈管理知识是空中楼阁，必须加强行业理论派的实践意识和技能。在此基础上构建产学研三合一教学模式，增设实务类课程，培养学生的实践技能，推进构建创新发展的复合型人才培养机制。其次，加强行业培训。行业培训不仅要充分对接国家和各地人社部，做好行业服务标准的学习和解读工作，还要充分发挥行业协会在行业代表、行业自律、行业协调等方面的功能，以学术论坛、技能大赛等形式促行业技术经验的交流。总之，要夯实人力资源服务业发展的基石，培养更多创新发展的复合型人才，从而促进各地人力资源服务业的发展。

5. 利用大数据和“互联网+”技术，加强行业数据库建设

利用大数据和“互联网+”技术发展人力资源服务业是落实国家“互联网+”发展战略的要求。发展人力资源服务业要推动人力资源服务和互联网的深度融合，积极运用大数据、云计算、移动互联网、人工智能等新技术，促进人力资源服务业创新发展、融合发展。加强人力资源服务信息化建设，构建人力资源信息库，实现数据互联互通、信息共享，是促进人力资源优化配置的基础，是未来人力资源服务业发展的基石。智能化人力资源服务正在兴起，一些互联网背景的人力资源服务公司，依托人才大数据库，可以做到智能化人岗匹配。然而，谙熟大数据和“互联网+”技术的现代人力资源服务业机构并不多，大部分企业还停留在传统的人工技术操作层面。因此，加强 IT 精英加盟人力资源服务行业是突破行业发展瓶颈的有效途径。

此外，大数据和人工智能也有助于解决我国人力资源服务业行业数据库统计不完善的问题。目前人力资源服务业相关实证研究所面临的最大困难在于统计数据严重不足，仅有的一些统计数据还存在着各省间统计口径差异的问题。制定人力资源服务业发展政策应基于对行业发展状况的精准认识和把握，而目前人力资源服务业相关统计数据的缺乏使得决策者在制

定相关政策时更多地依赖自己的主观经验和主观判断，这种对于行业发展认识的模糊性直接降低了决策的科学性和准确性。因此，未来将人力资源服务业作为一个独立的行业门类，纳入国民经济统计的范畴，定期公布相关统计数据，就显得尤为重要。这一方面有利于相关研究者在深入处理相关数据信息的基础上构建更为科学合理的行业发展水平/竞争力评价体系和机制，深入了解行业发展状况；另一方面可以为人力资源服务机构制定自身的发展规划、人力资源服务业主管部门制定和优化政策提供依据。

6. 大力推进产业园区建设，扶持新机构可持续发展

国家要继续大力推进人力资源服务产业园建设。一个产业园区能搭建起一个行业集聚发展的实体平台，它有利于加快市场主体的培育，促使新机构的产生，促进行业规范有序发展，激发人力资源服务业市场有序竞争，从而激发服务创新，完善服务链条，提升服务能力和水平。国家现有 24 个国家级人力资源服务业产业园，涉及 21 个省市，广东省、浙江省和上海市人力资源服务业发展一直名列前茅，与三地人力资源服务业产业园区建设密不可分。上海市拥有全国第一家国家级人力资源服务产业园，广东拥有广州、深圳两个国家级人力资源服务产业园，浙江也拥有杭州、宁波两个国家级人力资源服务产业园，这在全国都是独一无二的。三地产业园区的发展为其他各行业的发展提供了强有力的人才支撑，落实满足了经济社会发展产生的人力资源服务需求，促使当地人力资源服务业成为现代服务业发展的增长点。

要根据各地人力资源服务业发展水平，建立国家级、省级、县域级的产业园区，以适合当地经济社会发展对人才的需求，因地制宜地扶持人力资源服务业的发展。例如 2021 年人社部新批复将海口市和贵阳市的省级人力资源服务业产业园转为国家级人力资源服务业产业园，足以证明这两个地方产业园区对海南省和贵州省的人力资源服务业起到的极大促进作用。

促生品牌人力资源服务机构发展，扶持新机构可持续发展。人力资源服务业作为新兴产业，其机构实体层次多样，不乏实力雄厚、成立较早的机构，还有一些中小型新机构，这些新机构是人力资源服务业的有机组成部分，其可持续发展值得关注。据国家企业信用信息公示系统和企查查网站查询，我国以“人力资源”冠名的企业并在 2021 年后注册的有 53171 家，其

中在业/存续企业有45840家，有7331家企业存在吊销、迁出、停业等经营异常情况，占总注册企业的13.79%，这表明新建机构在人力资源服务业存活很不容易。尽管中小型人力资源服务业运营成本低，但如果没有固定的客户源和稳定的效益收入，维持运营也很艰难，因而国家有必要加大中小人力资源服务业机构扶持力度，以满足各类企业对人力资源服务不同层次的需求。

人才是机构发展的关键。人力资源服务业更应践行人才是第一资源的理念，做好全国人力资源服务行业人才的配置，鼓励东部发达地区的人力资源服务业机构主体开拓中部、西部市场，打破专业人才流动的壁垒，促使东部人力资源服务业精英到中西部人力资源服务业市场创业，发掘促生中西部人力资源服务业市场潜力；结合西部开发战略，弥补发展的不均衡，才能促进全国人力资源服务业实现快速普惠发展。

2017年，十九大报告把区域协调发展上升为国家七大战略之一。中国是发展中大国，各个区域具有各自比较优势，发展呈现差异性是必然的，但区域差距不能过大，应打破区域分割、各自为政的状况，按照优势互补、互利共赢的原则，加强区域合作，不断缩小区域差距。人力资源服务业作为一种服务人力资源与人才的创新创业以及促进人力资源协同发展的产业，对增加地区人口的就业数量、优化与调整地区产业结构有显著的推动作用，在实现区域协调发展目标中具有战略性意义。

本章所作的中国各省市区人力资源服务业发展情况评价及政策建议，有利于更加直观地把握人力资源服务业发展的阶段性特征和区域性差异。一方面，可以为未来国家实现更高视角和层次的产业布局和规划打下基础，在制定产业政策时能够更加注重统筹发展，提升政策制定的针对性和有效性；另一方面亦可以为各地区未来进一步展开行业监管、制定行业规范提供借鉴与参考，基于自身情况制定出更为合理的发展目标与产业政策，进而推动整个产业的均衡协调发展，为实现我国区域协调发展和现代化的目标助力。

第四章　人力资源服务行业十大事件

【内容提要】

《中国人力资源服务业蓝皮书 2022》记载的大事件，较好地覆盖了人力资源服务业发展的各个维度，与 2021 年蓝皮书相比，本章既有延续，又有创新。“延续”体现在评选方法、流程、标准、述评框架，继续以先进性、开拓性、推动性、典型性和影响性为评选标准与述评框架，遵循事件搜集与征集、公开评选、专家补充、专家评审的程序评选出十大事件。“创新”体现在事件及其述评内容上，本年度事件完全更新，因此本章述评的内容也是全新的。此外，在事件分类上略有改变，将事件分为政策、学术、行业、会议四个类别。

此次评选出的十大事件中，政策事件 3 件学术事件 2 件，行业事件 3 件，会议事件 2 件。政策类的第一个事件为《国务院关于印发“十四五”就业促进规划的通知》，提出要加快人力资源服务业高质量发展，提高人力资源市场规范化水平；第二个事件为《人力资源社会保障部 国家发展改革委 交通运输部 应急部 市场监管总局 国家医保局 最高人民法院 全国总工会关于维护新就业形态劳动者劳动保障权益的指导意见》，针对所有新就业形态劳动者享受劳动保障等公共服务方面的痛点、难点问题，提出了优化就业服务、社会保险经办、职业技能培训、工作和生活服务保障等方面的措施；第三个事件为《人力资源社会保障部、国家发展改革委、财政部、商务部、市场监管总局关于推进新时代人力资源服务业高质量发展的意见》，为新时代人力资源服务业总纲性质的文件，明确了未来人力资源服务业发展的指导思想、基本原则、发展目标、重点任务、政策措施。学术类的第一个事件为《中国人力资源服务业蓝皮书2021》，对人力资源服务行业发展现状进行了总结、归纳，对人力资源服务行业发展趋势进行了展望；第二个事件为《构建中国特色人力资源服务产业体系——第一届全国人力资源服务业发展大会研讨集》，聚焦第一届全国人力资源服务业发展大会丰硕成果。行业类的第一个事件为中智发布《中国人力资源服务供需调查报告》，为全国首份；第二个事件为"第一届全国人力资源服务行业联合招聘活动"在北京启动，是首次举办的全国性人力资源服务行业招聘活动；第三个事件为北京城乡(600861.SH)与北京外企(北京外企人力资源服务有限公司，英文简称"FESCO")重组项目获无条件通过，FESCO加快登陆资本市场进程。会议类的第一个事件为人力资源社会保障部在京召开人力资源服务业高质量发展暨《人力资源服务》杂志创刊座谈会，《人力资源服务》杂志是助推人力资源服务业发展的重要载体；第二个事件为2022年中国人力资源服务业发展战略高端论坛暨成果发布会，采用线下线上结合方式举办。

Chapter 4 Top Ten Events of Human Resource Service Industry

【Abstract】

The top events in the *2022 Blue Paper for Human Resource Service Industry in China* have covered almost all the aspects of the development of China's Human Resource Service Industry in 2022. Compared to the *2021 Blue Paper*, this chapter is both successive and innovative. The successive side is reflected in the appraisal method, procedure, criteria, framework of review and comment, in the light of the previous selecting criteria and framework of review by the five attributes of being advanced, enterprising, impelling, typical and influential, following the procedure of events collecting, public appraisal, expert cooptation and then experts review, to select the top ten events of the year. The innovative side is reflected in the ten events which are all new and the content of review are all new correspondingly. In addition, the classification of the event has been slightly changed into four categories of policy, academic, industry and conference.

Among the top ten events, there are 3 policy events, 2 academic events, 3 industry events and 2 conference events. The details are as following:

In the policy category, the first event is *Notice of the State Council on Issuing the "14th Five-Year Plan" Employment Promotion Plan*, which requests accelerating the high-quality development of human resource service industry and improving the standardization level of human resource market; the second event is the *Guiding Opinions of the Ministry of Human Resources and Social Security, the National Development and Reform Commission, the Ministry of Transport, Ministry of Emergency Management, the State Administration for Market Regulation, the National Healthcare Security Administration, the Supreme People's Court, the All-China Federation of Trade Unions on Protecting the Labor Rights and Interests of Workers Employed in New Forms*, requests supporting and regulating the development of new employment forms, effectively protecting the labor rights and interests of workers employed in new forms; the third event is *Opinions of the Ministry of Human Resources and Social Security, the National Development and Reform Commission, the Ministry of Finance, the Ministry of Commerce, and the State Administration for Market Regulation on Promoting the High-quality Development of Human Resources Service Industry in the New Era*, which is the general principle of human resource service industry in the New Era, clarifying the guiding thought, basic principles, development goals, key tasks and policies of the industry in the future.

In the academic category, the first is "2021 Blue Paper for Human Resource Service Industry in China", which summarizes the de facto of the development of human resource service industry in China, and forecast the development tendency in the future; the second event is "Building a Chinese Characterized Human Resource Service Industry System-Collected papers on the 1ST National Conference on the Development of Human Resource Services", focusing on the outcome of the 1ST National Conference on the Development of Human Resource Services.

In the industry category, the first event is "Survey Report on the Supply and Demand of Human Resource Service in China was released by China International Intellectech Corporation Co., Ltd.", which is unprecedented; the second event is "The First National Event of Joint Recruitment of Human Resource Service Industry", which is the first time in this industry; the third event is "Restructing Plan of Beijing Urban-Rural Commercial (Group) Co., Ltd. (600861.SH) and FESCO has been accepted unconditionally", so that FESCO could expedite its progress in the capital market.

In the conference category, the first event is "Symposium on the high-quality development of human resource service industry and the first issue of the Magazine of Human Resource Service", which will serve as the carrier of the development of human resource service industry; the second event is the "2022 High-level Forum on Human Resource Service Industry and Release Conference of Research Achievements", held in the combined way of both offline and online.

2021 年 8 月至 2022 年 7 月，我国人力资源服务业持续健康发展，在经济社会发展大局中发挥了积极作用，加快进入高质量发展阶段。本章延续以往蓝皮书相关章节，继续记载中国人力资源服务业的发展历程，旨在让公众深入了解 2021—2022 年期间中国人力资源服务业在政策、学术、行业和会议这四个方面所取得的突破性进展。

本章首先介绍大事件评选的指导思想、评选目的与意义、评选的原则与标准以及评选的方式与程序；然后对评选出来的十大事件分别进行述评。

一、行业大事件评选概述

2021 年 8 月至 2022 年 7 月期间，中国人力资源服务行业持续健康发展，加快进入高质量发展阶段。

为了圈点中国人力资源服务业在这一年度所取得的突破性进展，进一步厘清并记录中国人力资源服务业的发展历程，我们对发生在 2021 年 8 月至 2022 年 7 月这一阶段与人力资源服务业相关的事件进行了搜集和征集。为了保持本书的延续性，事件的筛选基本延续了往年《人力资源服务业蓝皮书》中大事件评选的指导思想、评选的目的与意义、评选原则与标准，同时结合时代要求和阶段性特征，在指导思想、评选方式等方面进行了一定的开拓和创新。此外，因为疫情防控的缘故，此次评选只采用了网络评选的方式，将搜集、征集进而筛选出的大事件制作成问卷，发给全国及地方的各专业机构、协会、学会，邀请行业专家及从业人员进行评选，最后由专家委员会进行增补、研究评定，进而最终确定出本年度人力资源服务业十大事件。

（一）指导思想

以习近平新时代中国特色社会主义思想为指导，深入贯彻党的十九大和十九届二中、三中、四中、五中全会精神，立足新发展阶段，贯彻新发展理念，服务构建新发展格局，围绕实施就业优先战略、人才强国战略、乡村振兴战略，以促进就业为根本，进一步提高人力资源服务水平；以提高人力资源要素配置效率为导向，推动行业向专业化和价值链高端延伸；以培育壮大人力资源服务力量为抓手，进一步形成发展新动能；以建设高标准人力资源市场体系为目标，打造多层次、多元化的人力资源市场格局。加快构建中国特色的人力资源服务产业体系，为提高我国经济综合竞争力、持续改善民生、促进高质量发展提供有力支撑。

（二）评选目的与意义

人力资源是推动经济社会发展的第一资源，人力资源服务业是生产性服务业和现代服务业的重要组成部分，对推动经济发展、促进就业创业和优化人才配置具有重要作用。近年来，我国的人力资源服务业快速发展，新模式、新业态不断涌现，服务产品日益丰富，服务能力进一步提升。“十一五”以来，党和国家高度重视人力资源特别是人力资源服务业，党的十九大明确提出，要加快建设实体经济、科技创新、现代金融、人力资源协同发展的产业体系；在人力资本服务等领域培育新增长点、形成新动能。《国家中长期人才发展规划纲要》《关于加快发展服务业的若干意见》《人力资源和社会保障事业发展“十三五”规划纲要》《人力资源服务业发展行动计划》等文件对发展人力资源服务业提出了明确要求，要大力发展人力资源服务业，坚持“市场主导，政府推动”“融合创新，集聚发展”“促进交流，开放合作”的基本原则，到 2020 年，基本建立专业化、信息化、产业化、国际化的人力资源服务业体系，实现公共服务有效保障、经营性服务逐步壮大，服务就业创业与人力资源开发配置能力显著提高，人力资源服务业对经济增长贡献率稳步提升。

经过多年的努力，我国的人力资源服务业发展取得了长足的进步。2022 年 5 月，人力资源和社会保障部公布了 2021 年度人力资源市场建设和人力资源服务业发展情况，截至 2021 年底，全国共有各类人力资源服务机构 5.91 万家，从业人员 103.15 万人，年营业收入 2.46 万亿元，比 2020 年分别增长 29.08%、22.31%、20.89%。2021 年，全行业为 3.04 亿人次劳动者提供了各类就业服务，为 5099 万家次用人单位提供了专业支持。2021 年全国共举办各类招聘会 28.6 万场，网络招聘发布岗位信息 8.45 亿条，培训劳动者 2662.22 万人次，推荐高端人才 141.04 万人，管理流动人员人事档案 9584.02 万份，有力促进了就业大局稳定和人力资源顺畅流动配置。数据显示，人力资源服务业持续健康发展，在经济社会发展大局中发挥了积极作用。

因此，《中国人力资源服务业蓝皮书 2022》编委会延续传统，组织开展了 2021—2022 年促进人力资源服务业发展的十大事件评选活动（以下简称“十大事件”），重点描述和刻画中国人力资源服务业在过去一年的快速发展，以期让更多的人了解和认识中国人力资源服务业的发展动态，进一步提高全社会对人力资源服务业的关注，从而为我国人力资源服务业未来的高速发展打造良好的内外部环境。

（三）评选原则与标准

本次评选活动遵循“严格筛选、科学公正、公平合理、公开透明”的原则，在人力资源服务业蓝皮书编委会和相关顾问的指导下进行，整个评选活动严格按照预定的流程进行规范操作。此次大事件评选的标准如下：

1. 先进性，反映出行业发展的新趋势，能带动全行业朝向世界先进水平发展；

2. 开拓性，在行业的发展历程中具有里程碑式的意义；

3. 推动性，对行业的未来发展与变革起到了推动性的作用；

4. 典型性，与行业发展直接、高度相关，在行业发展中发挥了表率作用；

5. 影响性，具有广泛的社会影响力以及积极的社会反响。

（四）评选方式与程序

因为疫情防控的原因，本年度大事件的评选是在事件筛选的基础之上，采用线上评选与线下咨询的方式。经历事件采集与分类、评选、研究评定三个阶段，最终选出了本年度中国人力资源服务业十大事件。

第一阶段，事件采集与分类。我们一方面通过学术搜索、新闻检索、政府网站、行业网站、期刊、报纸等渠道对人力资源服务业的相关事件进行广泛的、粗放的、持续的搜集与整理，然后按照前述原则与标准对搜集到的所有事件进行初步的筛选；另一方面邀请了与人力资源服务业直接相关的政府机构、行业协会、企业以及从业人员等组织或个人对行业事件进行推荐与补充，充分听取意见与建议。在此阶段，编委会初步确定了 2021 年 8 月至 2022 年 7 月的人力资源服务业重大事件共 55 个，建立起备选事件库。备选事件库中的事件分为四类，分别是政策类 16 件、学术类 6 件、行业类 12 件、会议类 21 件。为了确保最终上榜事件与备选事件比例不低于 1 ∶ 3，编委会按照先进性、开拓性、推动性、典型性、影响性的标准又对初选事件进行了更加细化、更加深化的排名与筛选，最终筛选出 31 件事件进入第二阶段的评选，其中政策类 14 件、学术类 4 件、行业类 8 件、会议类 5 件，事件名称及内容详见表 2-4-1。

表 2-4-1 备选事件库中的事件及其相关说明

类别	序号（依据时间先后顺序）	事件名称	事件介绍	备注
政策类	1	人力资源社会保障部、国家发展改革委、交通运输部、应急部、市场监管总局、国家医保局、最高人民法院、全国总工会《关于维护新就业形态劳动者劳动保障权益的指导意见》	强调创新方式方法，积极为各类新就业形态劳动者提供个性化职业介绍、职业指导、创业培训等服务，及时发布职业薪酬和行业人工成本信息等，为企业和劳动者提供便捷化的劳动保障、税收、市场监管等政策咨询服务，便利劳动者求职就业和企业招工用工	
	2	国务院关于印发“十四五”就业促进规划的通知	提出要加快人力资源服务业高质量发展，提高人力资源市场规范化水平	
	3	人力资源社会保障部、国家发展改革委等 20 部门关于劳务品牌建设的指导意见	广泛动员各类培训机构、就业服务机构、创业孵化机构、咨询指导机构，为重点劳务品牌建设提供支撑	
	4	人力资源社会保障部、国家发展改革委、民政部、财政部关于实施提升就业服务质量工程的通知	强化零工市场支持，因地制宜建设劳动力市场、人才市场、零工市场，支持建设一批规范化零工市场。强化公共就业服务机构建设、经营性人力资源服务机构创新管理、就业服务社会组织培育，构建就业服务多元化供给机制	
	5	人力资源社会保障部、国家发展改革委、财政部、商务部、市场监管总局关于推进新时代人力资源服务业高质量发展的意见	新时代人力资源服务业总纲性质的文件，明确了未来人力资源服务业发展的指导思想、基本原则、发展目标、重点任务、政策措施	
	6	人力资源社会保障部关于公布《国家职业资格目录（2021 年版）》的公告	优化后的目录与 2017 年相比，职业资格减少了 68 项，削减 49%，有利于推动降低就业创业门槛；建立了水平评价类技能人员职业资格退出目录，改为实行社会化等级认定；人社部门退出技能人员职业资格具体实施工作，推动政府职能转变、形成以市场为导向的技能人才培养使用机制	

续表

类别	序号（依据时间先后顺序）	事件名称	事件介绍	备注
政策类	7	中共中央组织部、人力资源社会保障部等五部门关于印发《流动人员人事档案管理服务规定》的通知	要求进一步健全完善流动人员人事档案管理服务体系，推动流动人员人事档案工作科学化、制度化、规范化，促进人才资源顺畅有序流动	
	8	人力资源社会保障部办公厅关于发挥人力资源服务机构作用助推劳务品牌建设的通知	强调要把助推劳务品牌建设作为发展人力资源服务业的重要内容，充分发挥人力资源服务机构匹配供需、精准高效的专业优势，主动寻找结合点、发力点和突破点，努力为劳务品牌高质量发展提供优质高效的人力资源支撑	
	9	我国首批 12 家人力资源服务领域特色服务出口基地认定	人力资源和社会保障部、商务部联合认定了首批人力资源服务领域特色服务出口基地。中国北京人力资源服务产业园朝阳园、中国天津人力资源服务产业园、中国长春人力资源服务产业园、中国上海人力资源服务产业园等 12 家人力资源服务贸易发展基础良好、具有较强竞争力和影响力的园区被认定为人力资源服务出口基地	
	10	人力资源社会保障部关于健全完善新时代技能人才职业技能等级制度的意见（试行）	强调要健全职业技能等级制度体系，完善职业技能等级认定机制，促进职业技能等级认定结果与培养使用待遇相结合	
	11	人力资源社会保障部公布 2021 年度人力资源市场建设和人力资源服务业发展情况	数据显示，人力资源服务业持续健康发展，在经济社会发展大局中发挥了积极作用，行业规模持续扩大，稳就业促发展作用日益增强，服务内容日益丰富，产业园体系不断完善，对外开放深入推进	
	12	人力资源社会保障部办公厅、国家发展改革委办公厅、商务部办公厅、国家乡村振兴局综合司、全国妇联办公厅关于进一步加强家政劳务品牌建设的通知	实施职业技能提升行动、康养职业技能培训计划、国家乡村振兴重点帮扶县职业技能提升工程	

续表

类别	序号（依据时间先后顺序）	事件名称	事件介绍	备注
政策类	13	人力资源社会保障部会同市场监管总局发布通知，部署开展为期2个月的清理整顿人力资源市场秩序专项行动	规范人力资源市场秩序，促进稳定和扩大就业。以打击虚假招聘为重点，规范人力资源服务机构经营行为，引导和推动通过市场化手段解决劳动者求职难问题；以打击“黑职介”为重点，进一步拓宽和畅通劳动者举报投诉渠道，清理各类非法职介活动，为劳动者提供优质安全高效的市场环境	
	14	人力资源社会保障部办公厅关于开展人力资源服务机构稳就业促就业行动的通知	组织国家级人力资源服务产业园、国家级人才市场和人力资源服务机构，广泛收集机关事业单位、各类企业、重大项目等高校毕业生需求计划，集中推荐优质就业岗位。持续举办“国聘行动”、“全国人力资源市场高校毕业生就业服务周”、人力资源服务进校园进企业等专项活动	
学术类	1	《中国人力资源发展报告（2021）》	从人力资源、人才工作、公共部门人事管理、就业创业、收入分配、劳动关系、社会保险、人力资源服务业等方面总结了一年来中国人力资源发展面临的主要问题与挑战，分析了今后一段时期人力资源发展的总体走向和态势	
	2	《中国人力资源服务业蓝皮书2021》	分析了在新的宏观形势下，人力资源服务行业高质量发展面临新的机遇与挑战，并对人力资源服务行业发展现状进行了总结、归纳，对人力资源服务行业发展趋势进行了展望	
	3	人力资源社会保障部《人力资源服务》杂志创刊	《人力资源服务》杂志是助推人力资源服务业发展的重要载体，坚持正确的政治方向和办刊导向，紧贴发展大局、紧贴行业实际、紧贴群众需要，打造高水平的政策宣传窗口、实践创新阵地、交流合作平台，为推动人力资源服务业高质量发展作出贡献	

续表

类别	序号（依据时间先后顺序）	事件名称	事件介绍	备注
学术类	4	《构建中国特色人力资源服务产业体系——第一届全国人力资源服务业发展大会研讨集》	聚焦第一届全国人力资源服务业发展大会丰硕成果，邀请来自政府主管部门、科研院所、大型央企和行业领军企业的各界代表，研究探讨人力资源服务业的机遇和挑战，剖析行业发展供给和需求两端矛盾，为行业发展贡献了思想智慧和创新理念	
行业类	1	中智发布《中国人力资源服务供需调查报告》	报告显示近年来人力资源服务业保持高速增长，但供需两端也出现了一些新变化、新趋势，高端业态将迎来重大发展机遇，人力资源服务机构的专业化、数字化、国际化水平还需进一步提升	
	2	2021年中国国际服务贸易交易会人力资源服务主题活动在北京首钢园区举行	本次活动以“抢抓数字经济创新机遇，赋能人力资源服务发展”为主题，是2021年中国国际服务贸易交易会的重要内容。活动强调，人力资源服务业要以促进就业为根本，进一步提高要素配置效率，着力培育壮大服务力量，加快建设高标准人力资源市场体系	
	3	上海外服控股集团股份有限公司A股股票上市仪式在上交所隆重进行	标志着A股主板迎来人力资源服务第一股	
	4	2021年全国人力资源市场高校毕业生就业服务周活动	由人力资源社会保障部主办，人力资源流动管理司、全国人才流动中心承办，各省、自治区、直辖市及新疆生产建设兵团人力资源社会保障厅（局）协办，各国家级和省市级人力资源服务产业园、国家级人才（人力资源）市场及各级公共就业和人才服务机构具体组织实施，鼓励人力资源服务产业园举办专场招聘活动	

续表

类别	序号（依据时间先后顺序）	事件名称	事件介绍	备注
行业类	5	第一届全国人力资源服务行业联合招聘活动	是首次举办全国性人力资源服务行业招聘活动，也是首次由国家级、省级、市级人力资源服务行业协会联动组织的行业招聘活动，也是全国人力资源服务行业协会贯彻落实就业优先战略、人才强国战略，服务会员、服务行业、服务政府、服务社会的有益尝试	
	6	“不负韶华 国聘行动”人力资源服务产业园专场	充分发挥人力资源服务产业园和各类人力资源服务机构资源配置优势，促进市场化就业、推动供需有效对接，开展人力资源服务机构联合招聘、重点企业用工支持、重点群体就业服务等工作，着力破解就业结构性矛盾，为稳就业保就业提供有力支撑	
	7	北京人力资源服务行业协会加入全球服务贸易联盟	服贸联盟是由世界各国和地区商业/行业协会、公司企业、专业机构或组织自愿结成的国际性、行业性、非营利性社会组织，宗旨是促进国际服务贸易领域间的交流合作，培育服务业新模式、新业态，优化服务贸易标准和规则，推动服务业和服务贸易开放、创新、融合发展	
	8	北京城乡（600861.SH）与北京外企（北京外企人力资源服务有限公司，英文简称“FESCO”）重组项目获无条件通过	有利于优化国有资本布局，有利于推动优质资产证券化，更有利于发挥北京外企在人力资源服务领域专业优势，更好服务首都人才战略	
会议类	1	环球人力资源智库（GHR）举办“2021 环球人力资源盛典”	根据多维度的评选标准，最终决出六类人力资源行业大奖：年度影响力人力资源服务机构、年度优选人力资源服务机构、年度突破创新人力资源服务机构、GHR 年度卓越人力资源经理人、年度企业人力资源优秀案例、年度人力资源影响力人物	

续表

类别	序号（依据时间先后顺序）	事件名称	事件介绍	备注
会议类	2	人力资源社会保障部在京召开人力资源服务业高质量发展暨《人力资源服务》杂志创刊座谈会	人力资源社会保障部党组书记、部长张纪南作出批示，指出近年来我国人力资源服务业取得长足发展，为亿万劳动者求职择业和广大用人单位招聘用工提供了专业化服务，有力促进了就业大局稳定和人力资源顺畅流动配置	
	3	全国人力资源流动管理工作电视电话会召开	强调聚焦稳就业保就业和促进人才顺畅有序流动，进一步加强高标准人力资源市场建设，推动人力资源服务业高质量发展，着力引导鼓励高校毕业生到基层工作，提升人才流动公共服务水平	
	4	2022 粤港澳大湾区人才战略与创新发展论坛	论坛聚焦人才高地建设研究，为高水平人才高地建设和政府人才管理政策提供决策参考意见，为企事业单位在大湾区高水平人才高地的建设提供崭新思路，为学界研究人才高地的理论与实践创新问题提供新的视角和多元建议	
	5	2022 年中国人力资源服务业发展战略高端论坛暨成果发布会	北京大学人力资源开发与管理研究中心主办的 2022 年中国人力资源服务业发展战略高端论坛暨《中国人力资源服务业蓝皮书 2021》发布会，采用线下线上结合方式举办。中央人民广播电视总台（移动网络电视频道）面向全国政企学产研机构的相关观众进行了全程开放直播，国家人社部《人力资源服务》杂志社等媒体进行了支持	

第二阶段，评选。本阶段的主要目标是通过线上投票和线下投票结合的形式，对 31 个大事件进行进一步的筛选。编委会依据第一阶段的结果在问卷星上制作了问卷，在相关协会、企业的网站以及北京大学人力资源开发与管理研究中心网站发布。此外，还向参与第一阶段事件推荐的各单位通过微信公众号、专业微信群进行了广泛而又集中的投放，包括中国对外服务

协会、上海对外服务协会、各地人力资源服务行业协会以及中国人力资源研究会测评专业委员会等，网络投票持续 1 个月左右，该通道保持持续开放，问卷的最后一项邀请参与投票的人员补充他们认为重要的事件进入备选事件库，旨在防止出现遗漏重大事件的情况。在此阶段，我们还通过电话的方式与行业的一流专家学者进行了一对一的沟通，请他们补充、推荐事件。通过回收和统计，对 31 个大事件按照得票率高低进行排序，最终结果如表 2-4-2 所示。

表 2-4-2　31 个候选事件得票比例汇总

排序	事件名称	总得票率
1	2022 年 3 月，《中国人力资源服务业蓝皮书 2021》由人民出版社出版	87.5%
2	2021 年 11 月 8 日，人力资源社会保障部、国家发展改革委、财政部、商务部、市场监管总局印发《关于推进新时代人力资源服务业高质量发展的意见》	70%
3	2021 年 7 月 16 日，人力资源社会保障部、国家发展改革委、交通运输部、应急部、市场监管总局、国家医保局、最高人民法院、全国总工会《关于维护新就业形态劳动者劳动保障权益的指导意见》	62.5%
4	2021 年 8 月 23 日，国务院关于印发"十四五"就业促进规划的通知	61.25%
5	2022 年 5 月 29 日，2022 年中国人力资源服务业发展战略高端论坛暨成果发布会在广州举办	52.5%
6	2022 年 6 月，人力资源社会保障部人力资源流动管理司、重庆市人力资源和社会保障局共同编写的《构建中国特色人力资源服务产业体系——第一届全国人力资源服务业发展大会研讨集》由中国人力资源和社会保障出版集团正式出版	41.25%
7	2022 年 4 月 24 日，人力资源社会保障部在京召开人力资源服务业高质量发展暨《人力资源服务》杂志创刊座谈会	41.25%
8	2021 年 7 月 28 日，中智发布《中国人力资源服务供需调查报告》	38.75%
9	2021 年 12 月 23 日，"第一届全国人力资源服务行业联合招聘活动"在北京启动	35%
10	2022 年 7 月 13 日，北京城乡（600861.SH）与北京外企（北京外企人力资源服务有限公司，英文简称"FESCO"）重组项目获无条件通过	31.25%
11	2022 年 6 月 30 日，人力资源社会保障部办公厅关于开展人力资源服务机构稳就业促就业行动的通知	30%
12	2022 年 1 月 14 日，由环球人力资源智库（GHR）举办的"2021 环球人力资源盛典"在上海举行	30%
13	2022 年 4 月，人力资源社会保障部《人力资源服务》杂志创刊	28.75%

续表

排序	事件名称	总得票率
14	2021 年 11 月 1 日,《中国人力资源发展报告(2021)》由社会科学文献出版社出版	27.5%
15	2022 年 5 月 28 日,2022 粤港澳大湾区人才战略与创新发展论坛在广州举办	27.5%
16	2021 年 11 月 8 日至 21 日,人力资源社会保障部举办 2021 年全国人力资源市场高校毕业生就业服务周活动	26.25%
17	2022 年 6 月 7 日,北京人力资源服务行业协会加入全球服务贸易联盟	26.25%
18	2021 年 10 月 29 日,上海外服控股集团股份有限公司 A 股股票上市仪式在上交所隆重进行	23.75%
19	2022 年 5 月 18 日,全国人力资源流动管理工作电视电话会召开	23.75%
20	2022 年 3 月 18 日,人力资源社会保障部关于健全完善新时代技能人才职业技能等级制度的意见(试行)	22.5%
21	2022 年 3 月 8 日,人社部发布《人力资源社会保障部办公厅关于发挥人力资源服务机构作用助推劳务品牌建设的通知》	22.5%
22	2022 年 5 月 25 日,“不负韶华 国聘行动”人力资源服务产业园专场正式启动	20%
23	2021 年 9 月 6 日,2021 年中国国际服务贸易交易会人力资源服务主题活动在北京首钢园区举行	20%
24	2021 年 12 月 29 日,中共中央组织部、人力资源社会保障部等五部门关于印发《流动人员人事档案管理服务规定》的通知	20%
25	2021 年 11 月 23 日,人力资源社会保障部关于公布《国家职业资格目录(2021 年版)》的公告	17.5%
26	2021 年 9 月 12 日,人力资源社会保障部、国家发展改革委、民政部、财政部关于实施提升就业服务质量工程的通知	17.5%
27	2021 年 8 月 24 日,人力资源社会保障部、国家发展改革委等 20 部门关于劳务品牌建设的指导意见	16.25%
28	2022 年 3 月,我国首批 12 家人力资源服务领域特色服务出口基地认定	13.75%
29	2022 年 6 月 17 日,人力资源和社会保障部会同市场监管总局发布通知,部署开展为期 2 个月的清理整顿人力资源市场秩序专项行动	13.75%
30	2022 年 6 月 14 日,人力资源社会保障部办公厅、国家发展改革委办公厅、商务部办公厅、国家乡村振兴局综合司、全国妇联办公厅关于进一步加强家政劳务品牌建设的通知	11.25%
31	2022 年 3 月 18 日,人力资源社会保障部关于健全完善新时代技能人才职业技能等级制度的意见(试行)	11.25%

第三阶段，研究评定。本阶段的主要目标是对第二阶段的投票结果进行研究评定，在尊重公开投票结果的基础之上，咨询人力资源服务业领域的资深专家的意见与建议，最终推选出3件政策类、2件学术类、3件行业类、2件会议类事件，作为2021—2022年度中国人力资源服务业十大事件，表2-4-3总结归纳了十大事件的名称、入选理由以及影响力指数。

表2-4-3　中国人力资源服务业2021—2022年度十大事件

事件类型	事件名称	入选理由	影响力指数
政策类	2021年7月16日，人力资源社会保障部、国家发展改革委、交通运输部、应急部、市场监管总局、国家医保局、最高人民法院、全国总工会《关于维护新就业形态劳动者劳动保障权益的指导意见》	《意见》针对所有新就业形态劳动者享受劳动保障等公共服务方面的痛点、难点问题，提出了优化就业服务、社会保险经办、职业技能培训、工作和生活服务保障等方面的措施	★★★★★
	2021年8月23日，国务院印发《"十四五"就业促进规划》	该规划提出要加快人力资源服务业高质量发展，提高人力资源市场规范化水平	★★★★★
	2021年11月8日，人力资源社会保障部、国家发展改革委、财政部、商务部、市场监管总局关于推进新时代人力资源服务业高质量发展的意见	意见明确了新时代人力资源服务业高质量发展的目标、重点任务以及政策措施，对加快推进人力资源服务业高质量发展提出了纲领性意见	★★★★★
学术类	2022年3月，《中国人力资源服务业蓝皮书2021》由人民出版社出版	多维度呈现新时代我国人力资源服务业的发展状况、特色亮点和新进展	★★★★★
	2022年6月，《构建中国特色人力资源服务产业体系——第一届全国人力资源服务业发展大会研讨集》正式出版	第一届全国人力资源服务业发展大会成果集结，研究探讨人力资源服务业的机遇和挑战，剖析行业发展供给和需求两端矛盾，为行业发展贡献了思想智慧和创新理念	★★★★★
行业类	2021年7月28日，中智发布《中国人力资源服务供需调查报告》	系统地反映行业环境的新变化，全面展现中国人力资源服务业的供给和需求现状、存在的主要问题和发展趋势，助力就业有限战略和人才强国战略的实施	★★★★★

续表

事件类型	事件名称	入选理由	影响力指数
行业类	2021 年 12 月 23 日，“第一届全国人力资源服务行业联合招聘活动”在北京启动	首次举办的全国性人力资源服务行业招聘活动，也是首次由国家、省、市级人力资源服务行业协会联合组织的行业招聘	★★★★★
	2022 年 7 月 13 日，北京城乡（600861.SH）与北京外企（北京外企人力资源服务有限公司，英文简称“FESCO”）重组项目获无条件通过	本次交易完成后，北京城乡主营业务将变更为人力资源服务，包括人事管理服务、薪酬福利服务、业务外包服务、招聘及灵活用工服务等。本次交易有利于上市公司探索新业务转型、寻求新利润增长，有利于提升上市公司盈利能力和综合实力；有利于充分发挥北京外企在人力资源服务领域专业优势，更好服务首都人才战略	
会议类	2022 年 4 月 24 日，人力资源社会保障部在京召开人力资源服务业高质量发展暨《人力资源服务》杂志创刊座谈会	人力资源社会保障部党组书记、部长张纪南作出批示，部党组成员、副部长俞家栋出席会议并讲话。部属相关单位以及部分人力资源服务机构、中央企业、行业协会学会负责同志以及专家学者代表参会。《人力资源服务》杂志是由人力资源社会保障部主管、人力资源和社会保障部流动管理司指导的全国人力资源服务行业唯一专业刊物	★★★★★
	2022 年 5 月 29 日，2022 年中国人力资源服务业发展战略高端论坛在广州举办	聚焦人力资源服务业高质量发展，采用线下线上结合方式举办，来自政界、企业界、学界与媒体界的领导、学者与同仁等近 50 位嘉宾线上线下出席论坛，线上收看人数接近 15 万人	★★★★★

二、十大事件述评

为了贯彻大事件评选过程中秉持的先进性、开拓性、推动性、典型性、影响性这五大标准，编委会以这五个标准为框架对十大事件分别进行述评，每个类别下以事件发生的时间先后为序。

（一）政策类事件

1. 2021 年 7 月 16 日，人力资源社会保障部、国家发展改革委、交通运输部、应急部、市场监管总局、国家医保局、最高人民法院、全国总工会《关于维护新就业形态劳动者劳动保障权益的指导意见》

事件提要：

2021 年 7 月 16 日，人力资源社会保障部、国家发展改革委、交通运输部、应急部、市场监管总局、国家医保局、最高人民法院、全国总工会《关于维护新就业形态劳动者劳动保障权益的指导意见》（以下简称《指导意见》）。

《指导意见》的出台背景是平台经济的迅速发展，创造了大量就业机会，依托互联网平台就业的网约配送员、网约车驾驶员、货车司机、互联网营销师等新就业形态劳动者数量大幅增加，维护劳动者保障权益面临新情况新问题。

《指导意见》出台的主要目的在于深入贯彻落实党中央、国务院决策部署，支持和规范发展新就业形态，切实维护新就业形态劳动者劳动保障权益，促进平台经济规范健康持续发展。

《指导意见》的总体考虑是，坚持发展和规范并重，统筹促进平台经济发展与维护新就业形态劳动者权益，适应平台用工形式和新就业形态劳动者就业方式，健全权益保障制度机制，明确平台企业责任，优化权益保障服务，切实维护劳动者劳动保障权益。

《指导意见》共 4 个方面 19 条。一是明确了劳动者权益保障责任。要求企业依法合规用工，积极履行用工责任，对符合确立劳动关系情形、不完全符合确立劳动关系情形但企业对劳动者进行劳动管理的新就业形态劳动者权益保障承担相应责任。平台企业采取劳务派遣、外包等合作用工方式的，与合作企业依法承担各自的用工责任。二是健全了劳动者权益保障制度。《指导意见》聚焦新就业形态劳动者权益保障面临的突出问题，健全了符合确立劳动关系情形、不完全符合确立劳动关系情形的新就业形态劳动者公平就业、劳动报酬、休息、劳动安全、社会保险等方面的制度，强化了职业伤害保障，完善了劳动者诉求表达机制。三是优化了劳动者权益保障服务。《指导意见》针对所有新就业形态劳动者享受劳动保障等公共服务方面的痛点、难点问题，提出了优化就业服务、社会保险经办、职业技能培训、工作和生活服务保障等方面的措施。四是完善了劳动者权益保障工作机制。《指导意见》要求各地区各有关部门协同推进新就业形态劳动者权益保障工作，出台具体实施办法，做好政策宣传，拓宽工会维权和服务范围，加强矛盾纠纷调处，加大监管力度，努力营造良好环境，切实维护新就业形态劳动者权益。

事件述评：

从先进性来看，《指导意见》出台的背景是我国平台经济的快速发展和新就业形态已成为劳动者就业增收的重要渠道。网约配送员、网约车驾驶员、网约货车司机、互联网营销师等新就业形态劳动者数量大幅增加。由于平台的用工形式和新就业形态劳动者的就业方式相对灵活，大量新就业形态劳动者难以与企业直接确认劳动关系，难以简单纳入我国现行劳动法律调整，其权益保障面临新情况新问题。维护好新就业形态劳动者劳动保障权益，事关更充分更高质量就业、事关公平正义、事关社会和谐稳定。党中央、国务院对此高度重视，要求及时补齐制度短板，维护好快递员、网约工、货车司机等就业群体的合法权益，明确平台企业劳动保护责任。《指导意见》及相关政策的出台和实施，有利于支持和规范发展新就业形态，有利于人力资源服务业创新方式方法，提升效能，优化劳动者权益保障服务。

从开拓性来看，《指导意见》是在全国总工会已经制定出台了《关于切实维护新就业形态劳动者劳动保障权益的意见》、市场监管总局牵头制定了《关于落实网络餐饮平台责任 切实维护外卖送餐员权益的指导意见》、交通运输部正在研究制定维护网约车驾驶员、货车司机权益的相关文件等基础之上，按照党中央、国务院的决策部署，由人社部与国家发改委、交通运输部、市场监管总局、全国总工会等 8 部门形成合力聚焦新就业形态劳动者劳动权益保障突出问题而制定的。《指导意见》的出台和实施为人力资源服务业带来了机遇，也提出了挑战，它要求人力资源服务业不断创新，规范发展网络招聘等人力资源服务，规范劳务派遣、人力资源服务外包、在线培训等人力资源服务，以加强新形态劳动者的社会保障为重点，着力解决劳务派遣和劳务外包中的保障缺失和不足问题，维护劳动者合法权益。

从推动性来看,《指导意见》的出台有利于促进人力资源服务机构发展细分行业市场,主动适应新就业形态发展趋势,围绕平台经济、共享经济、体验经济等新业态,积极为各类新就业形态劳动者提供个性化职业介绍、职业指导、创业培训等服务,及时发布职业薪酬和行业人工成本信息等,为企业和劳动者提供便捷化的劳动保障、税收、市场监管等政策咨询服务,便利劳动者求职就业和企业招工用工,摸索并提供适合新就业形态劳动者的职业技能培训模式,不断创新人力资源服务模式、内容、技术和产品,有效填补市场空缺,赢得先机。

从典型性来看,《指导意见》是我国关于维护新就业形态劳动者劳动保障权益的第一个总体规定,是在广泛听取企业、劳动者、地方、部门、专家学者等各方面意见的基础上,系统梳理国内外相关做法,经过反复研究、深入论证而最终制定出来的。其中一个主要的内容就是优化劳动者权益保障服务,针对所有新就业形态劳动者享受劳动保障等公共服务方面的痛点、难点问题,提出了优化就业服务、社会保险经办、职业技能培训、工作和生活服务保障等方面的措施,有利于以市场需求为导向,适应经济结构转型对人力资源服务的现实需求,推动人力资源服务业纵深发展,优化人力资源服务业供给结构,创新人力资源服务发展机制,增强新就业形态劳动者的获得感、幸福感、安全感,促进平台经济规范健康持续发展。

从影响性来看,《指导意见》的出台具有广泛的社会影响力,引起了社会的广泛关注。在搜索引擎上以《关于维护新就业形态劳动者劳动保障权益的指导意见》为关键词进行搜索,获得约 467000 条结果。2021 年 8 月 18 日,国务院举办了"维护新就业形态劳动者劳动保障权益指导意见国务院政策例行吹风会",人力资源社会保障部副部长游钧向媒体介绍了《指导意见》出台的有关情况,人力资源社会保障部劳动关系司司长聂生奎、交通运输部运输服务司负责人李华强、市场监管总局网络交易监督管理司司长庞锦、全国总工会法律工作部负责人黄龙回答了中经社新华财经、中央广播电视总台央视、海报新闻、封面新闻、香港紫荆杂志、凤凰卫视、红星新闻、上游新闻、21 世纪经济报道等媒体记者的提问。此外,《指导意见》印发后,各主管部门和地方结合部门和本地实际,按照要求纷纷制定了具体实施办法以贯彻落实。

2. 2021 年 8 月 23 日，国务院印发《“十四五”就业促进规划》

事件提要：

《“十四五”就业促进规划》（以下简称《规划》）依据《中华人民共和国国民经济和社会发展第十四个五年规划和 2035 年远景目标纲要》编制，提出了“十四五”时期促进就业的指导思想、基本原则、主要目标、重点任务和保障措施，是推动就业高质量发展的工作指引。

就业是最大的民生，也是经济发展最基本的支撑，“十四五”时期实现更加充分更高质量的就业，是推动高质量发展、全面建设社会主义现代化国家的内在要求，是践行以人民为中心发展思想、扎实推进共同富裕的重要基础。党中央、国务院始终高度重视就业工作。党的十九届五中全会和国家“十四五”规划纲要，为编制“十四五”时期的就业促进规划指明了方向。按照党中央、国务院的决策部署，从 2020 年开始，国家发展改革委与人力资源社会保障部会同有关方面扎实推进《规划》的编制工作。其中包括深入开展《“十三五”促进就业规划》的总结评估，组织开展了一系列前期重大课题研究，在《规划》编制的过程当中，加强与“十四五”规划纲要的衔接，广泛听取就业领域专家、地方、有关部门和单位的意见，汇聚众智、集合众力，充分咨询，深入论证，切实把各方面意见都吸收到《规划》中来。

《规划》坚持以习近平新时代中国特色社会主义思想为指导，以实现更加充分更高质量的就业为主要目标，实化量化“十四五”时期的促进就业重点任务，对“十四五”时期促进就业工作作出了全面部署，是推动今后一个时期就业高质量发展的系统指引。《规划》共 10 部分 28 条，分为三大板块。

第一板块重点阐述了发展环境、指导思想、基本原则和主要目标。

第二板块部署了七个方面的重点任务和十个专项行动。七个方面的重点任务包括坚持经济发展就业导向，不断扩大就业容量；强化创业带动作用，放大就业倍增效应；完善重点群体就业支持体系，增强就业保障能力；提升劳动者技能素质，缓解结构性就业矛盾；推进人力资源市场体系建设，健全公共就业服务体系；优化劳动者就业环境，提升劳动者收入和权益保障水平；妥善应对潜在影响，防范化解规模性失业风险。十个专项行动中有三个是延续了“十三五”就业规划中的行动，例如返乡入乡创业园建设、高校毕业生就业创业促进、人力资源服务业高质量发展。同时，适应新的形势变化，《规划》创新提出了七个行动计划：一是灵活就业人员和新就业形态劳动者的支持保障计划，鼓励灵活就业和新就业形态发展；二是提高区域就业承载力的重点任务，推动各地区就业协调发展；三是劳务品牌促就业计划，培育一批有地域特色、行业特征、技能特点的劳务品牌；四是易地扶贫搬迁群众就业帮扶巩固提升行动，实现搬迁群众搬得出、稳得住、逐步能致富；五是国家乡村振兴重点帮扶地区职业技能提升工程，促进这些地区劳动者提高技能，实现就业增收；六是提升就业服务质量工程，支持劳动力市场、人才市场、零工市场建设；七是就业失业统计监测调查能力提升计划，主要是为了强化风险预警预判能力。

第三板块主要提出了一些保障措施。

总体看，《规划》体现了“四个注重”：一是注重缓解结构性就业矛盾；二是注重政策的协同发力；三是注重社会大众关心的重点领域；四是注重解决长期性趋势性问题。

事件述评：

从先进性来看，《规划》是贯彻党中央、国务院决策部署的最新举措，是未来一个时期就业工作的重要指引。面对“十四五”时期的新机遇、新挑战，《规划》以实现更加充分更高质量就业为目标，以深入实施就业优先战略为主线，坚持市场主导、政府调控，注重政策、服务、培训、权益保障协同，努力推动就业事业高质量发展，支撑经济社会发展大局。《规划》主要的着力点有三个：一是扩容和提质双向发力，二是培训和服务双轮驱动，三是保重点和防风险双侧协同。其中培训和服务双轮驱动对人力资源服务业提出了新的要求，要求人力资源服务业充分发挥促进就业、人才配置等方面的作用，提高劳动力市场的供需匹配效率。《规划》中专栏 9 为“实施人力资源服务业高质量发展行动”，对人力资源服务业骨干企业培育计划、人力资源服务产业园建设计划、“一带一路”人力资源服务行动、人力资源服务行业促就业行动等作出了统一安排和部署，有利于加快人力资源服务业高质量发展的步伐。

从开拓性来看，《规划》围绕优化就业创业环境、稳定重点群体就业、提高劳动报酬、改善就业服务、保障劳动权益等社会大众普遍关心的重点领域提出了具体可行的政策举措。《规划》注重解决长期性趋势性问题，聚焦人口老龄化、人工智能技术应用等对未来一个时期劳动力供需产生较大影响的长期性、趋势性问题。在强化大龄劳动者就业帮扶、加强人工智能对就业影响的跟踪研判和协同应对、提升劳动者智能化技术通用技能等方面提出了一些有针对性甚至是突破性的措施。《规划》强调并凸显了人力资源服务业的行业特征与社会影响力，将人力资源服务业高质量发展纳入就业工作的范畴，为人力资源服务业的未来发展指明了新的方向，有利于充分调动人力资源服务行业各种积极因素，通过管理创新、技术创新、服务创新和产品创新，开创就业工作新局面。

从推动性来看，《规划》坚持以习近平新时代中国特色社会主义思想为指导，以实现更加充分更高质量的就业为主要目标，全面总结了“十三五”时期就业的成就，系统谋划了“十四五”工作，也勾勒了未来一个时期的发展蓝图，是推动今后一个时期就业高质量发展的系统指引。《规划》充分重视和体现了人力资源服务业在稳定和扩大就业方面所具有的特殊作用。人力资源服务业作为促进劳动者就业和职业发展、服务用人单位管理开发人力资源的专门行业，能够极大提升劳动者与岗位匹配的效率，有效解决劳动者与用人单位之间信息不对称问题，极大缓解企业“招工难”和劳动者“就业难”问题，是有效促进就业尤其是实现市场化社会化就业的重要力量。《规划》从就业的角度出发，引导支持各类人力资源服务机构和各级人力资源服务产业园，充分发挥自身优势，开展相关服务，有利于人力资源服务业培育新增长点、形成新动能，为“十四五”期间的就业工作提供高质量高效能的人力资源服务支撑。

从典型性来看，《规划》明确提出要“推进人力资源市场体系建设，健全公共就业服务体系”，要“持续加强统一规范的人力资源市场体系建设，着力打造覆盖全民、贯穿全程、辐射全域、便捷高效的全方位公共就业服务体系，提升劳动力市场供需匹配效率”。根据《规划》，建设高标准人力资源市场体系的首要内容是“加快人力资源服务业高质量发展”，推动人力资源服务与实体经济融合发展，引导人力资源服务机构围绕产业基础高级化、产业链现代化提供精准专业服务，持续开展人力资源服务机构联合招聘、重点行业企业用工、重点群体就业、促进灵活就业、劳务协作等服务；提高人力资源市场规范化水平，规范实施人力资源服务许可，持续优化人力资源市场环境，完善人力资源服务机构信用评价标准和制度。以上有利于推动人力资源服务业细化专业分工，向价值链高端延伸，着眼经济社会发展的现实需要，以就业优先战略为引领，以促进就业为根本，进一步提高人力资源服务水平，立足人力资源新特点和行业发展基础，多点着力，协同推进。

从影响性来看，《规划》是贯彻党中央、国务院决策部署的最新举措，是未来一个时期就业工作的重要指引，对人力资源服务业在未来一段时期服务就业优先战略具有战略引领的作用。《规划》的出台和实施引起了积极的社会反响。在搜索引擎上以《"十四五"就业促进规划》为关键词进行搜索，获得约 2240000 条结果。2021 年 8 月 30 日举行国务院政策例行吹风会，请人力资源社会保障部副部长李忠、国家发展改革委副秘书长高杲、人力资源社会保障部就业促进司司长张莹介绍《"十四五"就业促进规划》有关情况，并回答了中央广播电视总台央视、香港紫荆杂志、CNBC、封面新闻、中国财经报、中国新闻社等媒体记者的提问。此外，《规划》出台以后，各省、自治区、直辖市也都依据《规划》因地制宜制定了"十四五"就业促进规划。

3. 2021 年 11 月 8 日，《关于推进新时代人力资源服务业高质量发展的意见》

事件提要：

2021 年 11 月 8 日，人力资源社会保障部、国家发展改革委、财政部、商务部、市场监管总局印发《关于推进新时代人力资源服务业高质量发展的意见》（以下简称《意见》）。

《意见》首先阐明了出台背景：党的十八大以来，我国人力资源服务业发展取得明显成效，但在总量规模、服务功能、服务质量、专业化程度、国际竞争力等方面，还存在发展不平衡不充分、总体水平不高等问题。《意见》出台的目的是加快推进人力资源服务业高质量发展。

《意见》共 14 条，分为三大板块。

第一板块重点阐述了总体要求，包括指导思想、基本原则，阐明了行业规模、服务能力、发展水平和市场环境四个方面的发展目标。强调要以习近平新时代中国特色社会主义思想为指导，深入贯彻党的十九大和十九届二中、三中、四中、五中全会精神，立足新发展阶段，贯彻新发展理念，服务构建新发展格局，围绕实施就业优先战略、人才强国战略、乡村振兴战略，以促进就业为根本，进一步提高人力资源服务水平。

第二板块阐述重点任务。包括大力提升人力资源服务水平，进一步推动创新发展；不断强化人力资源支撑经济高质量发展作用，进一步推动协同发展；健全完善高水平人力资源服务产业园体系，进一步推动集聚发展；着力促进人力资源服务助力共建“一带一路”，进一步推动开放发展；抓紧建设高标准人力资源市场体系，进一步推动规范发展。

第三板块提出了具体的政策措施。包括实行财政支持政策；落实税收优惠政策；拓宽投融资渠道；完善政府购买服务；夯实发展基础；加强人才保障。

事件述评：

从先进性来看，《意见》明确了新时代人力资源服务业的指导思想、基本原则和发展目标，为人力资源服务业实现高质量发展设定了框架和路径，要求人力资源服务业要立足新发展阶段，贯彻新发展理念，服务构建新发展格局，围绕实施就业优先战略、人才强国战略、乡村振兴战略，以促进就业为根本，进一步提高人力资源服务水平；以提高人力资源要素配置效率为导向，推动行业向专业化和价值链高端延伸；以培育壮大人力资源服务力量为抓手，进一步形成发展新动能；以建设高标准人力资源市场体系为目标，打造多层次、多元化的人力资源市场格局。加快构建中国特色的人力资源服务产业体系，为提高我国经济综合竞争力、持续改善民生、促进高质量发展提供有力支撑。《意见》突出宏观统筹，围绕制约人力资源服务业高质量发展的薄弱环节和共性问题部署任务，从而为人力资源服务业发展提供了更优更实的政策支持，进一步强化人力资源服务业促进社会化就业、发挥我国人力资源优势、服务经济社会的作用。

从开拓性来看，《意见》以总体要求、重点任务、政策措施为框架，为新时代我国人力资源服务业高质量发展描绘了一个路线图，指明了人力资源服务业未来的发展方向。要求人力资源服务业行业规模不断扩大，“到2025年，行业营业收入突破2.5万亿元，人力资源服务机构达到5万家，从业人员数量达到110万。培育50家骨干龙头企业。国家级人力资源服务产业园达到30家左右”。服务能力持续增强，“人力资源服务产品更优、质量更高。匹配人力资源供给与需求的效率更高。公共服务与经营性服务相互补充、并行发展。行业整体竞争力和全球资源配置能力明显增强”。发展水平显著提升，“人力资源服务专业化、标准化、规范化、数字化、国际化水平明显提升。功能完善、布局合理的行业发展格局基本形成”。市场环境日益优化，“人力资源服务业政策法规体系、诚信服务体系、服务标准体系健全完善。市场监管更加有力。对外开放合作领域不断拓展。营商环境进一步优化”。发展目标的明确有利于人力资源服务业发展适应新形势、新要求，聚力实现高质量发展新突破，加快构建中国特色的人力资源服务产业体系。

从推动性来看，《意见》强调要以市场需求为导向，推动人力资源服务管理创新、技术创新、服务创新、产品创新；要深化人力资源供给侧结构性改革，构建人力资源与实体经济、科技创新、现代金融协同发展的产业体系，持续为新型工业化、信息化、城镇化、农业现代化培养和输送人才；要围绕国家区域重大战略，依托中心城市，在国家级新区、高新技术产业开发区、经济技术开发区等产业聚集区域，继续培养建设一批国家级人力资源服务产业园；要扩大人力资源服务领域对外开放，深度融入全球人才链、产业链、创新链；要健全人力资源市场管理法规，开展高标准人力资源市场体系建设行动，规范人力资源服务，加强人力资源市场监测预测和风险预警。《意见》不仅为人力资源服务业未来发展与变革指明了方向，还提供了清晰的发展路径，有利于促进人力资源服务行业培育新增长点、形成新动能，通过综合施策，推进新时代人力资源服务业高质量发展，为经济社会高质量发展提供优质高效的人力资源服务支撑。

从典型性来看，《意见》立足新发展阶段，贯彻新发展理念，服务构建新发展格局，就“十四五”时期我国人力资源服务业发展的总体要求、重点任务和政策措施进行了规划部署，是第一个以“新时代人力资源服务业高质量发展”为核心内容的中央文件，为人力资源服务业的发展提供战略性的政策支持和指引，有助于人力资源服务业立足产业根本，更加充分发挥核心职能，以促进经济高质量发展和提升就业质量为目标，在精准匹配、顺畅流动等方面全面发力，切实提升人力资源服务的功能作用；有助于拓展产业空间，形成以人力资源服务业为主轴的现代生产性服务集群，立足战略定位和战略规划，切实提高水平，主动融入国内国际双循环，培育新的增长点、形成新动能，助力国家战略，为经济建设和民生事业进步提供强有力的支撑。

从影响性来看，《意见》的出台是人力资源社会保障部推动人力资源服务业实现高质量发展的系列新举措之一，在行业内外引起了积极且强烈的反响。在搜索引擎以《关于推进新时代人力资源服务业高质量发展的意见》为关键词进行搜索，获得约 1650000 条结果；《意见》出台以后，搜狐网、新浪网等主流媒体进行了报道；各个省、自治区、直辖市、地级市、县也因地制宜，根据《意见》分别制定了相应的人力资源服务业高质量发展意见。

（二）学术类事件

1. 2022 年 3 月，《中国人力资源服务业蓝皮书 2021》由人民出版社出版

事件提要：

2022 年 3 月，《中国人力资源服务业蓝皮书 2021》（以下简称《蓝皮书 2021》）由人民出版社出版，该书编写指导单位为人力资源和社会保障部人力资源流动管理司，编写组织单位为北京大学人力资源开发与管理研究中心。这是自 2007 年以来北京大学人力资源开发与管理研究中心出版发行的第十五本蓝（白）皮书。

为了更好发挥人力资源服务业科学研究促进人力资源服务业高质量发展的作用，全面展现人力资源服务业对实施人才强国战略的助推效能，在国家人力资源和社会保障部人力资源流动管理司的支持与指导下，北京大学继续推出了《蓝皮书 2021》，秉承推动人力资源服务业更好更快发展的宗旨，对 2020 年 8 月 1 日至 2021 年 7 月 31 日期间中国人力资源服务业的发展状况进行了深入调查和系统梳理，并结合专业前沿理论对年度内行业实践的状况进行了主要政策法规概述、发展状况与成就描述、先进经验等的介绍；对于全国各地人力资源服务业发展的政治环境、社会环境、经济环境与实际发展水平进行了量化评价与分析；进行年度十大事件评选；尤其是该书首次对于粤港澳大湾区人力资源服务业发展、“一带一路”沿线国家拓展人力资源服务业以及中国人力资源服务业的国际发展战略作了初步探索与总

结概述，力图更加宏观全面地展现当前中国及"一带一路"沿线国家人力资源服务业发展现状、前景、机遇与挑战。

《蓝皮书 2021》共分为三个部分。

第一部分为年度报告篇，共分为三章。第一章主要展示和分析了 2020 年 8 月至 2021 年 7 月中国人力资源服务业有重大影响的法律法规政策及其新变化。亮点在于对政策背景的阐释及对政策的解读，使读者能够深刻理解并及时把握人力资源服务业发展变化的新趋势和新动向。第二章较为客观与全面地反映了 2021 年度我国人力资源服务业发展的状况与趋势，包括技术手段、脱贫与乡村振兴、后疫情发展等部分。亮点在于对全国第一届人力资源服务业大会的价值分析、对"十四五"行业发展的展望、"一带一路"以及"走出去"的相关思考，以期对政策分析和学术研究提供一定参考。第三章基于政府政策与一线企业实践的视角，选择了广东省人力资源和社会保障厅以及广东南粤集团有限公司作为案例，对其先进经验和突出贡献进行了介绍。

第二部分为专题报告篇，包括七章。第一章是人力资源服务业各省区市重视度与发展度分析，包括各地公众对人力资源服务业的关注度、各地政府对人力资源服务业的重视度、各地非政府组织对人力资源服务业的关注度。第二章论述了双循环下人力资源服务业发展环境指数与各省区市水平排名。第三章是各省区市人力资源服务业发展竞争力评价与排名，论述了全国各省区市人力资源服务业发展竞争力评价指标体系及评价结果分析，并在总结分析的基础上，提出了促进人力资源服务业发展的政策建议。第四章是年度十大事件评选，较好地覆盖了人力资源服务业发展的各个维度。第五章是新增章节，在蓝皮书中第一次全面揭示与展示了粤港澳大湾区 11 个地市人力资源服务业发展的现状、政策内容与发展环境差异。第六章也是新增章节，介绍了中国在"一带一路"沿线国家拓展人力资源服务业的机遇与挑战。第七章首次以"一带一路"的视角切入，分析人力资源服务业的人才新需求。

第三部分为 2020 年 8 月至 2021 年 7 月中国大陆出版发表的有关中国人力资源服务业方面的研究成果名录，其中还专门收集了有关人力资源服务业研究方面的博士、硕士论文。

事件述评：

从先进性来看，《蓝皮书 2021》持续关注、并深入分析了 2021 年度中国人力资源服务业整体变化的特征与趋势，全面展现了人力资源服务业的发展态势。《蓝皮书 2021》在结构上进行了创新性的调整，并对内容进行了全面的更新、丰富和创新，持续关注我国人力资源服务业政策法规发展的新内容、业态发展的新亮点和新机遇；持续对中国各地人力资源服务业发展环境、发展水平与竞争力进行量化评价的研究；继续从公众、政府、非政府组织三大群体的视角出发，通过大数据方法和文本分析方法对主流社交媒体、纸质媒介、网站、各省政府工作报告以及相关政策法规、规划文件进行数量统计和内容分析，揭示我国各省区市对人力资源服务业的重视程度及发展情况；持续进行十大事件评选与评述；并首次对粤港澳大湾区人力资源服务业、"一带一路"沿线国家拓展人力资源服务业、中国人力资源服务业的国际发展战略进行了初步探索与总结。《蓝皮书 2021》系统、全面、深入地总结和反映了 2021 年度人力资源服务业的发展动向与趋势，为人力资源服务行业未来的政策分析和学术研究提供了宝贵的参考资料，带动行业进一步创新、增长。

从开拓性来看，与《蓝皮书 2020》相比，《蓝皮书 2021》对结构进行了调整，并对内容进行了全面的更新、丰富和创新：揭示了 2020 年 8 月至 2021 年 7 月对我国人力资源服务业有重大影响的法律法规政策及其新变化，并对政策背景进行了阐释，对政策内容进行了解读；在探讨双循环背景与人力资源服务业发展格局之后，在新格局的新发展要求下进行人力资源服务业发展环境的评价研究，建立起了服务"人"、基于"源""技""外"的指标体系，更显导向性和创新性，并从紧跟新要求、防范信风险、落实新政策、推进新技术、探索新领域等方面指出改进方向；对人力资源服务业发展竞争力评价指标设计进行了调整和创新，对指标内部结构进行了优化，对评价结果进行了创新性呈现；首次在蓝皮书中全面分析粤港澳大湾区人力资源服务业发展状况、分析"一带一路"沿线国家拓展人力资源服务业的机遇与挑战、人力资源服务业的国际发展战略。《蓝皮书 2021》一方面确保了与以往蓝皮书、白皮书之间的一致性，另一方面又不断创新与开拓，力图更加全面、深刻、科学地展现我国人力资源服务业的发展脉络与发展特点。

从推动性来看,《蓝皮书2021》全面梳理了年度人力资源服务业的发展情况和发展趋势,记录并评述了2021—2021年度我国人力资源服务业在政策体系、机构人员、业态模式、开放水平等方面的发展与提高,提炼了行业发展的诸多亮点;以连续多年人力资源服务业发展水平位列全国第一的广东省作为典型案例,分享其成功经验,为人力资源服务机构及相关政府部门提供参考;依托新修订的指标体系对各省区市人力资源服务业的发展现状、发展潜力与竞争力进行了分析与评价、排序与分类,并对相关数据结果进行速度和效益的单项分析、纵向和横向的比较分析,最后基于相关分析与总结评价结果提出了相应的对策建议;在对大湾区人力资源服务发展状况进行深入分析的基础上论述了大湾区人力资源服务业的发展潜力,并提出建议;通过分析,指出中国人力资源服务业和相关机构在"一带一路"沿线国家拓展仍面临着政治风险、政策风险、经济风险等管理方面以及自然环境风险、人文环境风险等环境方面的诸多挑战;探讨了后疫情时代国际人力资源服务业发展的挑战与机遇,并提出面向国际的人力资源服务发展战略与建议。研究成果全面、系统,代表了当前我国人力资源服务业研究的最高水平,为"十四五"时期人力资源服务业的发展提供了精准有效的智力支持。

从典型性来看,《蓝皮书2021》以人力资源服务业为唯一的研究对象,聚焦人力资源服务业目前发展状况的展现及未来趋势的预测。通过分析,发现2021年给各地公众、政府及媒体对人力资源服务业的关注度稳中有增,各地人力资源服务业相关行业协会在数量及作用发挥上都有一定进步;通过各地相关数据应用中国人力资源服务业五维度发展环境评价指数体系,结果显示各地存在较大差异和不同发展潜力,预示着不同地区有不同的发展着力点,进而提出"因势利导""因人而异""因地制宜""因力成事""因新乘变""因外为资"的对策;通过设计人力资源服务业发展水平评价指标体系,对各地区人力资源服务业发展水平进行了排序、分类,研究发现我国人力资源服务业整体发展环境持续优化,发展状态稳中向好,区域发展水平存在显著差异,人力资源服务业将成为区域经济增长的新引擎;评选并评述了人力资源服务业十大事件,从政策、著作、行业、会议四个类别分别展现人力资源服务业在2020年8月至2021年7月期间最具有代表性与前沿性的发展成果。《蓝皮书2021》展现了我国人力资源服务业理论和实践发展的全貌，既有宏观分析，又有微观研究，既有助于人力资源服务业从业人员、专家学者了解我国人力资源服务业的现状，又有助于他们把握未来发展的趋势，带动行业进一步创新、增长。

从影响性来看，《蓝皮书2021》由北京大学人力资源开发与管理研究中心组织编著，中心主任萧鸣政教授是我国人力资源领域的知名学者，国家"马工程"人力资源管理首席专家，中央组织部特邀专家，人力资源和社会保障部咨询委员会专家，中央电视台百家讲坛《品德与人力资源开发》专题讲座人，中国人才研究会副会长，中国人力资源开发研究会测评分会会长，广东财经大学人力资源学院院长、首席专家。自2006年开始，萧鸣政教授带领北京大学人力资源开发与管理研究中心研究团队与上海市对外服务有限公司合作，共同进行中国人力资源服务业发展问题研究，自2007年11月发布我国第一部《中国人力资源服务业白皮书》至今，已连续15年出版《中国人力资源服务业白（蓝）皮书》。《蓝皮书2021》的出版继续引起了广泛的社会关注，在搜索引擎上以"中国人力资源服务业蓝皮书2020"为关键词进行搜索，获得约417000条结果，人民网、新京报等媒体对此进行了专题报道；此外，蓝皮书的顾问委员会、专家委员会会聚了我国人力资源服务业的顶级专家、学者，在编写过程中吸收了来自国家人力资源社会保障部人力资源流动管理司张文淼司长等领导对该书及未来研究提出的一系列指导性意见，以及中外对外服务行业协会秘书长张艳珍女士、北京人力资源服务协会张宇泉书记与沈志歈秘书长、中国人事科学研究院任文硕研究员提出的宝贵建议，凝聚思想共识汇聚发展合力，立足"十四五"规划对人力资源服务的战略定位，推动人力资源服务业走好高质量发展之路。

2. 2022年6月，《构建中国特色人力资源服务产业体系——第一届全国人力资源服务业发展大会研讨集》正式出版

事件提要：

2022年6月，由人力资源社会保障部人力资源流动管理司、重庆市人力资源和社会保障局共同编写的《构建中国特色人力资源服务产业体系——第一届全国人力资源服务业发展大会研讨集》（以下简称"发展大会研讨集"）由中国人力资源和社会保障出版集团正式出版。

2021年7月28日至29日，中华人民共和国人力资源社会保障部、重庆

市人民政府在重庆举办了第一届全国人力资源服务业发展大会，以“新时代、新动能、新发展”为主题，集中展示人力资源服务业发展成果，加强供需对接，促进行业交流，推动新时代人力资源服务业快速健康发展。

此次大会是改革开放以来举办的首次全国性人力资源服务行业大会，设置“会、赛、展、论”四大板块活动，主要包括人力资源服务业成果产品展示会、人力资源服务供需对接洽谈会、人力资源服务业高质量发展论坛、“一带一路”人力资源服务合作发展峰会、中国人力资源服务业博士后学术交流会、全国人力资源服务大赛等多项活动。据人力资源社会保障部人力资源流动管理司统计，此次大会共有1001家人力资源服务机构和骨干企事业单位参会参展，1.1万余名观众现场观摩，158个人力资源服务业创新产品和项目路演宣讲，来自全国的96名人力资源服务专业选手同台竞技。上百名专家学者、领军人才、骨干企业负责人与会交流研讨，150个人力资源服务项目达成合作意向、签约总金额166亿元。社会各界高度关注，线上线下浏览点击量超788亿人次。

国务院总理李克强对第一届全国人力资源服务业发展大会作出重要批示，国务院副总理胡春华发表视频致辞。

《构建中国特色人力资源服务产业体系——第一届全国人力资源服务业发展大会研讨集》是第一届全国人力资源服务业发展大会成果集结。聚焦人力资源服务高质量发展，中国劳动和社会保障科学研究院院长莫荣围绕促进人力资源服务高质量发展的关键问题献言献策。国投人力、科锐国际、上海外服、中智集团等行业领军企业负责同志，结合本单位人力资源服务高质量发展成功成果，就数字化转型升级、人力资本产业发展、高质量服务创新、人力资源服务协同发展分享了经验，展望了人力资源服务业供需趋势下的发展远景。聚焦“一带一路”人力资源服务合作发展，人力资源社会保障部人力资源流动管理司张文森司长盘点了2017—2020年人力资源服务行业发展情况。重庆市人力资源和社会保障局石岗同志介绍了重庆市人力资源服务业发展情况。中国人事科学研究院副院长柳学智聚焦人力资源服务发展短板，探讨了行业国际化发展趋势。商务部国际贸易经济合作研究院欧亚研究所所长刘华芹梳理了“一带一路”国际经济合作现状和发展前景。中国铁路工程集团、上海外服、广州红海等国际合作发展领军企业结合本单位人力资源服务业国际合作发展成就，交流了行业发展“走出去”经验，探讨了如何共建“一带一路”、把握历史机遇。

事件述评：

从先进性来看，作为第一届全国人力资源服务业发展大会的重要活动，人力资源服务高质量论坛和“一带一路”人力资源服务合作发展峰会同步举办。人力资源服务高质量论坛以“新时代、高质量、新篇章”为主题，“一带一路”人力资源服务合作发展峰会以“开放、合作、共赢”为主题，共同探讨人力资源服务海外市场拓展与国际化问题，共同研究高水平开放与人力资源服务创新。来自政府主管部门、科研院所、大型央企和行业领军企业的各界代表共聚一堂，共商高质量发展的思路和对策。发展大会研讨集是第一届全国人力资源服务业发展大会成果的总结和集中展现，反映出人力资源服务业发展的最新趋势和行业最高水平的智力成果，能带动人力资源服务业向世界先进水平发展。

从开拓性来看，第一届全国人力资源服务业发展大会是我国人力资源服务业发展的一个新的里程碑，搭建了人力资源服务业“引进来、走出去”交流合作平台和人力资源服务行业学术交流平台，会聚了有关政府部门人员、专家学者、行业精英、企业高管、行业协会代表。作为其成果集结的发展大会研讨集，汇聚了参会人员的智力成果，有利于促进人力资源服务跨界融合与开放发展，提升人力资源服务业发展的国际化水平；围绕人力资源服务业高质量发展的重点问题、创新路径、未来趋势等进行深入探讨，有利于推进行业专业学科建设，为促进人力资源服务业高质量发展提供高端智库支持。

从推动性来看，发展大会研讨集是由人力资源社会保障部人力资源流动管理司、重庆市人力资源和社会保障局将人力资源服务高质量论坛和“一带一路”人力资源服务合作发展峰会的发言内容进行系统梳理、整理成集、汇编出版，具有权威效应。其中人力资源服务高质量论坛中发言人包括国投人力资源服务有限公司副总经理王旭，科锐国际人力资源股份有限公司董事长高勇，中国劳动和社会保障科学研究院院长莫荣，东浩兰生集团党委副书记、总裁、上海外服(集团)有限公司党委书记、董事长李栋，中国国际技术智力合作集团有限公司党委委员、副总经理徐晓冬；“一带一路”人力资源服务合作发展峰会中发言人包括人力资源社会保障部人力资源流动司司长张文淼，重庆市人力资源和社会保障局二级巡视员石岗，中国人事科学研究院副院长柳学智，商务部国际贸易经济合作研究院欧亚研究所所长刘华芹，中国铁路工程集团有限公司党委副书记、工会主席、执行董事王士奇，上海外服（集团）有限公司总裁高亚平，广州红海人力资源集团股份有限公司董事长熊颖。发言人在人力资源服务业内具有号召力，在推进新时代人力资源服务业高质量发展方面能充分发挥带头作用，引领行业的未来发展与变革。

从典型性来看，发展大会研讨集的内容包括“数字化时代人力资本产业的发展思考”“以高质量人力资源服务助力高质量发展”“促进人力资源服务高质量发展”“坚持‘四个协同’人力资源服务业助力中国经济高质量发展”“中国人力资源服务行业：供需趋势与对标一流”“加快发展人力资源服务业助力共建‘一带一路’高质量发展”“在‘一带一路’人力资源服务业合作发展峰会上的讲话”“‘一带一路’建设与人力资源服务”“‘一带一路’国际经济合作现状与发展前景展望”“践行‘一带一路’倡议 推动人力资源国际化发展”“借船出海 结伴出行 筑桥引路 聚才兴业”“积极融入大湾区服务‘一带一路’”，以人力资源服务业的发展战略与路径作为核心主题，展开了全方位的讨论与分享，与行业发展直接、高度相关，对推动新时代人力资源服务业高质量发展具有重要的指导与参考意义，在行业发展中发挥了表率作用。

从影响性来看，发展大会研讨集引起了广泛关注，在搜索引擎上以“构建中国特色人力资源服务产业体系（第一届全国人力资源服务业发展大会研讨集）”为关键词进行搜索，获得约 478000 条结果。该书基于第一届全国人力资源服务业发展大会，对相关成果进行总结、汇聚，以构建中国特色人力资源服务产业体系为主题，围绕人力资源服务业高质量发展的各个面向，提出了前沿性、原创性的建议和意见，代表了行业先进水平，对全国或区域人力资源服务业的未来发展提供了参考借鉴和思路。该书的出版具有广泛的社会影响力，有助于提升行业形象，进一步引起全社会对人力资源服务业的关注。

（三）行业类事件

1. 2021年7月28日，中国国际技术智力合作集团有限公司发布《中国人力资源服务供需调查报告》

事件提要：

2021年7月28日，在第一届全国人力资源服务业发展大会的“人力资源服务业高质量发展论坛”上，中国国际技术智力合作集团有限公司（以下简称“中智集团”）副总经理徐晓冬发布了首份全国人力资源服务供需调查报告（以下简称《供需调查报告》）。

《供需调查报告》显示，我国人力资源服务业发展势头迅猛，已经成为现代服务业的重要增长极。“十三五”期间，人力资源服务业的行业规模稳步增长，市场化水平不断提升，民营企业成为行业主体力量。行业持续发展潜力大、后劲足，东中西部地区行业发展势头良好，一些新兴的形式和模式也逐渐发展起来。但与党中央、国务院的要求相比，与社会市场的现实诉求相比，人力资源服务业发展的水平和质量仍然存在差距。

调查研究发现，从人力资源服务供给看，服务机构以小规模经营为主，行业呈高度分散特点；传统业务集中度高，高端业务开展不足；客户覆盖大中小型企业，较多为制造业领域企业；人力资源招聘、高端人才寻访、人力资源培训等业务大数据技术应用较多；未来，深耕细分领域、加强精细化布局和融合创新是服务机构的发展方向。从人力资源服务需求来看，企业对人力资源招聘、培训和信息化需求较高，制造、建筑领域需求广泛；未来员工赋能、信息化管理工具是企业的普遍期待，围绕提升组织竞争力和管理效能，加强专业技术技能人才等特定人才的引进、选拔与培养成为企业关注焦点。

《供需调查报告》包括四章内容：第一章是“我国人力资源服务总体情况”；第二章是“我国人力资源服务供给分析”；第三章是“我国人力资源服务需求分析”；第四章是“我国人力资源服务趋势展望”。

事件述评：

从先进性来看，《供需调查报告》是中智集团自2020年12月以来在人力资源社会保障部人力资源流动管理司的支持和指导下，面向行业服务服务机构和国内外500强企业进行的人力资源服务供给和需求调查，盘点现状、正视问题，把脉市场发展趋势而推出的，旨在深入了解人力资源服务的供给需求状况,进一步提升人力资源服务业的行业竞争力和影响力。《供需调查报告》系统地反映了行业环境的新变化,全面展现了中国人力资源服务业的供给和需求现状、存在的主要问题和发展趋势,助力就业优先战略和人才强国战略的实施,有利于带动全行业把牢战略方向、深耕细分市场,朝向专业化、数字化、国际化方向发展。

从开拓性来看,《供需调查报告》是首份全国人力资源服务供需报告。中智集团通过调查研究发现,从人力资源服务供给看,服务机构以小规模经营为主,行业呈高度分散特点;传统业务集中度高,高端业务开展不足;客户覆盖大中小型企业,较多为制造业领域企业;人力资源招聘、高端人才寻访、人力资源培训等业务大数据技术应用较多;未来,深耕细分领域、加强精细化布局和融合创新是服务机构的发展方向。从人力资源服务需求来看,企业对人力资源招聘、培训和信息化需求较高,制造、建筑领域需求广泛;未来员工赋能、信息化管理工具是企业的普遍期待,围绕提升组织竞争力和管理效能,加强专业技术技能人才等特定人才的引进、选拔与培养成为企业关注焦点。《供需调查报告》从供给和需求两个方面深入、系统地分析了人力资源服务业的发展状况,对未来发展趋势进行了展望,有利于人力资源服务机构和从业人员对标世界一流,夯牢产业基石,回应党中央、国务院对人力资源服务业高质量发展的要求。

从推动性来看,《供需调查报告》在系统阐释人力资源服务业发展总体情况、分析供给和需求两个方面内容的基础之上,对我国人力资源服务趋势进行了展望,总结出六大趋势:第一,人力资源服务市场空间广阔,高端业态将迎来重大发展机遇;第二,专业化将成为人力资源服务机构核心竞争力的基础,以价值引领提升服务能力的迫切性增强;第三,新兴信息技术成为行业创新发展的重要驱动力,应进一步加快人力资源服务数字化转型;第四,人力资源服务业国际化进程将成为必然趋势,应进一步提升人力资源国际服务能力;第五,关注员工赋能和企业人才队伍建设,应深耕培训和人才队伍建设相关服务;第六,灵活用工服务市场未来可期,应相应打造人力资源服务机构服务能力。《供需调查报告》对未来趋势的展望为人力资源服务业的未来发展提供了方向和指导,有助于推动人力资源服务机构积极主动适应市场需求,向专业化、数字化、国际化转型,推动行业高质量发展。

从典型性来看,《供需调查报告》包括四个部分的内容。第一部分对我国人力资源服务总体情况进行了阐释;第二部分是我国人力资源服务供给分析,中智集团在人社部人力资源流动管理司支持帮助下面向全国人力资源服务机构开展了“企业人力资源服务供应调查”工作,回收问卷 1793 份,有效问卷 1671 份,并基于问卷对我国人力资源服务能力、人力资源服务供给整体情况、人力资源服务供给具体情况进行了分析;第三部分是我国人力资源服务需求分析,中智集团在人社部人力资源流动管理司支持帮助下面向全球 500 强、国内 500 强企业及本地龙头企业,开展了“企业人力资源服务需求问卷调查”工作,共回收问卷 1622 份,有效问卷 1398 份,并基于问卷对企业人力资源工作的现状、企业人力资源服务采购总体现状、人力资源服务需求具体情况进行了分析;第四部分是我国人力资源服务趋势展望。《供需调查报告》以人力资源服务业供给与需求为分析对象,全面、系统、深入地分析了供给和需求两个方面的现状,为人力资源服务机构、人力资源服务业从业人员、相关研究机构、专家学者、普通公众提供了翔实、科学的资料,为行业高质量发展作出了表率。

从影响性来看,《供需调查报告》引起了人力资源服务业和社会的广泛关注,在搜索引擎上以“中国人力资源服务供需调查报告”为关键词进行搜索,获得约 1300000 条结果。发布《供需调查报告》的中国国际技术智力合作集团有限公司成立于 1987 年,是以人力资源为核心主业的中央一级企业。中智作为中国人力资源服务行业领军品牌企业,列 2021 中国企业 500 强第 189 位,列 2021 中国服务业企业 500 强第 76 位。中智连续 16 年领航中国人力资源服务业,并成为入选中国服务业百强的人力资源行业企业之首。《供需调查报告》发布以后,人民网、新华网、中国新闻网等主流媒体均对其进行了报道。

2. 2021 年 12 月 23 日,“第一届全国人力资源服务行业联合招聘活动”在北京启动

事件提要:

2021 年 12 月 23 日,第一届全国人力资源服务行业联合招聘活动(以下简称“联合招聘活动”)在北京启动。

联合招聘活动主办单位为中国人才交流协会、国投人力资源服务有限

公司,承办单位为中国人才交流协会产业园专委会、中国人才交流协会省级行业协会联席会。招聘机构为中国人才交流协会、各省(区、市)人力资源服务行业协会会员单位,以及各类人力资源服务机构。应聘人员为应届高校生、离校未就业毕业生、留学回国人员、退役军人、农村富余劳动力等各类群体。

活动内容包括三大板块。

1. 举办网络招聘会。要求由协会会员和人力资源服务机构梳理招聘需求,线上集中发布岗位信息,向求职者推送岗位信息,开展招聘活动。同时,鼓励各单位积极采用直播带岗、“云宣讲”、线上对接等新手段,向求职者推送岗位信息,开展招聘活动。

2. 组织现场招聘会。依托中国人才交流协会产业园专委会和省级行业协会联席会,结合疫情防控要求,组织部分地区,特别是高校集中、就业压力较大、中西部边远地区城市的人力资源服务产业园等,举办人力资源服务行业现场招聘会,并统一使用“第一届全国人力资源服务行业联合招聘活动××(主办地名称)站招聘会”。

3. 举办特色就业服务活动。积极发挥人力资源服务机构优势,组织就业创业指导、人才测评、职业生涯规划等方面的专家队伍,开展进校园、进市场、进园区活动,推出职业指导直播课、职业生涯规划课、职业技能培训、劳动者合法权益保障等服务。同时,鼓励各地和有关机构结合实际,创新开展相关活动,提升活动效果和影响力。

事件述评:

从先进性来看,《关于推进新时代人力资源服务业高质量发展的意见》指出,人力资源服务业发展要“以促进就业为根本”。这是因为,人力资源服务业是向人才和用人单位提供相关服务以促进人力资源供需有效对接的行业,其本质就是服务就业,其业务内容也基本都是由服务就业直接或间接派生出来的。解决好就业问题,是我国社会经济发展的重中之重。党中央、国务院从事业全局出发,提出实施就业优先战略和积极的就业政策,这就要求必须把服务就业的规模和质量作为衡量行业发展成效的首要标准,要求进一步提升市场化就业服务效能,聚焦就业结构性矛盾,着力发挥人力资源服务机构匹配供需、专业高效的独特优势,不断促进就业量的扩张和质的提升。联合招聘活动是首次举办的全国性人力资源服务行业招聘活动,也是首次由国家、省、市级人力资源服务行业协会联合组织的行业招聘,旨在发挥人力资源服务机构吸纳就业能力,培育壮大人力资源服务力量,促进人力资源服务业高质量发展,更好地服务就业优先战略、人才强国战略、乡村振兴战略。

从开拓性来看,联合招聘活动是第一次以人力资源服务产业名义开展的全国性专项招聘活动,是全国性的人力资源服务行业招聘活动,对提升行业整体形象具有十分重要的导向作用。一方面有利于帮助各类人力资源服务机构解决自身人才招聘难题,吸引更多优秀人才从事人力资源服务工作,壮大行业从业人员队伍,提升人力资源服务水平,促进就业扩大和优化人力资源配置,使人力资源服务行业成为吸纳就业的一个重要领域;另一方面,自 2020 年起,人社部组织开展了人力资源服务机构网络专场招聘和助力企业复工复产用工需求等有关就业服务活动,全国各地人力资源服务机构围绕稳就业保就业开展了形式多样的服务活动,积累了丰富经验,“联合招聘活动”中三大板块的活动,有利于充分发挥人力资源服务业在促进就业方面的优势,为促进稳就业保就业、决战脱贫攻坚提供坚实有力人力资源服务支撑。

从推动性来看,联合招聘活动通过举办网络招聘会、组织现场招聘会、举办特色就业服务活动,立足产业根本,充分发挥了人力资源服务机构的核心职能,通过线上线下结合、跨区域协同、各类机构联动等方式,统一行动,联合招聘,实现劳动者与生产岗位的有效匹配,激发了促就业的倍增效应,切实提升了人力资源服务的功能作用。全国 24 个国家级人力资源服务产业园在推动人力资源服务业高质量发展、促进就业、优化人力资源配置等方面,发挥了积极作用。联合招聘活动充分发挥了人力资源服务产业园有效促进行业集聚发展、促进就业方面的综合职能优势,充分发挥园区产业集聚、服务齐全、功能完备的独特优势,统筹开展综合性就业服务活动,主动对接脱贫地区、乡村振兴重点帮扶县、易地扶贫搬迁安置区、就业困难群体等就业需求,既提升了人力资源服务产业园和整个行业的整体形象,也推动整个行业以促进就业为根本,进一步挖掘和发挥人力资源服务行业促就业的重要作用。

从典型性来看，人力资源服务业作为促进劳动者就业和职业发展、服务用人单位管理开发人力资源的专门行业，能够极大提升劳动者与岗位匹配的效率，有效解决劳动者与用人单位之间信息不对称问题，极大缓解企业"招工难"和劳动者"就业难"问题，是有效促进就业尤其是实现市场化社会化就业的重要力量。联合招聘活动引导和支持各类人力资源服务机构和各级人力资源服务产业园，积极发挥自身优势，组织行业专家开展进校园、进市场、进园区活动，推出职业指导直播课等服务，聚焦劳动者技能素质提升，突出抓好技术技能人才培养培训，有助于推动形成劳动力市场更高水平的供需动态平衡，瞄准重点地区、重点行业和重点群体，采取精准有效的举措，为促进就业提供了强有力的基础性服务保障和坚实的支撑。

从影响性来看，联合招聘活动具有广泛的社会影响力，引起了积极的社会反响。在搜索引擎上以"第一届全国人力资源服务行业联合招聘活动"为关键词进行搜索，获得约6940000条结果。主办单位中国人才交流协会成立于2001年11月，是民政部批准注册、中央和国家机关工委管党建、人力资源和社会保障部进行业务指导和监督的全国性、行业性、非营利性的国家级人力资源服务行业社会团体。现有会员单位600余家，遍及全国31个省（区、市），主要包括从事人力资源服务的企事业单位、社会团体以及其他相关单位国投人力资源服务有限公司是国投集团的全资子公司，为人力资源社会保障部确定的国务院所属部门56家人才中介服务机构、商务部5家对外劳务扶贫试点中央企业之一，是国务院国资委中央企业人才开发交流平台。"联合招聘活动"举办期间，中国人才交流协会利用协会官网、国聘招聘平台设置线上招聘活动主会场，设置直播带岗、职业指导直播课等专区，提供多维服务；各个参与单位充分利用新闻媒体、官网官微等开展宣传报道，多渠道推广活动咨询和成效，从而极大地扩大了活动影响力，提升了人力资源服务行业形象，提高了行业的社会认知度。

3. 2022年7月13日，北京城乡与北京外企（北京外企人力资源服务有限公司，英文简称"FESCO"）重组项目获无条件通过

事件提要：

2022年7月13日，中国证券监督管理委员会上市公司并购重组审核委员会召开2022年第11次会议，审核北京城乡商业（集团）股份有限公司

(以下简称“北京城乡”)资产重组项目(以下简称“重组项目”)。重组方案由资产置换、发行股份购买资产和募集配套资金三部分组成。重组完成后,北京国有资本运营管理有限公司(以下简称“北京国管”)对上市公司直接持股比例将由34.23%提升至49.23%。根据证监会当天发布的审核结果公告,北京城乡资产重组项目获“无条件通过”,标志着本次重组相关的实质性行政审批事项全部按计划完成。

北京国管改制为国有资本运营公司后,首战落子所属二级公司北京城乡与北京外企人力资源服务有限公司(以下简称“北京外企”)资产重组,使交易后的上市公司主营业务平稳切换到更有潜力的人力资源服务赛道。2021年9月29日,北京国管筹划重大资产重组,上市公司于当日停牌;10月20日,北京城乡公告重组预案,此后持续通过优化资产置换范围及路径、组织专家评审会议等方式,确保最终落地的重组方案符合国有资产及上市公司监管要求;11月30日,北京城乡发布内部重组公告,将拟置出上市公司的全部资产及负债提前归集到全资子公司,以便未来规范、快速地完成置出资产交割;2022年4月12日,北京城乡公告重组草案;4月27日,北京城乡召开股东大会,以96.7%的赞成率通过了本次重大资产重组方案。

北京外企作为国内人力资源服务行业的龙头企业,被纳入国资国企改革“双百企业”。据公告披露,2021年公司实现营收254.18亿元,同比增长40.5%;归母净利润6.15亿元,同比增长6.9%;2019—2021年营收、归母净利润复合增速分别为26%、22.1%,基本面扎实向上,盈利能力稳步提升。

事件述评:

从先进性来看,《关于推进新时代人力资源服务业高质量发展的意见》中政策措施之一为拓宽投融资渠道。推动人力资源服务机构通过上市、发行集合信托以及公司债、企业债、中小企业私募债等公司信用类债券进行融资。鼓励股权投资基金、创业投资企业投资人力资源服务业,支持银行等金融机构开展投贷联动。鼓励社会资本以独资、合资、收购、参股、联营等方式进入人力资源服务领域。重组项目涉及的北京城乡与北京外企同为北京国管控股的国资企业,标志着北京国资改革的深化落实,助力北京城乡转型高景气人服赛道,有效实现国资有序保本增值,也反映出人力资源服务业资本化的发展趋势,带动行业创新资本运营模式,实现创新发展。

从开拓性来看,北京外企成立于 1979 年,前身是北京市友谊商业服务总公司国内服务部,是中国第一家专业化人力资源服务机构,开创了中国人力资源行业的先河。作为行业知名骨干龙头企业,北京外企一直引领着中国人力资源行业的发展,作为专业的人力资源综合解决方案提供商,以前沿的服务与先进的技术,为各种组织和企业提供全方位人力资源解决方案,推动着中外企业在华业务的快速增长,帮助国内外人才不断提升价值。重组项目将北京外企整体置入上市公司平台,上市公司核心资产业务将变更为行业前景良好、盈利能力强的人力资源服务业,符合北京市国资国企改革的精神,有助于提升国有控股上市公司质量,优化国有资本整体配置,有利于提升人力资源服务业整体竞争力、明显增强全球资源配置能力,有助于明显提升行业规模和发展水平,推动人力资源服务业实现高质量发展。

从推动性来看,北京外企优势突出:具有先发优势、客户资源优势及规模效应,目前已与包括华为、滴滴出行、顺丰速运、阿里巴巴、国家电网、中粮、三星、IBM、微软、辉瑞制药、施耐德电器等在内的一大批优质的行业龙头企业在人力资源服务方面建立了稳定的合作关系;具有综合服务优势,已积累丰富的产品模块,可满足不同客户群体的多样性需求并能有效发挥协同优势;具有技术应用优势,已推出包括 FESCO App(员工自助服务平台)、易北京 App(国际人才一站式智慧服务平台)、工惠通 App 等终端应用及平台系统,加快推动互联网化、数字化转型。重组项目完成之后,北京外企将通过登陆资本市场增强资本运营能力、拓展新兴业务板块、加快科技和业务创新,以抓住行业快速发展的机遇,实现营业收入、净利润的进一步增长。同时,北京城乡也将获得北京国管政策引导、产业赋能、资源导入、风险控制等方面优势加持,盘活存量资源,促进商业模式创新,增强企业核心竞争力。

从典型性来看,重组项目完成前,北京城乡所从事的主要业务以商业和旅游服务业为主,文创及物业等其他业态为补充,主要业态为百货零售及购物中心、综合超市和社区超市;重组项目完成后,北京城乡主营业务将变更为人力资源服务,包括人事管理服务、薪酬福利服务、业务外包服务、招聘及灵活用工服务等。重组项目有利于上市公司探索新业务转型、寻求新利润增长,有利于提升上市公司盈利能力和综合实力。北京外企可积极运用上市公司平台资源,按照上市公司治理的要求规范运作,深化市场化改革,推动企业专业化、数字化和国际化发展，更好地满足企业和人才的需要，更好地服务实体经济、促进就业；通过健康可持续的经营和优秀的业绩表现，打造人力资源服务行业领军企业，更好地回馈股东和社会，更好地服务首都对外扩大开放战略和国际化人才战略，为经济社会高质量发展提供有力的人才智力支撑。

从影响性来看，重组项目引起了积极的社会反响。在搜索引擎上以“北京城乡与北京外企重组项目获无条件通过”为关键词进行搜索，获得约335000条结果。北京外企拥有悠久的人力资源专业化服务历史、丰富的市场经验以及完备的服务资质，在业界极具竞争力和品牌价值。作为中国体量最大的人力资源综合解决方案提供商之一，北京外企服务于数万家客户、数百万中外人才，服务网络覆盖全国，服务的客户涵盖了信息通信、新能源、新材料、航空航天、生物医药、智能制造等众多领域，服务领域包括用工管理、人事代理、商业外包、健康管理、财税薪酬、弹性福利、管理咨询、国际人才服务、高端人才寻访等多重领域。作为国内首家专业的人力资源服务机构，北京外企率先完成人力资源全产业链布局，成长为国内最大且最具综合实力的人服企业之一。据公告披露，北京外企2021年实现营收254.18亿元，同比增长40.5%；归母净利润6.15亿元，同比增长6.9%；2019—2021年营收、归母净利润复合增速分别为26%、22.1%。本次重组方案配套募资15.97亿元，也将用于“FESCO数字一体化建设项目”，通过数字化平台的升级建设，提高数字化服务能力和运营水平。力求通过新技术的应用驱动流程创新和业务创新，以降低经营成本、提升核心竞争力，实现业务的创新和管理的变革，在新的历史机遇下实现突破性发展。继科锐国际和上海外服之后，北京外企A股上市将增加市场和公众对人力资源服务行业的关注度。

（四）会议类事件

1. 2022年4月24日，人力资源社会保障部在京召开人力资源服务业高质量发展暨《人力资源服务》杂志创刊座谈会

事件提要：

2022年4月24日，人力资源社会保障部在京召开人力资源服务业高

质量发展暨《人力资源服务》杂志创刊座谈会(以下简称“座谈会”)。部党组书记、部长张纪南作出批示,指出近年来我国人力资源服务业取得长足发展,为亿万劳动者求职择业和广大用人单位招聘用工提供了专业化服务,有力促进了就业大局稳定和人力资源顺畅流动配置。强调要以习近平新时代中国特色社会主义思想为指导,认真贯彻党中央、国务院决策部署,完整、准确、全面贯彻新发展理念,以实施就业优先战略、人才强国战略和创新驱动发展战略为引领,健全统一规范的人力资源市场体系,加快人力资源服务业高质量发展和人力资源服务水平提升,更好发挥人力资源市场要素配置作用,更好促进就业扩量提质和人力资源配置优化,为经济社会高质量发展提供有力的人力资源支撑。《人力资源服务》杂志是助推人力资源服务业发展的重要载体,要坚持正确的政治方向和办刊导向,紧贴发展大局、紧贴行业实际、紧贴群众需要,努力打造高水平的政策宣传窗口、实践创新阵地、交流合作平台,为推动人力资源服务业高质量发展作出应有贡献。

部党组成员、副部长俞家栋出席会议并讲话。部属相关单位以及部分人力资源服务机构、中央企业、行业协会学会负责同志以及专家学者代表参会。

《人力资源服务》杂志由中华人民共和国人力资源和社会保障部主管,人力资源社会保障部人力资源流动管理司指导,旨在服务就业优先战略、人才强国战略和乡村战略实施,加强理论、政策、战略研究,传播行业资讯,汇聚各方力量,强化舆论引导,打造权威、专业的国家级行业管理指导刊物,推动人力资源服务业优质高效快速发展。杂志为月刊,每月 15 日出刊。

事件述评:

从先进性来看,座谈会由人力资源社会保障部召开,是一次高规格的座谈会。部党组书记、部长张纪南作出批示,对人力资源服务业的作用进行了肯定,对人力资源服务业高质量发展和人力资源服务水平提升提出了要求,强调人力资源服务业必须以习近平新时代中国特色社会主义思想为指导,认真贯彻党中央、国务院决策部署,完整、准确、全面贯彻新发展理念,以实施就业优先战略、人才强国战略和创新驱动发展战略为引领;并明确了《人力资源服务》杂志的宗旨、定位和发展方向。座谈会强调了新时代人力资源服务业的根本遵循和指导路线,为新时代人力资源服务业高质量发展指明了方向，有助于落实《关于推进新时代人力资源服务业高质量发展的意见》，带动人力资源服务业全行业更加紧密地团结在以习近平同志为核心的党中央周围，开拓创新，奋发有为，实现新时代人力资源服务业更好发展、更大作为，为经济社会高质量发展提供有力的人力资源支撑。

从开拓性来看，随着我国经济进入高质量发展阶段，人力资源服务新动能的不断形成和现代服务业的快速发展，将催生经济发展对人力资源服务的旺盛需求，人力资源服务业的行业规模和从业人员都将会显著增长。在人力资源服务业转型发展的关键时期，人力资源社会保障部举办人力资源服务业高质量发展暨《人力资源服务》杂志创刊座谈会，创办人力资源服务行业领域的第一本专业期刊——《人力资源服务》杂志，体现出主管部门的责任和担当，弥补了行业缺乏权威刊物的空白，在价值引领、服务行业发展方面发挥重要的建设性作用，充分体现出人力资源服务业在我国经济进入高质量发展阶段以后对于促进社会化就业、更好发挥我国人力资源优势、服务经济社会发展具有重要意义。

从推动性来看，高质量发展为人力资源服务业提供了新机遇，也提出了新挑战。人力资源服务业要跟上国家战略，跟上国家脚步，服务中心大局。"座谈会"聚焦人力资源服务业高质量发展，《人力资源服务》杂志坚持正确办刊方向和舆论导向，刊载人力资源服务业理论研究、实践成果和行业咨询，凝聚政、产、学、研各方力量，搭建行业交流平台、增进交流，紧密围绕人力资源社会保障中心工作，服务我国就业优先战略、人才强国战略和乡村振兴战略实施，加强基础性、理论性、战略性研究，传播管理咨询，交流发展经验，探索发展方向，打造权威、专业的行业管理期刊，为外界了解行业动态、把握行业政策、传播行业声音、促进行业合作提供重要载体和有力平台，积极推动引领人力资源服务业实现高质量发展。

从典型性来看，座谈会的召开，标志着《人力资源服务》杂志作为推动人力资源服务业高质量发展的重要载体，正式开启了新的征程。《人力资源服务》杂志设置了聚焦、特别策划、业界、访谈、法治、探索、视窗、名家专栏等栏目，依托政策解读、理论探索、业界动态、名家访谈等栏目，宣传就业政策、展示优秀成果，传播智慧主张。聚焦人力资源服务业发展需求，剖析需求和供给两端矛盾，找准人力资源开发的难点和痛点，辐射人力资源规划、招聘、培训、绩效、薪酬和劳动关系等领域，覆盖人力资源服务全业态全周期全链条，旨在打造高水平的政策宣传窗口、实践创新阵地、交流合作平台，满足人力资源服务业多方位、多层次、立体化的知识需求，为新时代人力资源服务业高质量发展作出积极的智力贡献。

从影响性来看，座谈会由人力资源和社会保障部召开，部党组书记、部长张纪南作出批示，部党组成员、副部长俞家栋出席会议并讲话，部属相关单位以及部分人力资源服务机构、中央企业、行业协会学会负责同志以及专家学者代表参会，座谈会强调了人力资源服务业高质量发展的根本遵循与重大战略意义，是坚决拥护"两个确立"、始终做到"两个维护"的生动体现。《人力资源服务》杂志由人力资源和社会保障部担任主管单位，人力资源和社会保障部人力资源流动管理司担任指导单位，中国劳动出版社担任主办单位，杂志聚贤纳才，会聚了主管部门领导、全国知名专家学者、行业领军人才，组成了指导委员会、专家委员会、理事会和通讯员队伍，建设高水平专家智库，为行业发展建言献策。杂志赠送中共中央、全国人大、国务院、全国政协有关部门，各省、自治区、直辖市党委、人大、政府、政协主要负责同志。

2. 2022 年 5 月 29 日，2022 年中国人力资源服务业发展战略高端论坛暨成果发布会在广州举办

事件提要：

2022 年 5 月 29 日下午，由北京大学人力资源开发与管理研究中心主办的 2022 年中国人力资源服务业发展战略高端论坛（以下简称"高端论坛"）暨《中国人力资源服务业蓝皮书 2021》发布会，采用线下线上结合方式成功举办。中央人民广播电视总台（移动网络电视频道）面向全国政企学产研机构的相关观众进行了全程开放直播，国家人社部《人力资源服务》杂志社等媒体进行了支持。

北京大学党委副书记安钰峰，国家人力资源和社会保障部人力资源流动管理司副司长李祥伟与类成普处长，广东省人力资源和社会保障厅副厅长周成，中国人事科学研究院院长余兴安，北京大学社会科学部副部长王周谊，北京大学政府管理学院党委书记李海燕，北京大学政府管理学院教授、博导、广东财经大学人力资源管理学院萧鸣政院长，北京市人力资源服务协会书记张宇泉，山东省人力资源发展促进会会长夏鲁青，广西壮族自治区人

社厅副厅长蒋劼，中智、双高、北京大学人力资源开发与管理研究中心项目组部分研究人员等来自政界、企业界、学界与媒体界的领导、学者与同仁等近 50 位嘉宾线上线下出席论坛，截至 5 月 29 日 18 点，线上收看人数接近 15 万人。北京大学人力资源开发与管理研究中心主任萧鸣政教授主持了论坛。

萧鸣政教授系统回顾了北京大学人力资源开发与管理研究中心自 2007 年以来对中国人力资源服务业教学与研究所付出的努力；专门介绍了《中国人力资源服务业蓝皮书 2021》一书的特色和研究成果，作了题为《双循环下中国人力资源服务业发展情况与竞争力评价》的报告。

事件述评：

从先进性来看，《关于推进新时代人力资源服务业高质量发展的意见》强调要以习近平新时代中国特色社会主义思想为指导，深入贯彻党的十九大和十九届二中、三中、四中、五中全会精神，立足新发展阶段，贯彻新发展理念，服务构建新发展格局，围绕实施就业优先战略、人才强国战略、乡村振兴战略，以促进就业为根本，进一步提高人力资源服务水平；以提高人力资源要素配置效率为导向，推动行业向专业化和价值链高端延伸；以培育壮大人力资源服务力量为抓手，进一步形成发展新动能；以建设高标准人力资源市场体系为目标，打造多层次、多元化的人力资源市场格局。加快构建中国特色的人力资源服务产业体系，为提高我国经济综合竞争力、持续改善民生、促进高质量发展提供有力支撑。高端论坛回应高质量发展新阶段的新要求，以“人力资源服务业高质量发展”为主题，针对人力资源服务业发展所面临的新形势、新任务，会聚政府、企业、高校、行业协会、媒体的专家和代表，交流探讨，集思广益，达成广泛共识，为人力资源服务业的创新发展建言献策，引领人力资源服务行业的理论和实践朝向世界先进水平发展。

从开拓性来看，在《关于推进新时代人力资源服务业高质量发展的意见》这一新时代人力资源服务业发展的纲领性文件出台的背景之下，高端论坛聚焦新时代人力资源服务业高质量发展，全方位探讨了如何推动人力资源服务业更好地发展这一重要课题，具有承上启下、承前启后的重要意义。高端论坛回顾了我国人力资源服务业取得的长足进展，对新时代、新形势下人力资源服务业发展面临的形势任务进行了梳理和分析，指出新时代人力资源服务业高质量发展要从健全政策体系、培育壮大服务力量、建设高标准人力资源市场体系和搭建行业发展平台 4 个方面持续推进，深入探讨了新发展格局下人力资源服务业高质量发展的路径与方法。北京大学人力资源开发与管理研究中心、行业发展协会、行业领军企业不断加大对人力资源服务行业发展、新业态融合、市场需求开发等方面的研究力度，推动理论创新、管理创新、服务创新、产品创新，对人力资源服务业高质量发展具有重要的理论与实践指导意义。

从推动性来看，人力资源服务业是为经济社会发展提供人力资源流动配置服务的现代服务业重要门类，对促进社会化就业、更好发挥我国人力资源优势、服务经济社会发展具有重要意义。《关于推进新时代人力资源服务业高质量发展的意见》强调要加强人才保障，加快行业骨干人才和基础人才培养培训，建设人力资源服务行业智库，加强战略性、理论性、基础性研究。人力资源服务业高质量研究对人力资源服务业的高质量发展有着重要的意义，北京大学人力资源开发与管理研究中心自 2007 年以来对中国人力资源服务业教学与研究付出了巨大努力。15 年来，该中心一直秉承推动人力资源服务业更好更快发展的宗旨，组织专家与相关研究人员致力于研究人力资源服务业评价与战略发展课题的研究，每年发布一部白（蓝）皮书和举办 1—2 次高层论坛，不断强化战略性、理论性和基础性的研究，为新时代人力资源服务业高质量发展提供有力的智力支持；依托人力资源服务业发展研究为国家培养与指导了 11 位博士生和硕士生，为新时代人力资源服务业高质量发展提供了坚强的人才保障。

从典型性来看，高端论坛以人力资源服务业为主题，聚焦新时代人力资源服务业高质量发展，与会嘉宾来自与人力资源服务业密切相关的政府机构、企业界、学界与媒体界。在领导致辞环节，北京大学安钰峰副书记、王周谊副部长与李海燕书记，分别代表北京大学领导、北京大学社科部与政府管理学院致辞发言，李祥伟副司长代表国家人力资源社会保障部流动管理司致辞发言；在主题发言环节，李祥伟副司长作了题为《推进新时代人力资源服务业高质量发展》的报告，余兴安作了题为《中国人力资源服务业发展的方位分析》的报告，萧鸣政作了题为《双循环下中国人力资源服务业发展情况与竞争力评价》的报告并且系统介绍了《蓝皮书 2021》的主要内容，周成作了题为《新时代广东省人力资源服务业高质量发展的实践与思考》的报告，张宇泉作了题为《行业服务协会在推动人力资源服务业发展中的作用与价值》的发言。全方位呈现出政府管理部门、高校、行业等多方对人力资源服务业的重视程度，展现了多方对人力资源服务业发展状况、发展趋势、发展规律的深入研究成果，明确了未来人力资源服务业发展方向，在行业发展中发挥了表率作用。

在影响性上，高端论坛引起了人力资源服务业行业内外广泛的关注，在搜索引擎上以"2022 年中国人力资源服务业发展战略高端论坛"为关键词进行搜索，获得约 1410000 条结果。高端论坛搭建了人力资源服务业的高端研究、交流平台，来自政界、企业界、学界与媒体界的领导、学者等近 50 位嘉宾线上线下出席论坛，中央人民广播电视总台(移动网络电视频道)面向全国政企学产研机构的相关观众进行了全程开放直播，线上收看人数接近 15 万人，国家人社部《人力资源服务》杂志社等媒体进行了支持，中国高校人文社会科学信息网、北京大学新闻网等媒体对高端论坛进行了翔实的报道。

第五章　中外人才高地比较与评价分析

【内容提要】

2021 年中央人才工作会议上提出“加快建设世界重要人才中心和创新高地”，要求“在北京、上海、粤港澳大湾区建设高水平人才高地”。在此背景下，人才高地的概念、特征及其评价就成为人才高地建设实践首先需要明确的理论问题。本研究认为，人才高地是指在某一人口群体当中，优秀人才所占的比例以及他们的创新效能与价值远高于周边地区的城市或城市圈，具有人才数量的高密度，人才级别的高水平、人才工作的高活力、人才产出的高效益与人才发展环境的高品位等特征。基于中外相关文献，本研究构建了人才高地评价的指标体系，包括建设条件、建设过程、建设结果 3 个一级指标，人才聚集度、创新平台、法制与经济、创新氛围、创新文化、创新活动、创新效能、创新成果、创新质量等 9 个二级指标，以及 R&D 人员比例(每百万人)、高被引科学家比例、专业人才年均流入数量等 30 个三级指标。研究基于相关指标体系排名，选取了硅谷、纽约、波士顿、伦敦、巴黎、慕尼黑、东京、新加坡、北京、上海、粤港澳等 11 个中外典型人才高地作为研究对象，使用构建的指标体系对典型人才高地的建设情况进行排名。结果显示，在总得分排名上，纽约、伦敦、北京、硅谷为第一梯队；粤港澳、波士顿、东京、巴黎、上海为第二梯队；新加坡、慕尼黑为第三梯队。在人才高地建设条件分项排名上，北京、纽约、伦敦为第一梯队；巴黎、波士顿、硅谷、粤港澳为第二梯队；上海、新加坡、东京、慕尼黑为第三梯队。在人才高地建设过程分项排名上，伦敦、粤港澳、东京为第一梯队；巴黎、新加坡、上海、北京为第二梯队；纽约、慕尼黑、硅谷、波士顿为第三梯队。在人才高地建设结果分项排名上，硅谷、纽约、波士顿为第一梯队；东京、粤港澳、北京、伦敦为第二梯队；上海、慕尼黑、新加坡、巴黎为第三梯队。总的看，中国北京在多个指标上已跻身世界人才高地的第一梯队，粤港澳大湾区稳居第二梯队，上海位居第三梯队。最后，基于共性分析提出了实现路径建议，基于优势发挥提出了战略引领建议，基于差异不足提出了促进发展建议。

Chapter 5 Comparison and Evaluation of Talent Highland

【Abstract】

At the 2021 central talent work conference, it was proposed to "accelerate the construction of the world's important talent center and innovation highland", and it was required to "build a high-level talent highland in Beijing, Shanghai, Guangdong, Hong Kong and Macao Bay Area". In this context, the concept, characteristics and evaluation of talent highland have become the first theoretical issues that need to be clarified in the practice of talent highland construction. This study believes that the talent highland refers to the proportion of outstanding talents in a certain population group, and their innovation efficiency and value are far higher than those in the surrounding cities or urban circles, with the characteristics of high density of talents, high level of talents, high vitality of talent work, high efficiency of talent output and high quality of talent development environment. Based on the relevant literature at home and abroad, this study has established an indicator system for talent highland evaluation, including three first-class indicators of construction conditions, construction process and construction results, nine second-class indicators of talent concentration, innovation platform, legal system and economy, innovation atmosphere, innovation culture, innovation activities, innovation efficiency, innovation achievements and innovation quality, as well as 30 third level indicators of the proportion of R & D personnel (per million people), the proportion of highly cited scientists such as the average annual inflow of professionals. Based on the ranking of relevant indicator systems, the study selected 11 typical talent highlands at home and abroad, including Silicon Valley, New York, Boston, London, Paris, Munich, Tokyo, Singapore, Beijing, Shanghai, Guangdong, Hong Kong and Macao, as the research objects, and used the constructed indicator system to rank the construction of typical talent highlands. The results show that New York, London, Beijing and Silicon Valley are the first echelon in the total score ranking; Guangdong, Hong Kong and Macao, Boston, Tokyo, Paris and Shanghai are the second echelon; Singapore and Munich are the third echelon. Beijing, New York and London are the first echelon in the sub ranking of talent highland construction conditions; Paris, Boston, Silicon Valley, Guangdong, Hong Kong and Macao are the second echelon; Shanghai, Singapore, Tokyo and Munich are the third echelon. London, Guangdong, Hong Kong, Macao and Tokyo are the first echelon in the sub ranking of the talent highland construction process; Paris, Singapore, Shanghai and Beijing are the second echelon; New York, Munich, Silicon Valley and Boston are the third echelon. Silicon Valley, NewYork and Boston are the first echelon in the sub ranking of talent highland construction results; Tokyo, Guangdong, Hong Kong and Macao, Beijing and London are the second echelon; Shanghai, Munich, Singapore and Paris are the third echelon. Generally speaking, Beijing has ranked among the first echelon of the world's talent highland in many indicators, Guangdong, Hong Kong and Macao Bay area has ranked the second echelon, and Shanghai has ranked the third echelon. Finally, based on the commonality analysis, this chapter puts forward the implementation path suggestions, the strategic guidance suggestions based on the advantages, and the development promotion suggestions based on the differences.

一、人才高地的概念及其评价指标体系

2021年9月，习近平总书记在中央人才工作会议上提出“加快建设世界重要人才中心和创新高地”，作出“可以在北京、上海、粤港澳大湾区建设

高水平人才高地”的战略部署，对“十四五”规划中提出的到 2035 年我国要进入世界创新型国家的前列、实现建成人才强国的战略目标提出了“路线图”：近期要培养造就一大批“卡脖子”关键核心技术攻关人才，尽快实现高水平科技自立自强。中期要在主要科技领域、新兴前沿交叉领域实现更多并跑、领跑。远期目标就是要形成我国在诸多领域人才竞争比较优势，国家战略科技力量和高水平人才队伍位居世界前列。人才高地是新时代实现高质量发展的重要平台和抓手。

对于人才高地的概念、特征与评价，中外学界进行了研究。（1）概念研究上，有的归纳认为“国际科技创新中心”在前沿技术上，具有全球领先性，能够持续产生原创性的重大成果；在产业发展上，能够引领世界产业发展的潮流，有最先进的产业、最先进的产品；在创新平台上，具有高水平的科研机构、大学；在创新人才和环境上，能够聚集世界一流的科学家团队和企业家团队。① 也有观点认为“创新高地”是原始创新高地、前沿技术创新高地、协同创新高地、制度创新高地。（2）特征研究上，“世界重要人才中心”的重要科学人才数量在世界占比应不低于 25%、重要科研成果占比应不低于 30%、重要科学家平均年龄应不高于 50 岁。② “人才高地”从静态看是指人才投入大、数量多、质量高、结构优、活力足、效益好的地区；从动态看是指人才向往之地、人才价值最能实现之地，该地区机制活、平台高、环境好，具备吸引人才持续集聚的核心支撑要素。③ 国际科创中心包含健全的科学研究体系、完备的技术创新体系、极具竞争力的高端产业体系和开放一流的创新环境体系。④ （3）评价研究上，世界知识产权组织（WIPO）等机构发表的全球创新指数（Global Innovation Index，GII）包括制度、人力资本与研究、基础设施、市场成熟度、商业成熟度、知识与技术产出、创意产出等 7 类

---

① 《〈北京加强全国科技创新中心建设总体方案〉政策解读》，国新网，http://www.scio.gov.cn/34473/34515/Document/1490069/1490069.htm。

② 王通讯：《加快建设世界重要人才中心》，《中国组织人事报》2021 年 10 月 14 日。

③ 王子丹、袁永、邱丹逸、胡海鹏、廖晓东：《人才高地形成发展特点与国际经验研究》，《特区经济》2018 年第 12 期。

④ 王子丹、袁永、胡海鹏、廖晓东、邱丹逸：《粤港澳大湾区国际科技创新中心四大核心体系建设研究》，《科技管理研究》2021 年第 1 期。

一级指标。[①] 由硅谷联合投资与硅谷社区基金会联合制定并发布的硅谷指数(Silicon Valley Index)包含人口、经济、社会、空间和地方行政(治理)等一级指标,是硅谷风投、企业发展与新兴产业培育的重要风向标。[②] 欧洲创新得分榜(European Innovation Scoreboard,EIS)设置了人力资源、有吸引力的研究体系、适宜创新的环境、金融支持、企业投资、创新企业、创新联动、知识资产、就业影响和销售影响等考评指标。[③]

结合相关文献综述,本研究认为,"人才高地"在概念上是指在某一人口群体当中,优秀人才所占的比例以及他们的创新效能与价值远高于周边地区的地方,这样的地方可以是一个区域,或者是一个城市。人才高地的特征表现为人才数量的高密度、人才级别的高水平、人才工作的高活力、人才产出的高效益与人才发展环境的高品位。具体看,其条件特征是优秀人才聚集度高、创新平台多、创新制度好;过程特征是创新氛围浓、创新文化优、创新活动频繁;结果特征是创新效能强、创新成果多、创新价值高、创新贡献大。[④]

基于上述条件、过程、结果的人才高地建设模型,可进一步构建人才高地的标准体系,即构建一套可应用于对人才高地建设水平进行评价的标准体系。条件特征、过程特征和结果特征等是对人才高地概念核心特点的归纳与提炼,反映了人才高地最突出、最本质的特征。因此,在构建人才高地评价标准体系时,我们考虑将其作为人才高地建设评价标准体系的一级指标结构。基于三大特征进行具体分解,形成二级指标结构;最后把主体、机制和环境等结构要素具体融合与体现到三级指标体系中。该评价标准体系的设计与结构,体现了以人才高地结构要素为评价的切入对象,综合体现人才高地三大特征的评价特点,更具可行性与导向性。

指标体系设计需要遵循以下原则:一是科学性原则。评估指标体系设

① Global Innovation Index 2021: Tracking Innovation through the COVID-19 Crisis, https://www.wipo.int/global_innovation_index/en/2021/.

② 2021 Silicon Valley Index: COVID has affected everything, https://jointventure.org/download-the-2021-index.

③ European innovation scoreboard 2021, https://ec.europa.eu/info/research-and-innovation/statistics/performance-indicators/european-innovation-scoreboard.

④ 萧鸣政、应验、张满:《人才高地建设的标准与路径:基于概念、特征、结构与要素的分析》,《中国行政管理》2022年第5期。

计要在现有理论研究和实践经验的基础上，采用恰当的理论和设计方法，促使指标体系充分体现出科技创新人才发展特征。二是代表性原则。指标体系应全面反映科技创新人才特性与发展趋势，并以较少指标全面反映评价对象的绩效内容，避免指标体系庞杂带来的低效率，也要避免指标选择上易忽略的评价内容。三是可比性原则。构建科技创新人才发展指数目的是综合评价国际科技创新人才发展水平，需要进行横纵向的对比分析，因此建立评价指标体系时应保证指标数据的可比性。四是可操作性原则。指标体系设计最终目的是用来评价测量的，要充分考虑指标的可操作性，数据源应具备易于获取及来源可靠的特性。①

因为三大特征彼此分离，分解的二级指标相对抽象。人才高地建设结构要素反映了人才高地的体系与组成，比较具体，把握性强。因此，考虑将其内化到二级和三级指标中。通过文献分析、座谈访谈分析等研究，并且基于三大特征，结合三大要素，选取可获得性核心指标，最后形成了人才高地建设评价的 3 个一级指标、9 个二级指标和 30 个三级指标的评价标准体系（见表 2-5-1）。

表 2-5-1 人才高地建设的评价标准体系

一级指标	二级指标	三级指标	数据来源
人才高地建设条件	人才聚集度	R&D 人员比例（每百万人）	各城市统计局
		高被引科学家比例	Digital Science-Dimensions
		专业人才年均流入数量	领英大数据洞察数据库
	创新平台	世界一流大学 200 强数量	软科世界大学学术排名
		世界一流科研机构 200 强数量	自然指数（Nature Index）
		科技企业孵化器（众创空间）数量	各城市科技局
		风险投资和私募股权机构数量	CB Insights
		人力资源服务机构数量	各城市人社局
	法制与经济	注册律师数量（每百万人）	各城市律师协会
		科技拨款占财政拨款的比重	各城市统计局
		R&D 经费支出与 GDP 比值	各城市统计局

① 陈劲、杨硕、吴善超：《科技创新人才能力的动态演变及国际比较研究》，《科学学研究》2022 年第 7 期。

续表

一级指标	二级指标	三级指标	数据来源
人才高地建设过程	创新氛围	创新与竞赛活动次数(每月)	相关统计数据
		不同国籍与民族人员交流的频次(每季度)	相关统计数据
		外商直接投资额(FDI)	FDI markets 数据库
		理工科大学以上毕业生人口占比	各城市统计局
	创新文化	自然科学基金资助项目与经费	各城市科技局、教育局
		科技馆数量	各城市科技局(科协)
		科普活动举办场次	各城市科技局(科协)
	创新活动	国际会议数量(每年)	国际大会与会议协会
		国际航班数量(每年)	全球航空情报资讯机构
		学术活动交流数量(每年)	相关统计数据
人才高地建设结果	创新效能	劳动生产率	各城市统计局
		GDP 增速	各城市统计局
		高科技企业产值在 GDP 中的占比	相关统计数据
	创新成果	有效发明专利存量(每百万人)	Derwent Innovation 专利数据库
		国内外发明专利申请、授权和有效数	世界知识产权组织
		ISO 9001 质量管理体系认证数量	世界标准组织
	创新质量	高被引论文比例	Digital Science-Dimensions
		论文被专利、政策、临床试验引用比例	Digital Science-Dimensions
		获得的奖励或基于用户的效益评价	相关统计数据

注:三级指标中的"比例"都是该指标数量在每百万人中的比例,这样可以避免不同人才高地间因人口基数差异造成的总量规模差异。

上述人才高地建设水平评价标准体系的建立,立足于中国人才高地建设的实际情况,又借鉴了国际相关标准体系的维度和指标,具有科学性、操作性与可比性。具体地说,指标来源上,一级指标是基于人才高地建设的特征设计,二级指标是基于一级指标的分解与提炼形成,三级指标是基于人才高地结构要素并且参考《中国统计年鉴 2021》《中国科技统计年鉴 2021》《国际科技创新中心指数 2021》《2021 年全球创新指数》等相关研究,基于相关性、可行性、可比性等原则筛选确定。三级指标的数据均为可量化、易获取的客观数据,适合进行评价与比较。此外,标准体系中一级指标与二级指标的比例是 1 ∶ 3,二级指标与三级指标的比例大体也是 1 ∶ 3,即每个上位指标平均都有约 3 个下级指标具体阐述与衡量,从而对上级指标有较好的解释和说明效力。比如,“人才高地建设条件”这个一级指标有人才聚集度、创新平台和法制与经济 3 个二级指标支撑,涵盖了人才高地建设条件中人才、平台和制度三个主要内容。“人才聚集度”这个二级指标又有 R&D 人员比例(每百万人)、高被引科学家比例、专业人才年均流入数量 3 个三级指标支撑。因此,三级指标从静态与动态、整体基础与高端精英等角度支撑了其所对应的二级指标。

三级评价指标还可以按主体、机制和环境三类要素进行分类。主体要素主要指科技创新的主要活动群体,包括政府、研究机构、企业、服务机构等;机制要素侧重于过程与环节,包括政策支持,教育、培养、培训服务,资金筹措与投融资,服务保障等内容;环境因素贯穿于人才高地的过程特征和结果特征,包括“硬环境”和“软环境”两大类。以“创新文化”二级指标为例进行说明。“自然科学基金资助项目经费”属于经费资助机制和激励机制,因此是机制要素;而“科技馆数量”既属于主体要素(政府、非政府组织主体等),也可归为环境要素(科技创新知识传播文化),但按指标主要反映和体现功能的特点可以将其归为环境要素。

二、中外典型人才高地的样本及其说明

完成建设世界重要人才中心和创新高地的战略目标需要有战略增长极。法国经济学家弗朗索瓦 · 佩鲁(F.Perroux)提出“增长极”(Growth Pole)理论。他认为,增长并非同时出现在所有地方,它以不同的强度首

先出现在一些增长点或增长极上，然后通过不同的渠道向外扩散，并对整个经济产生不同的最终影响。① 如同磁场内部运动在磁极最强一样，经济发展、科技创新也会在面上产生点上“极化”现象，也即“增长极”。新时代人才强国战略明确“在北京、上海、粤港澳大湾区建设高水平人才高地，在一些高层次人才集中的中心城市建设人才平台”，即以具有国际影响力的科创中心和国家级中心城市建设为基础，打造国家人才发展战略“增长极”“极化点”“中心城”，以点上突破带动产生全局人才聚变、裂变和链式反应，为建设世界主要人才中心和全球人才高地提供战略支撑点。

中央要求“加快建设世界重要人才中心和创新高地”，这就涉及一个国际比较的问题。如果说中国人才高地建设的“增长级”是北京、上海、粤港澳大湾区，那么对其人才高地发展水平的评价及其改进完善建议就需要与世界其他人才高地进行比较。因此，参考相关人才高地排名，选取了除中国3个人才高地外的8个中外典型人才高地。遴选的具体步骤如下：重点选取清华大学产业发展与环境治理研究中心《国际科技创新中心指数2021》（GIHI 2021）中排名前50的城市（都市圈）与《自然指数——科学城市2021》（Nature2021）、中国社科院《全球城市竞争力报告2020—2021》（CASS2021）、美国科尔尼咨询公司《全球城市指数2020》等相关报告②进行比对，遴选出多个排名重合的人才高地。然后，由专家分析把关，根据人才高地的典型性、代表性进一步筛选聚焦，选择11个城市（都市圈）：美国硅谷（旧金山—圣何塞）、美国纽约、美国波士顿—坎布里奇—牛顿、日本东京、英国伦敦、德国慕尼黑、法国巴黎、新加坡、中国北京、中国上海、中国粤港澳大湾区。③

---

① F. Perroux, “Economic Space: Theory and Applications”, *Quarterly Journal of Economics*, Vol. 64, No. 1, 1950, pp.89-104.

② 日本森纪念财团《全球城市实力指数2020》、世界知识产权组织《2020年全球创新指数》也是典型的人才高地排名，但本研究未参考，原因如下：日本森纪念财团《全球城市实力指数2020》只选排名前10的城市，世界知识产权组织《2020年全球创新指数》的排名对象是国家，都不适合本研究需要。

③ 具体筛选方法详见陈玲、薛澜主编：《测度全球科技创新中心：指标、方法与结果》，社会科学文献出版社2021年版，第280—281页。

表 2-5-2 中外典型人才高地国别分布

序	国家	城市（都市圈）	归属	GIHI 2021	Nature2021	CASS2021
1	美国	硅谷	北美洲	1	4	6
2		纽约		2	2	1
3		波士顿		5	3	14
4	英国	伦敦	欧洲	3	11	4
5	法国	巴黎		8	9	8
6	德国	慕尼黑		11	26	5
7	日本	东京	亚洲	6	7	3
8	新加坡			13	16	2
9	中国	北京		4	1	未进入前 20
10		上海		14	5	12
11		粤港澳		7	14	9

注:《自然指数——科学城市 2021》(Nature2021)中没统计粤港澳大湾区,排名由该区域最靠前的广州代替;《全球城市竞争力报告 2020—2021》(CASS2021)中没统计粤港澳大湾区,排名由该区域最靠前的深圳代替。

旧金山—圣何塞(硅谷)地处美国加州旧金山湾,2018 年城市(都市圈)GDP(PPP)达 834203(百万美元),2018 年人口 7.664(百万人)。纽约地处美国纽约州东南部大西洋沿岸,号称美国第一大城市及第一大港口,纽约都市圈为世界上最大的都市圈之一。2018 年城市(都市圈)GDP(PPP)达 1707972(百万美元),2018 年人口 21.078(百万人)。波士顿位于美国东北部大西洋沿岸,是全美居民受教育程度最高的城市。哈佛大学和麻省理工都位于波士顿都市区,其科研、金融与技术,特别是生物工程技术在全球享有盛誉。2018 年城市(都市圈)GDP(PPP)达 413592(百万美元),2018 年人口 4.86(百万人)。伦敦是英国首都,世界金融中心,也是全世界博物馆、图书馆和体育馆数量最多的城市,共有 19 家世界 500 强总部和 7 座世界排名前 100 的大学位于伦敦。2018 年城市(都市圈)GDP(PPP)达 851738(百万美元),2018 年人口 12.44(百万人)。慕尼黑为是德国南部第一大城,全德国第三大城市(仅次于柏林和汉堡),是德国主要的经济、金融、文化、科技和交通中心之一。2018 年城市(都市圈)GDP(PPP)达 241407(百万美元),2018 年人口 2.883(百万人)。巴黎是法国的首都和最大城市,号称艺术之都、时尚之都、文化之都、浪漫之都。2018 年城市(都市圈)GDP(PPP)达 913737(百万美元),2018 年人口 12.915(百万人)。东京是日本首都,位于日本关东平原中部东京湾,是日本政治、经济、文化、交通等众多领域的枢纽中心。2017 年城市(都市圈)GDP(PPP)达 1796087(百万美元),2017 年人口 33.05(百万人)。新加坡为城市国家,全称为新加坡共和国,首都为新加坡市。2018 年城市(都市圈)GDP(PPP)为 536403(百万美元),2018 年人口 5.639(百万人)。

如前文所述,2021 年习近平总书记在中央人才工作会议上提出“可以在北京、上海、粤港澳大湾区建设高水平人才高地”。因此,中国人才高地的选取样本为北京、上海、粤港澳大湾区。北京是中国的首都,承载全国政治中心、文化中心、国际交往中心、科技创新中心四大核心功能。2018 年城市(都市圈)GDP(PPP)达 770787(百万美元),2018 年人口 21.54(百万人)。上海是中国直辖市、国家中心城市、超大城市,是中国国际经济、金融、贸易、航运、科技创新中心。2018 年城市(都市圈)GDP(PPP)达 827870(百万美元),2018 年人口 24.24(百万人)。粤港澳大湾区包括香港特别行政区、澳门特别行政区和广东省广州市、深圳市、珠海市、佛山市、惠州市、东莞市、中山市、江门市、肇庆市,其定位要建成充满活力的世界级城市群、国际科技创新中心、“一带一路”建设的重要支撑、内地与港澳深度合作示范区,还要打造成宜居宜业宜游的优质生活圈,成为高质量发展的典范。

此外,从代表性上看,上述 11 个中外典型人才高地样本也具有合理性。(1)从知名度上看,硅谷、纽约、波士顿、东京、伦敦、慕尼黑、巴黎、新加坡、北京、上海、粤港澳大湾区都是全球知名城市(都市圈)。11 个样本中,属于首都的有东京、伦敦、巴黎、新加坡、北京等 5 个,其余样本也都是本国重要的经济、文化、科技中心,并具有全球影响力。(2)样本中,中国、美国各选取了 3 个代表性城市(都市圈),其他国家选取 1 个,这与中美经济、科技等在全球的地位匹配。另外,北美洲、欧洲、亚洲为全世界主要人口、经济、科技集中地区,三大洲都选取了 3 个以上城市(都市圈),比例也较为均衡。

(3)参考多项全球排名,尤其是 GIHI2021 综合排名,本研究所选取的 11 个样本均入围排行榜前 14 位(上海位第 14 位)。排名前 14 但未入选的城市(都市圈)是西雅图、巴尔的摩—华盛顿、洛杉矶,均位于美国。不选取上述样本的原因主要是已经有 3 个美国的城市(都市圈),且上述样本的特点已可由硅谷、纽约、波士顿所代表。本着比例平衡和精简原则,不收录西雅图、巴尔的摩—华盛顿、洛杉矶等 3 个美国城市(都市圈)。

三、中外人才高地的评价指数及其排名

前文基于相关文献的梳理提出人才高地评价建设条件、建设过程、建设结果 3 个一级指标、9 个二级指标和 30 个三级指标的评价标准体系。在实际数据搜索过程中,指标条目存在如下情况:(1)数据获取上,部分指标条目有些数据需要花钱注册获取。有些数据则在理论上有,但实际上获取有困难。比如,科技馆数量、科普活动举办场次,中国城市有地方科协管理上述工作,尚可获取,但国外部分城市(都市圈)未必有专门机构统计。再如,受新冠疫情影响,部分数据在获取上出现一定困难,比如指标中"不同国籍与民族人员交流的频次(每季度)"显然就难以获取。(2)数据来源上,理想是由同一数据库获取,这样不用考虑统计标准与口径问题,但实际上 11 个样本均在统一指标上可能有不同来源。此外,受疫情影响,部分指标数据出现异常波动,比如"科普活动举办场次""学术活动交流数量(每年)",以 2020 年、2021 年的相关数据代表中外典型人才高地的建设水平可能会出现评价不准确的情况。(3)指标界定上,同一概念,中外可能有不同界定,比如,什么是人力资源服务机构,中国可能有数据,但国外似乎没有。又如,不同国家对"创新与竞赛活动次数"这一指标可能就有不同理解。再如,硅谷和旧金山湾区,行政区划意义上的伦敦、巴黎和大伦敦、大巴黎都市圈等表述,看似是同义词,但若细究实际不完全是内涵外延完全相同的同义词。

基于上述指标数据方面的困难,综合考虑对 30 个三级指标条目内容进行结构性调整。总的看,存在数据获取、数据来源、指标界定等方面问题的指标条目共有 9 条(表 2-5-3)。

表 2-5-3 需要删减的指标条目及其原因

序	一级指标	二级指标(数量)	三级指标	筛选结果及原因
1	人才高地建设条件	人才聚集度,3 条	高被引科学家比例	删除(数据获取)
2		创新平台,5 条	科技企业孵化器(众创空间)数量	删除(指标界定)
3			人力资源服务机构数量	删除(数据获取)
4		法制与经济,3 条	注册律师数量(每百万人)	删除(数据获取)
5	人才高地建设过程	创新氛围,4 条	创新与竞赛活动次数(每月)	删除(数据获取、指标界定)
6			不同国籍与民族人员交流的频次(每季度)	删除(数据获取、数据来源)
7		创新文化,3 条	科普活动举办场次	删除(数据获取、指标界定)
8		创新活动,3 条	学术活动交流数量(每年)	删除(数据获取、数据来源)
9	人才高地建设结果	创新质量,3 条	论文被专利、政策、临床试验引用比例	删除(数据获取、指标界定)

(来源:笔者绘制)

基于上述修改,对中外人才高地建设评价指标体系进行调整与完善。人才高地建设条件一级指标包括 3 个二级指标和 7 个三级指标,人才高地建设过程一级指标包括 3 个二级指标和 6 个三级指标,人才高地建设结果一级指标包括 3 个二级指标和 8 个三级指标,三级指标数量分布较为均衡,且每个二级指标都至少有 2 个三级指标作为支撑。虽然调整后的指标体系中三级指标有所减少,但现有指标均来自国际主流数据库,且指标条目也能反映一级、二级指标核心内涵。因此,调整后的 3 维度 21 条指标的指标体系具有较好的支撑性与科学性。此外,由于本指标体系没有专家打分,因此无法使用层次分析法确定权重。但结合相关文献与一般理解,将人才高地建设条件指标权重设置为 30%、将人才高地建设过程指标权重设置为 30%、人才高地建设结果指标权重设置为 40%。人才高地建设归根结底是要体现为其建设的成效,即建设结果上,虽然有的地区有较好的条件也得到有序建设,但不见得一定有好的结果。赋予人才高地建设结果指标相对较高的权重既符合实际情况,又符合一般人的理解。

表 2-5-4 调整后的评价指标体系及说明

序	一级指标	二级指标	三级指标	说明
1	人才高地建设条件（30%）	人才聚集度	R&D 人员比例（每百万人）	R&D 人员占其就业人口比例，OECD Science and Technology Indicators2017、2018 等
2			专业人才年均流入数量	领英大数据洞察数据库，2020
3		创新平台	世界一流大学 200 强数量	软科世界大学学术排名，2021
4			世界一流科研机构 200 强数量	自然指数（Nature Index），2021
5			风险投资和私募股权机构数量（百万美元）	风险投资，CB Insights，2018
6		法制与经济	科技拨款占财政拨款的比重	政府对企业研发税收激励在 GDP 中占比，OECD R&D Tax Incentive Indicators，2019
7			R&D 经费支出与 GDP 比值	世界银行数据 2020，2018 年全国科技经费投入统计公报等
8	人才高地建设过程（30%）	创新氛围	外商直接投资额（FDI）百万美元	FDI 绿地投资项目总额，2019
9			理工科大学以上毕业生人口占比	每千名 25—34 岁人口中新毕业的博士生数，EIS2020
10		创新文化	自然科学基金资助项目与经费	企业经费来源占研发经费比重，2016—2018
11			科技馆数量	科学出版物在出版物总量中的份额（%），Global Innovation Index（GII）2020
12		创新活动	国际会议数量（每年）	国际大会与会议协会报告，2019
13			国际航班数量（每年）	全球航空情报资讯机构
14	人才高地建设结果（40%）	创新效能	劳动生产率	各城市统计局
15			GDP 增速	各城市统计局
16			高科技企业产值在 GDP 中的占比	知识和技术密集型产业附加值占 GDP 比例，NSB Science & Engineering Indicators 2018

续表

序	一级指标	二级指标	三级指标	说明
17	人才高地建设结果（40%）	创新成果	有效发明专利存量(每百万人)	AI 领域 PCT 专利数量 1970—2019
18			国内外发明专利申请、授权和有效数	按来源划分的每千亿美元 GDP 国内居民专利申请量，WIPO
19			ISO 9001 质量管理体系认证数量	按来源划分的每百万人口国内居民专利申请量，WIPO
20		创新质量	高被引论文比例	Digital Science-Dimensions
21			获得的奖励或基于用户的效益评价	顶尖科技奖项菲尔兹奖、图灵奖、诺贝尔奖(除文学奖和和平奖)获奖人数情况。

注：三级指标中的“比例”都是该指标数量在每百万人中的比例，这样可以避免不同人才高地间因人口基数差异造成的总量规模差异。

（来源：笔者绘制）

指数评价法是通过选取一定的定性指标以及定量指标，经过无量纲化处理，达到统一量化比较的目的，从而得出具体的综合评价指数。所谓的无量纲化（nondimensionalize）是指通过变量替代的方法将不同单位（量纲）的数据统一化以起到简化或方便计算的目的。在国家治理效能的指标体系中，有总量指标，如收入（元）、产量（吨）；也有比例指标，如百分比。这些不同的单位间的数据无法直接进行运算，因此要先对数据进行标准化处理，即无量纲化处理，解决不同指标数值不具有综合性的问题。无量纲化的方法主要有归一化、标准化、中心化等方法。

表 2-5-5　无量纲化的主要方法、原理与特点

序	无量纲化方法	原理	特点
1	归一化	除以极差，缩放	线性变换，没有改变数据的数值顺序；收敛到一定区间，方便直观呈现
2	标准化	除以标准差，缩放	线性变换，没有改变数据的数值顺序；需要样本量较大且满足正态分布
3	中心化	减去固定数值，平移	不改变数据分布结构，只改变其分布范围

由于本样本数据量并不太大，不满足正态分布，无法使用标准化法；又由于本数据结果是为问卷调查使用，需要直白易懂，因此综合考虑使用归一化法。归一法（normalization）包括线性归一法和非线性归一法两大类，线性归一法又包括极小值归一法和平均值归一法。

$$x' = \frac{x - min(x)}{max(x) - min(x)}$$

$$x' = \frac{x - mean(x)}{max(x) - min(x)}$$

如果采用平均值归一法，则会出现负数，对于问卷发放理解不利，因此考虑采用极小值归一法。

表 2-5-6　人才高地评价指数得分

		简称	硅谷	纽约	波士顿	伦敦	慕尼黑	巴黎	东京	新加坡	北京	上海	粤港澳
人才高地建设条件	人才聚集度	A1	0.14	0.14	0.14	0.14	0.14	0.39	0.14	0.52	1.00	0.04	0.00
		A2	0.48	1.00	0.08	0.74	0.03	0.48	0.00	0.06	0.06	0.04	0.10
	创新平台	A3	0.00	0.25	0.25	0.50	0.25	0.25	0.00	0.00	0.25	0.25	1.00
		A4	0.29	0.71	0.14	0.29	0.00	0.29	0.14	0.00	1.00	0.29	0.71
	法制与经济	A5	1.00	0.80	0.41	0.33	0.01	0.12	0.12	0.00	0.95	0.62	0.20
		A6	0.48	0.48	0.48	1.00	0.00	0.97	0.13	0.32	0.16	0.16	0.16
		A7	0.16	0.16	1.00	0.00	0.18	0.18	0.25	0.06	0.50	0.30	0.15
人才高地建设过程	创新氛围	A8	0.13	0.47	0.00	0.74	0.07	0.22	0.33	0.70	0.12	1.00	0.57
		A9	0.43	0.43	0.43	1.00	0.82	0.45	0.33	0.51	0.00	0.00	0.00
	创新文化	A10	0.33	0.33	0.33	0.00	0.48	0.15	1.00	0.52	0.89	0.89	0.89
		A11	0.28	0.50	0.47	0.26	0.00	0.26	0.53	0.07	1.00	0.43	0.42
	创新活动	A12	0.08	0.05	0.00	0.51	0.07	1.00	0.44	0.53	0.23	0.21	0.74
		A13	0.05	0.32	0.00	1.00	0.35	0.80	0.24	0.50	0.06	0.15	0.38
人才高地建设结果	创新效能	A14	1.00	0.63	0.68	0.46	0.66	0.49	0.27	0.82	0.02	0.00	0.19
		A15	0.42	0.17	0.34	0.61	0.25	0.17	0.00	0.42	0.86	0.85	1.00
		A16	1.00	1.00	1.00	0.75	0.50	0.00	0.75	0.38	0.50	0.50	0.50
	创新成果	A17	0.52	0.13	0.22	0.09	0.03	0.08	1.00	0.00	0.44	0.03	0.70
		A18	0.18	0.18	0.18	0.05	0.22	0.09	0.75	0.00	1.00	1.00	1.00
		A19	0.36	0.36	0.36	0.00	0.36	0.05	1.00	0.03	0.49	0.49	0.49
	创新质量	A20	0.66	1.00	0.83	0.59	0.04	0.28	0.12	0.03	0.26	0.00	0.05
		A21	1.00	0.96	0.78	0.18	0.00	0.24	0.22	0.00	0.02	0.00	0.02

注：本标准 A1 到 A21 编号按顺序对应表 2-5-4 中的 21 个三级指标条目，因为篇幅所限，为便于阅读使用编号指代，特此说明。

四、中外人才高地评价结果分析与建议

（一）结果分析

基于一级指标的分析结果，美国纽约、英国伦敦、中国北京、美国硅谷（并列第三）位列前三。但第二、三名之间差距不大。紧接着的是中国粤港澳大湾区和美国波士顿，得分也非常接近。总的看，11个城市和都市圈形成了三个梯队：第一梯队：纽约、伦敦、北京、硅谷；第二梯队：粤港澳、波士顿、东京、巴黎、上海；第三梯队：新加坡、慕尼黑。

表2-5-7　人才高地排名及总得分与分项得分

排名	城市（都市圈）	人才高地建设条件	人才高地建设过程	人才高地建设结果	总得分
1	纽约	0.49	0.35	0.60	0.49
2	伦敦	0.44	0.58	0.35	0.45
3	北京	0.53	0.38	0.42	0.44
4	硅谷	0.35	0.22	0.66	0.44
5	粤港澳	0.28	0.50	0.44	0.41
6	波士顿	0.37	0.20	0.58	0.40
7	东京	0.12	0.48	0.48	0.37
8	巴黎	0.41	0.48	0.19	0.34
9	上海	0.22	0.45	0.32	0.33
10	新加坡	0.16	0.47	0.19	0.27
11	慕尼黑	0.09	0.30	0.23	0.21

注：总得分计算公式为人才高地建设条件得分×30%+人才高地建设过程得分×30%+人才高地建设结果得分×40%。

将本排名结果与其他典型人才高地排名进行参考，总体看本指标排名的基本梯队与其他三套排名类似（表2-5-8），比如纽约在4个排名都是一、二名，慕尼黑的排名都相对靠后。但是，不同指标也存在差异，最有代表性的就是北京。在《自然指数——科学城市》排名上，北京从2018年开始，连续四年排名全球第一，而在中国社科院发布的《全球城市竞争力报告2020—2021》中，北京竟然从2015—2016年版的全球第17名跌出了前20，

不进反退，而本研究及 GIHI 2021、Nature2021 都排名靠前的波士顿反而在世界前 20 名中排名第 14，远低于在多项排名中位居第三梯队的慕尼黑。因此，本研究认为，虽然由于评价指标不同、指标权重不同，各城市排名有所不同，但整体看本研究排名比较具有一致性和代表性。

表 2-5-8　不同指标体系下人才高地排名比较

排名	城市（都市圈）	本研究排名	GIHI 2021	Nature2021	CASS2021
1	硅谷	4	1	4	6
2	纽约	1	2	2	1
3	波士顿	6	5	3	14
4	伦敦	2	3	11	4
5	巴黎	8	8	9	8
6	慕尼黑	11	11	26	5
7	东京	7	6	7	3
8	新加坡	10	13	16	2
9	北京	3	4	1	未进入前 20
10	上海	9	14	5	12
11	粤港澳	5	7	14	9

1. 基于一级指标的结果分析

具体到人才高地建设条件、人才高地建设过程、人才高地建设结果等 3 个一级指标的结果，如表 2-5-9 所示。

表 2-5-9　人才高地建设三维度得分与排名

排名	梯队	人才高地建设条件		人才高地建设过程		人才高地建设结果	
1	第一梯队	北京	0. 53	伦敦	0. 58	硅谷	0. 66
2		纽约	0. 49	粤港澳	0. 50	纽约	0. 60
3		伦敦	0. 44	东京	0. 48	波士顿	0. 58
4	第二梯队	巴黎	0. 41	巴黎	0. 48	东京	0. 48
5		波士顿	0. 37	新加坡	0. 47	粤港澳	0. 44
6		硅谷	0. 35	上海	0. 45	北京	0. 42
7		粤港澳	0. 28	北京	0. 38	伦敦	0. 35

续表

排名	梯队	人才高地建设条件		人才高地建设过程		人才高地建设结果	
8	第三梯队	上海	0.22	纽约	0.35	上海	0.32
9		新加坡	0.16	慕尼黑	0.30	慕尼黑	0.23
10		东京	0.12	硅谷	0.22	新加坡	0.19
11		慕尼黑	0.09	波士顿	0.20	巴黎	0.19

从人才高地建设条件的得分与排名上看，北京位居第一，是唯一一个得分高于 0.5 的城市，体现出北京作为中国首都，在全国政治中心、文化中心、国际交往中心、科技创新中心建设过程中，汇聚了大量条件资源，为人才高地建设奠定了坚实基础。纽约、伦敦、巴黎等美国、英国、法国的三个老牌城市位居第二、三、四名，是与这些城市的深厚历史积淀相吻合的。波士顿、硅谷、粤港澳作为专业领域的城市（都市圈）位居第三梯队，比如波士顿的教育资源、硅谷的创新引导力和粤港澳大湾区的制度优势使三地在人才高地建设上也具有优势。其次是上海、新加坡、东京、慕尼黑。

从人才高地建设过程的得分与排名上看，伦敦遥居第一，粤港澳位居其后，说明粤港澳大湾区在发挥两种制度、三个关税区、三种货币、三个法律体系上形成了制度集成优势，在人才高地建设过程中发挥了强劲效能，超越其后的东京、巴黎、新加坡等发达国家首都。根据中国科学技术部发布的《中国火炬统计年鉴 2020》，粤港澳大湾区的高新技术企业共拥有年末从业人员 707.73 万人，大专以上从业人员占总人员的 42.19%，留学归国人员比率 0.367%，人才质量结构不断优化。上海、北京位列第二梯队，超过了纽约、慕尼黑、硅谷和波士顿。由于本指标部分为疫情发生以来数据，欧美多地受疫情影响停办了会议、熔断了航班，因此造成了部分指标数据偏低。当然，中国三个城市（都市圈）均位于一、二梯队一定程度上体现了社会主义国家规划引领、集中力量办大事的优势。

从人才高地建设结果的得分与排名上看，美国的硅谷、纽约、波士顿位列第一梯队，且得分远超排名第四的日本东京。由于现有科技创新的指标多是在美国主导的体系下运行的，比如专利认证、高被引论文、世界科技三大奖都主要是以美国为主。因此，从科技创新的结果上看，美国仍是世界科技创新的龙头老大,起着“发动机”和“引航员”的作用。可喜的是,中国的粤港澳紧随东京排名第五,北京排名第六,也都处于第二梯队。相比之下,慕尼黑、新加坡、巴黎在人才高地建设结果的得分与第二梯队拉开一定差距。就结果得分看,一、二、三梯队的层次比较分明,世界科技创新格局比较稳固。

2. 基于二级指标的结果分析

具体从 9 个二级指标对 11 个中外人才高地建设情况进行分析。

表 2-5-10 人才高地建设条件三维度得分与排名

排名	梯队	人才聚集度		创新平台		法制与经济	
1	第一梯队	纽约	0.57	北京	0.73	波士顿	0.74
2		北京	0.53	粤港澳	0.64	巴黎	0.57
3		伦敦	0.44	纽约	0.59	伦敦	0.50
4	第二梯队	巴黎	0.44	硅谷	0.43	北京	0.33
5		硅谷	0.31	上海	0.39	硅谷	0.32
6		新加坡	0.29	伦敦	0.37	纽约	0.32
7		波士顿	0.11	波士顿	0.27	上海	0.23
8	第三梯队	慕尼黑	0.09	巴黎	0.22	新加坡	0.19
9		东京	0.07	东京	0.09	东京	0.19
10		粤港澳	0.05	慕尼黑	0.09	粤港澳	0.16
11		上海	0.04	新加坡	0.00	慕尼黑	0.09

从人才聚集度的得分与排名上看,纽约和北京遥居前两位,伦敦和巴黎位居其后,这个排名是与美国、中国、英国、法国在全球的人才吸引力相匹配的,体现出作为世界政治经济大国在人才吸引和聚集方面的地位。

从创新平台的得分与排名上看,北京遥居第一,粤港澳紧随其后,上海排名第五,中国各城市(都市圈)均位列一、二梯队,说明中国在科技创新的平台建设上取得了显著成效,尤其在世界级大学、研究机构等的数量和位次上展现了强劲的发展势头。

从法制与经济的得分与排名上看,波士顿、巴黎、伦敦位列前三,且与第四名的北京拉开了一定距离。此项排名中，粤港澳大湾区仅位列第十。考虑到该指标主要是科技拨款占财政拨款的比重、R&D 经费支出与 GDP 比值，而粤港澳地区民营企业活跃，非财政拨款占研发经费的比重较高。比如，粤港澳大湾区 2021 年研发费用投入超过 2755 亿元，而华为和腾讯的研发费用总和超过了 1789.72 亿元。① 此外，粤港澳地区主要是偏应用型的研发而非基础理论的研究，因此在该指标评分上得分较低。

表 2-5-11　人才高地建设过程三维度得分与排名

排名	梯队	创新氛围		创新文化		创新活动	
1	第一梯队	伦敦	0.87	北京	0.94	巴黎	0.90
2		新加坡	0.61	东京	0.77	伦敦	0.75
3		上海	0.50	上海	0.66	粤港澳	0.56
4	第二梯队	纽约	0.45	粤港澳	0.65	新加坡	0.51
5		慕尼黑	0.45	纽约	0.42	东京	0.34
6		巴黎	0.33	波士顿	0.40	慕尼黑	0.21
7		东京	0.33	硅谷	0.31	纽约	0.19
8	第三梯队	粤港澳	0.29	新加坡	0.29	上海	0.18
9		硅谷	0.28	慕尼黑	0.24	北京	0.15
10		波士顿	0.21	巴黎	0.21	硅谷	0.07
11		北京	0.06	伦敦	0.13	波士顿	0.00

从创新氛围的得分与排名上看，伦敦、新加坡、上海位于第一梯队，而北京位列末次。主要原因是该指标中，北京在外商直接投资额（FDI）上得分较低。根据《中国省域经济综合竞争力发展报告（2019—2020）》，广东、江苏、上海的实际 FDI 数额分别是 19533 亿美元、11735 亿美元、9552 亿美元，北京位列第四，与山东数额相似，为 5996 亿美元。② 这在一定程度上体现

① 陈文玲：《粤港澳大湾区：打造世界级战略性创新高地》，《开放导报》2022 年第 3 期。

② 李闽榕、李建平主编：《中国省域经济综合竞争力发展报告（2019—2020）：双循环新发展格局与中国经济发展》，社会科学文献出版社 2021 年版，第 743 页。

了北京的经济开放度仍有待提高。

从创新文化的得分与排名上看,北京、东京、上海、粤港澳位列前四,其中三个中国城市(都市圈)全部位列前茅,尤其是北京的得分遥遥领先。这说明作为中国主要城市,北京、上海、粤港澳在创新的基础设施建设、人均知识素养等方面水平较高。比如,该指标中有科技馆数量一项,根据2022年6月召开的全国现代科技馆体系工作会,中国实体科技馆数量从2012年的118座增长至2021年底的408座,总建筑面积达442.05万平方米,较2012年增长了1.42倍,增长面积259.62万平方米,另有在建科技馆115座。①

从创新活动的得分与排名上看,巴黎、伦敦、粤港澳、新加坡、东京、慕尼黑、纽约等排名靠前,而上海、北京仅位于第三梯队。考虑到学术会议主要还是使用英语,因此在学术交流语言、交通、签证等的便利性上看,欧美国家仍具有显著优势。当然,疫情后,随着线上会议等技术的不断发展和完善,创新活动的技术性差距会逐渐减小。

表 2-5-12 人才高地建设结果三维度得分与排名

排名	梯队	创新效能		创新成果		创新质量	
1	第一梯队	硅谷	0.81	东京	0.92	纽约	0.98
2		波士顿	0.67	粤港澳	0.73	硅谷	0.83
3		伦敦	0.61	北京	0.64	波士顿	0.80
4	第二梯队	纽约	0.60	上海	0.51	伦敦	0.38
5		粤港澳	0.56	硅谷	0.35	巴黎	0.26
6		新加坡	0.54	波士顿	0.25	东京	0.17
7		慕尼黑	0.47	纽约	0.22	北京	0.14
8	第三梯队	北京	0.46	慕尼黑	0.20	粤港澳	0.04
9		上海	0.45	巴黎	0.07	慕尼黑	0.02
10		东京	0.34	伦敦	0.05	新加坡	0.01
11		巴黎	0.22	新加坡	0.01	上海	0.00

① 喻思南:《我国现代科技馆体系量质齐升》,《人民日报》2022年6月17日。

从创新效能的得分与排名上看，硅谷、波士顿、伦敦、纽约位居前列，这反映在这些地区科技创新对经济增长的拉动作用上。仅就 2018 年人均 GDP 来看，硅谷达到 108847 美元、波士顿为 85101 美元、纽约为 81031 美元。反观北京和上海，则分别为 35784 美元和 34153 美元，仅为前者的三分之一到一半。显然，科技创新与经济发展是互为支撑的，由于北京、上海等地的人均收入（劳动生产率）相对较低，其所能吸引和留住的全球顶尖人才也就相对较少，从而创新效能也相对较低，反过来又使得创新对经济发展的刺激和推动效能较弱。

从创新成果的得分与排名上看，东京遥居第一位，这主要是由于日本在专利存量和申请量上具有显著优势。比如，根据据世界知识产权组织公布的数据，2022 年 1—3 月，日本 PCT 专利申请量为 17422 件，同比增加 20.8%，占全球的份额为 25.84%，比上年同期提高了 3.31 个百分点，居世界第一位，与上年同期的名次相同。当然，由于近年来中国大力加强了科技研发投入，如华为等研发型企业也持续提高研发经费，中国的创新成果也都位于一、二梯队之间。

从创新质量的得分与排名上看，纽约、硅谷、波士顿、伦敦、巴黎、东京等地位列第一、二梯队，而中国整体得分较低，其中上海更是垫底。总的看，由于现有科技成果的质量评价体系仍主要是英美主导下的评价范式，再加上目前中国仍未彻底破解“钱学森之问”，本土培养的世界级大师和成果相对较少。某种程度上看，如何提高国际认可是未来中国科技创新和人才高地建设需要重点加强的领域。

（二）经验借鉴

在 8 个入选的欧美亚典型人才高地上，均有值得中国人才高地借鉴的优秀经验和先进举措。比如，美国的人才中介公司及猎头公司发达，包括信息服务、咨询培训、猎头公司、人才银行、风险投资公司等，为美国公司网罗各国的高科技人才①。同时注重用中介服务机制管理科技创新人才，包括

① 赵丽：《美国科技人才流动的特点及其政策机制》，《中国高等教育》2014 年第 18 期。

商务部小企业管理局的小企业发展中心、中小企业信息中心以及建在大学的生产力促进中心等科技中介服务机构,在产学研合作中起着沟通协调作用。以美国硅谷为例,旧金山—圣何塞所在的城市群是美国科技人才服务机构最集中的地方。其成功的经验包括:(1)服务体系完善。在硅谷,技术发明者有了好的创意或技术,从资金筹集、申请营业执照到财务管理、公司上市等都可以通过各种专业性公司来运作。这一系列相互依赖的服务机构被称为"生态系统"。这个系统主要由大学、研究机构、律师事务所、风险资本公司、会计师事务所、猎头公司、管理咨询公司、破产清算公司等组成。这些组织除了大学、研究机构外,盈利的主要方式是以服务、投资换取新公司的股权。在创业过程中,大家各司其职,发挥各自的专业特长,自然而然形成了一个风险均占、利益共享的联动组织。(2)高等教育资源丰富。高学历、创新性人才为硅谷经济的发展提供了强大的智力支持。硅谷周边分布着斯坦福大学、加州大学伯克利分校、加州大学旧金山分校、加州大学戴维斯分校、加州大学圣克鲁兹分校、加州大学奥克兰分校、圣何塞州立大学、旧金山州立大学、东湾州立大学等世界和当地的著名高等教育机构,这些大学为硅谷营造了优越的创新环境,促进了硅谷科技创新产业的持续发展和繁荣。(3)基础和配套设施优越。基础教育方面,硅谷的基础教育机构能够提供优质的教育,培养出众的学生,在加州乃至全国具有较强的竞争力。医疗设施和服务方面,硅谷地区优越的医疗设施和便利的医疗服务为硅谷吸引和留住国际人才也发挥了重要作用。硅谷地区和区域周边坐拥两所美国顶尖的医院——旧金山大学医疗中心和斯坦福大学医疗中心。加州有近 1700 家医疗设备公司,远远超过其他州的医疗设备公司的数量。此外,在社会服务方面,硅谷的社会组织也给当地居民提供了各类体贴的社会服务,在帮助新移民融入硅谷社会的同时,也保证了当地居民的生活品质。

除了美国之外,世界其他科技强国也有诸多值得中国人才高地建设吸收和借鉴之处。比如,英国注重产学研结合,建设大学与企业的科技网络。英国政府和高校均支持大学和科研机构中的科技创新人才在"孵化器"、科技园、创业园中自主创业,并通过设立高等教育创新基金(Higher Education Innovation Fund)、建立完整投资体系、采用灵活的资金运作方式,支持在大学周围建立各种科技网络群①。以英国首都伦敦为例,伦敦国际金融中心对于英国国际科技创新中心的建立提供了基础和保障,其举措经验具体包括:(1)以"弥补市场缺失的功能"为政策重点。在扶持创新性企业发展过程中,政府不是大包大揽,仅发挥有限作用,重点是以有限的资金介入高风险的种子和先期种子阶段,引导风险投资。政府投资通常以母基金(Fund of Funds)形式出现,不直接投资于项目,更多是参与发起创立新的专业性投资机构,间接支持符合条件的项目,以达到既扶持创新企业发展又规避风险的目的。(2)直接资助和间接扶持相结合。对科技创新直接给予资金扶持,尤其支持中小微、初创企业的创新活动。2011 年至 2015 年,该类资金预算总额超过 200 亿英镑。此外,还通过综合利用财政税收及金融等手段进行间接推动科技创新活动。其中,研发税收减免是激励企业创新政策的重中之重。自 2000 年实施后,通过研发税收减免政策,每年能够给企业带来大约 10 亿英镑的减免。(3)资助门槛低且资助力度大。英国政府扶持科创活动的适用条件格外宽泛,但扶持条件却非常丰厚。种子企业投资计划(SEIS)对申请融资资格的企业仅要求:资产不超过 20 万英镑;雇员不超过 25 人;通过该计划融资时的创立时间不超过 2 年;金融服务业等行业的企业除外,没有其他更多的限制。但通过 SEIS 计划,每 10 万英镑投资即可为投资者带来最高达 50%的税收优惠,且超过 3 年的股份无须缴纳资本利得税。投资收益全部免税;在其他投资中的收益只要再投资到该计划中,也可减免税收。②

德国建立青年科技创新人才激励机制,注重对青年科技创新人才的培养,制定富有战略性的青年人才计划,从而加强科研后备人才队伍储备和建设,具体包括设立青年科研岗位和青年教授席位、实施艾米诺特计划(Emmy Noether Programme)、实施海森贝格计划(Heisenberg Programme)等。以德国南部城市慕尼黑为例,智能制造是数字经济的重要组成部分,慕尼黑作为全球智能制造创新中心,是互联网、大数据、人工智能等数字技术和实

① 郭晓娟:《浅谈英国牛津大学科技园的成功之道》,《中国高等教育》2006 年第 1 期。

② 纪慰华:《伦敦科技金融政策体系对上海建设全球科创中心的启示》,《上海城市管理》2021 年第 3 期。

体经济深度融合发展的典范,2017 年 GDP 达到 1070 亿欧元,是全球名副其实的智能制造产业聚集区,是宝马汽车、西门子电子、MAN 卡车制造、MTU 飞机引擎制造、Krauss-Maffei 注模机制造、英飞凌半导体等大公司的总部所在地。其中,宝马汽车 2017 年全年净营收 1032 亿欧元,西门子电子为 857 亿欧元,MAN 卡车制造为 141 亿欧元,英飞凌半导体为 71 亿欧元。慕尼黑是德国慕尼黑国际工业展、慕尼黑珠宝暨钟表展会、德国慕尼黑工业陶瓷展等智能制造相关国际展会的所在地,聚集了众多智能机械设备公司、智能芯片制造商和高端装备制造企业。慕尼黑作为全球智能制造的产业集聚中心,其稳步发展主要得益于以下几个主要做法和措施:一是优化智能制造产学研用协同生态圈。二是注重智能技术在制造业的深入应用。三是构建智能制造创新创业服务链。①

日本为建设人才高地采取了一系列举措,比如高薪聘请国外优秀人才,提供竞争上岗机会,同时通过开放重要实验室、推动英语办公、提供补助和奖励等方式推动合作研究。通过官产学研结合,建立了信息共享、投资收益良性循环、科技转让与生产一体化的机构。② 以世界湾区的代表东京湾区为例,东京在建设全球创新网络节点城市有如下举措:(1)创造良好的低成本创新环境。东京全球创新网络节点建设强调创新研发中心建设和生产制造基地建设不同,不论是东京国家战略特区还是东京亚洲总部特区均在相关制度中表明创造优良的低成本创新环境。东京不仅为简化各种行政手续设立东京商务服务中心,还为创新企业提供雇用劳动等一站式服务,同时尽力为研究者及其家属拥有方便生活的居住环境创造条件。此外,东京都还在市内大学和研究机构中建立开放的共同研究机制,企业及国际化人才可以通过相关系统调配找到其需求的研发器械设备。(2)支持自有企业全球创新网络建设。东京全球创新网络节点建设包含了内外网络建设的两个方面,其中东京自有企业海外研发中心业务的不断拓展,在全球创新网络中承担更加重要的作用。东京自有企业的海外业务扩展以及发展升级到研发中心建设,虽然初期情况主要是作为总部技术在海外的延伸发挥作用,但这些

---

① 《慕尼黑:全球智能制造创新中心》,《宁波经济(财经视点)》2019 年第 8 期。

② 陈晓君:《日本大学技术转移机构若干问题分析》,《私法》2014 年第 1 期。

海外研发中心不断发展，通过与当地实际的融合，通过发挥自主性利用独立性知识和技术开发当地市场新的功能，并将成果回馈于跨国公司总部及总部城市东京，形成和进一步加强了东京全球创新网络的影响能力。(3)政府主导、协作分工明确的自有企业境外投资支持系统。日本支持企业海外活动主要是以大企业为对象，同时对有发展潜力的中小企业参与国际竞争也给予了大力支持，包括制定中小企业境外投资政策和措施，帮助中小企业成为国内海外投资的主流。日本海外支持的主要特点是在政府支持的高层次基础上统筹社会资源，补充完善和形成协作分工明确的企业境外投资支持系统。同时完备税收优惠制度，为企业境外投资提供服务。长期不变的系统支持和在不同时期采取的不同支持方式与策略有效支持和促进了东京自有企业的境外投资，在东京全球创新网络节点建设中发挥了重要作用。①

新加坡作为一个"城市国家"，其在人才中心和创新高地建设上的主要经验包括：(1)制定人才需求目录。人才需求目录是根据劳动力市场短期需求和社会经济发展长期趋势制定的引才清单，具有前瞻性、动态性和战略性。科学精准的人才需求目录让新加坡能更有针对性、策略性地引入国际人才。新加坡人力资源部根据人才需求目录和人才的背景履历审核发放不同类型的工作准证。目前针对国际人才主要有三种准证类型：高层次人才的 EP 准证、中级技能人才 SP 准证、一般外国劳工 WP 准证，并对后两类准证的发放实施配额管理。(2)出台人才优惠税政。新加坡个人所得税税率低于大多数发达国家的税率水平，并对企业采取低税制，只征收一个税率为20%的所得税。为鼓励企业研发，还实行了研发费用双重扣除，以减轻企业的纳税负担。对企业在招聘、培训外来人才上的支出，以及为外来人才提供高薪和住房等福利待遇产生的支出，可以享受税收减免。对于经营先导型产业的技术企业，免税期可长达 10 年。为鼓励跨国公司将地区总部或国际总部设在新加坡，政府对其征收较低的企业所得税。(3)搭建人才集聚平台。新加坡政府经济发展局和人力部下属的"联系新加坡"(Contact Singapore)成立于 2008 年，承担吸引国际人才到新加坡工作、投资和生活的职

① 春燕：《全球创新网络节点城市建设——东京案例》，《科学管理研究》2019 年第 6 期。

能。“联系新加坡”设有工业劳动部、市场传播部、新加坡迎接中心和全球运营中心。其中，全球运营中心共有 12 个分支机构，除新加坡总部外，设有北美分部（旧金山、纽约、波士顿）、悉尼分部、印度分布（孟买、钦奈）、欧洲分部（法兰克福、伦敦）、首尔分部、中国分部（北京、上海）等区域分部，形成了覆盖全球的引才网络。通过游学、研讨会、求职宣讲会和博览会等形式，“联系新加坡”既扮演了“宣传窗口”的角色，又发挥了充实人才库、构建人才网络的作用。①

（三）发展建议

基于中外人才高地建设三维度的加权总排名和各分维度子排名，可以看到北京、粤港澳和上海分别居于三个梯度之中。相对而言，北京科技创新的综合实力最强，已经具备了世界级人才高地的条件、过程和结果要素，成为世界科技创新和人才聚集的重要高地。粤港澳具有多种制度、多元文化的优势，国际化程度高而又具备中国大力体制优势，虽位于第二梯队，但已具备硅谷、波士顿、东京等国际人才高地的基本要素，具有冲击第一梯队的各方面基础。相比之下，上海的人才高地建设水平仍有待进一步提高。

表 2-5-13　中国三地人才高地建设排名情况

序	城市（圈）	总排名	第一梯队次数	第二梯队次数	第三梯队次数
1	北京	3（第一梯队）	1	2	0
2	粤港澳	5（第二梯队）	1	2	0
3	上海	9（第三梯队）	0	1	2

具体到中国北京、粤港澳、上海在建设人才高地上的不足与短板，本研究基于评价得分认为，三地共有的短板是建设结果，即创新效能及其转化水平较低。如前文所述，由于先行科技成果的认可标准和机制仍是欧美发达国家创立的，世界权威期刊、奖项和领军专家也主要是欧美学者主导，这使得中国在科技成果的转化上具有一定的先天劣势。具体到三地的情况：

① 应验：《新加坡国际人才管理对我国自贸区（港）的启示》，《中国人才》2019 年第 1 期。

(1)北京的不足在于国际化开放水平相较于经济和金融更为发达的上海(金融中心)、粤港澳(国际贸易与金融中心)来说,具有一定劣势,这突出表现在北京在吸引国外投资(FDI)上的差距;(2)粤港澳大湾区的相对不足是其在基础研究上的投入占比相对较低,由于产业结构偏向于工程和应用技术,因此在数学、物理、化学等基础学科及其投入上有所不足;(3)上海总体上各指标都未进入世界第一梯队,且总排名位于世界第三梯队,说明上海在人才高地建设的条件、过程、结果等诸环节都存在短板,需要更好谋划,综合提升。

表 2-5-14 人才高地建设三维度得分与排名

排名	梯队	总得分		人才高地建设条件		人才高地建设过程		人才高地建设结果	
1	第一梯队	纽约	0.49	北京	0.53	伦敦	0.58	硅谷	0.66
2		伦敦	0.45	纽约	0.49	粤港澳	0.50	纽约	0.60
3		北京	0.44	伦敦	0.44	东京	0.48	波士顿	0.58
4	第二梯队	硅谷	0.44	巴黎	0.41	巴黎	0.48	东京	0.48
5		粤港澳	0.41	波士顿	0.37	新加坡	0.47	粤港澳	0.44
6		波士顿	0.40	硅谷	0.35	上海	0.45	北京	0.42
7		东京	0.37	粤港澳	0.28	北京	0.38	伦敦	0.35
8	第三梯队	巴黎	0.34	上海	0.22	纽约	0.35	上海	0.32
9		上海	0.33	新加坡	0.16	慕尼黑	0.30	慕尼黑	0.23
10		新加坡	0.27	东京	0.12	硅谷	0.22	新加坡	0.19
11		慕尼黑	0.21	慕尼黑	0.09	波士顿	0.20	巴黎	0.19

1. 基于共性分析的实现路径建议

通过人才高地建设的条件、过程、结果三个维度分析可以发现,美国、英国、法国、德国、日本、新加坡和中国的 11 个城市(圈)的发展有其共同点。有研究认为,人才高地是科技水平高、环境条件好、民主法制健全、制度环境宽松、科研经费充足、薪酬待遇优厚、发展潜力较大的地方①,一般都具有健

① 薄贵利:《论打造世界级和国家级人才高地》,《中国行政管理》2019 年第 6 期。

全的科学研究体系、完备的技术创新体系、极具竞争力的高端产业体系和开放一流的创新环境体系等。① 因此,人才高地建设是一个从条件到过程再到结果的系统工程,要遵循人才高地建设的一般规律。2021 年中央人才工作会议明确了人才中心和创新高地建设在 2025 年、2030 年、2035 年三个重要时间节点的近期目标、中期目标、远期目标。基于上述时间表和线路图,(1)现阶段要加大科研投入力度,包括科研资金和人才培养等方面,主要提高国家自主培养人才的能力,到 2025 年培养出一批顶尖人才团队,形成集聚效应。比如,提升高校、科研院所研究实力,配备先进科技基础设施,充分发挥顶尖与战略科学家的作用。(2)下一阶段继续建立并完善人才保障制度体系,到 2030 年,基本建成适应国家高质量发展需求的人才制度体系,进一步强化人才培养能力,同时扩大对于国外顶尖人才的引进工作,从而壮大人才团队,向世界科技前沿进军。比如,健全政策和法规保障,大力发展人力资源服务业,提供更加完善与个性化的生活、教育、医疗等保障。同时,进一步优化创新创业氛围,完善知识产权保护体系,改进人才评价制度。(3)在第三个阶段,政府要继续加大对科技、人才的投入,保持国家在人才资源与科技创新领域的相对优势,到 2035 年,实现世界科技强国与人才大国的战略目标。② 比如,要鼓励创新平台和服务机构发展,规范风投创投机构行为,建立知识产权入股与价值变现机制,激励技术创新人才奋发有为。要继续做大做强优势主导产业,鼓励科技企业产出更多更好的新产品、新技术。

2. 基于优势发挥的战略引领建议

中国人才高地建设一方面有与发达国家相似的规律路径,另一方面也有其差异性特点。有研究就认为,人才高地建设要根据本地的经济特色和重点以及产业结构的调整方向,明确人才高地建设的特色和重点,有所为有所不为,有所大为有所小为。③ 这就需要我们基于制度优势,发挥国家战略

① 王子丹、袁永、胡海鹏、廖晓东、邱丹逸:《粤港澳大湾区国际科技创新中心四大核心体系建设研究》,《科技管理研究》2021 年第 1 期。

② 高悦、张向前:《建设世界重要人才中心和创新高地的保障机制研究》,《科技和产业》2022 年第 7 期。

③ 薄贵利、郑雪峰:《论人才高地建设战略》,《中国行政管理》2017 年第 11 期。

导向作用,加强政府主导、政策引导、规划引领、市场调节的发展模式,进行整体目标定位、区域特色互补以及分层协同创新,具体包括:(1)通过政府引导、规划引领、因地制宜与市场激励的发展模式,为创新过程与结果提供了条件保障,为不同区域的人才高地发展进行战略定位。推动建立政府、社会、市场合理分工,有效结合的新时代人才发展治理体系。比如,可建立权威型行业专业协会,赋予其引导专业人才队伍职业化发展的职责。(2)相比于国外人才高地,中国人才高地的梯队性、互补性更强,中央政府与地方政府、各地方政府之间的联系与合作更加紧密。因此应该充分发挥全国高地建设的系统协同与互补提升的优势。(3)要基于新型举国体制的制度优势和单一型国家的结构特点,积极引导我国人才高地建设继续明确定位与战略,围绕中央赋予各地发展的方向与使命,结合各地区发展实际和优劣势情况建设特色人才高地。比如,积极支持其他有条件的地方建设区域科技创新中心,加快推进北京怀柔、上海张江、安徽合肥三个综合性的国家科学中心。

3. 基于差异不足的促进发展建议

虽然基于评分排名,北京已入围世界人才高地第一梯队,粤港澳稳居第二梯队,上海紧随其后处于第三梯队,但三个城市(圈)在人才高地的建设上具有进一步提升完善的空间。比如,北京存在顶尖人才和关键人才紧缺、人才国际化程度亟待提高、人才队伍结构仍需优化、人才发展环境有待进一步完善等问题。①

上海市基础研究人才总量供给不足。以人工智能领域为例,按相关部门测算,2025 年,上海市人工智能人才队伍规模要达到 40 万人,才能基本建成具有全球影响力的人工智能创新发展人才高地。目前,上海市高校人工智能相关学科专业在校生规模只有 4 万人左右,以每年近六成毕业生留沪来测算,高校人才培养供给远远无法满足产业人才的大规模需求。② 粤港澳大湾区人才高地建设存在地区分布差异明显、人才效能有待提升、协同

---

① 伊彤、王涵、陈媛媛、庞立艳:《全力打造世界高水平人才高地——北京科技人才发展的问题与对策研究》,《中国科技人才》2022 年第 1 期。

② 《高端人才缺,一线技术人才也缺!上海加快建金字塔型人才结构》,https://www.yicai.com/news/101297592.html。

发展机制有待改善、优质教育资源不足以及受高等教育人口比例偏低等不足。① 基于上述短板，提出如下建议：(1)在人才高地建设过程中，尽快建立更加便捷的国际人才工作签证与人才绿卡机制，基于各地实际资源与条件，加快建设不同类型、不同层次的科技创新平台。比如，根据硅谷地区研究所2018年的统计数据，硅谷共有307万人口，其中，外国出生的居民人数占到了总人口的37.8%，比美国任何地方都更高（美国平均比例为27.2%），进一步分析，硅谷雇员中外国出生居民的占比更是高达45.8%，而处于核心年龄段（25—44岁）的雇员中，该比例达到了50%。② 例如，粤港澳大湾区未来可建立大湾区人才一体化运行机制。建立互通互认、共享共建的人才引进、评价、服务体系，在税收、出入境、执业资格等多个方面消除壁垒，打造粤港澳大湾区人才更加自由、更加便捷流通的运行机制。同时，打造大湾区国际人才自由港，建立“人才飞地”，允许大湾区三地人才在“飞地”自由出入境、创新创业等。③ (2)进一步优化创新氛围和创新文化，鼓励企业、非政府组织等建立研发团队，在项目立项、资金资助、成果转化、荣誉奖励等方面给予一定倾斜。健全科技人才投入保障机制，发挥人才发展专项资金、产业投资基金等政府投入的引导和撬动作用，建立政府、高校、企业、社会多元投入机制，加大重点学科领域人才项目投入。④ (3)大力加快市场主体力量建设，大力发展人力资源服务业，创新引才聚才方式，将国内外人才“刚性引才”与“柔性引才”相结合，激活市场主体力量。

---

① 萧鸣政、张湘姝：《加快推进粤港澳大湾区人才高地建设》，《中国人才》2021年第8期。

② 董庆前、李治宇：《硅谷产教融合培养创新性国际人才措施和实践研究》，《科技经济导刊》2019年第11期。

③ 王辉耀：《加快建设世界重要人才中心和创新高地》，《组织人事报》2021年10月28日。

④ 许晓东、智耀徽：《加快建设世界重要人才中心和创新高地》，《人民日报》2021年10月26日。

第六章　国外人力资源服务业的发展与趋势

【内容提要】

伴随着知识经济时代的到来，各国都将人力资源作为经济发展和企业竞争的第一驱动力。随着社会对人才观念的加强和对人才事业重视度的提升，人力资源服务业在各国成为“朝阳产业”，人力资源服务业迅速崛起，在经过一段时间的发展后，已成为服务业中的一种重要形态，也出现了新的发展成果和发展趋势。

本章基于文献和数据，从发展历程和发展现状的角度对国际人力资源服务业进行了阐述和分析，总结了全球人力资源服务业近年来的发展特点以及未来发展趋势。随后对美国、日本、英国人力资源服务业发展现状、背后成因以及未来趋势分别进行阐述。结合国外经验和国际国内现状，本章提出中国人力资源服务业需要在公共就业服务相关的合作伙伴关系建立、提升人力资源服务业专业化水平与质量、打造国际化服务品牌、重视劳动力市场供需变化等方面进行创新，并同时尽快制定进一步完善的服务业发展政策，以期真正早日实现人才强国的目标。

相较于2021年《人力资源服务业蓝皮书》，本章从人力资源服务业国际发展的角度提供了全新的视野。对于西方人力资源服务业的发展情况与启示，本书编委曾在2014年进行了最后一次梳理，距今已有8年时间，因此期间行业发展与趋势的变化亟须重新开展研究并归纳总结。希望本章内容能够为人力资源服务业从业者、学者和其他相关人员提供参考。

Chapter 6 Development and Tendency of International Human Resources Service Industry

[Abstract]

With the advent of the knowledge-based economy era, human resources are regarded as the first driving force of economic development and enterprise competition in all countries. With the strengthening of the society concept of talents and the increasing emphasis on talents, the human resource service industry has become a "sunrise industry" in various countries, and it has risen rapidly as an important form in the service industry, while new development results and trends have also emerged.

Based on literature and data, this chapter elaborates and analyzes the international human resource service industry from the perspective of development history and status, then summarizes its development characteristics in recent years and future development trends. Subsequently, the development status, underlying causes and future trends of the human resource service industry in United States, Japan and the United Kingdom are respectively elaborated. Combining foreign experience and international and domestic status quo, it is proposed that we should innovate in the establishment of partnerships related to public employment services, improve the professional level and quality of human resource service industry, build international service brands, and pay more attention to changes in labor market supply and demand. Additionally, it is important to formulate further improvement policies for the development of this industry as soon as possible, with a view to realizing the goal of strengthening the country with talents at an early date.

Compared with the *Human Resource Service Industry Blue Paper 2021*, a new theme from the perspective of the international human resource service industry development is provided in this chapter. Regarding the development and enlightenment of the Western human resource service industry, the editorial board of this book conducted the last combing in 2014, which has been 8 years since then. Therefore, the industry development and trend changes during this period need to be re-examined and summarized. It is hoped that the content of this chapter can provide references for practitioners, scholars and other related personnel in the human resource service industry.

"人力资源服务"早在100多年前就在西方国家出现,经过将近一个世纪的发展,人力资源服务业在西方国家已趋于成熟并形成了市场经济的稳定模式。20世纪90年代以来,随着劳工市场的刚性需求不断增长及人力资源服务业市场的不断规范,西方国家的人力资源服务业进入了快速发展时期。人力资源行业在我国起步较晚,30年前"人力资源服务业"对国人来说还是一个陌生的概念,直至改革开放后,1979年北京市友谊商业服务总公司国内服务部成立标志着人力资源服务业在中国的出现。本章将介绍国际人力资源服务业,特别是近年来美国、日本、英国等人力资源服务业较为发达国家的发展现状和未来趋势,并对中国人力资源服务业的未来发展提供建议。

一、国际人力资源服务业发展概况

（一）国际人力资源服务业发展历程

根据国际标准产业分类(ISIC),国内提出的人力资源服务业的服务内容包含在几个相关的服务业模块中,即人力资源管理咨询服务、就业服务、培训服务模块。国际劳工组织(International Labour Organization, ILO)较早对就业服务(Employment Services)进行了说明,认为由政府通过其劳动部门和/或由私人职业介绍所提供的就业服务为求职者提供了就业机会,对劳动力市场的良好运作至关重要。按提供主体的不同,ILO将就业服务分为两类,一类是公共就业服务(Public Employment Services, PES),致力于计划并执行劳动力市场政策,其机构的主要任务是为劳动者和企业提供有关劳动力市场的信息,协助寻找工作并提供安置服务,管理失业保险金以及制定与执行各种劳动力市场计划。另一类是私人就业服务机构(Private Employment Agencies,PrEAs),其提供其他工作匹配、培训和技能提升等服务,以满足雇主的需求。ILO 定义下的"就业服务"的内涵相比于 ISIC 更为宽泛,既包含了就业服务、培训服务,也在一定程度上涵盖了人力资源管理咨询服务、社会保障等部分,因此在 ILO 等相关国际机构表述中的"就业服务"领域与国内的"人力资源服务业"的概念大致等同。

纵观国际人力资源服务业的发展历程,大致经历了从被禁止和限制,到放松管制,到开始多元化发展,再到正式合法化直至得到政府和国际社会的鼓励发展四个阶段。早在 19 世纪末,人力资源服务机构就在美国出现了。1893 年,弗雷德·温斯洛在美国创办了世界上第一家私营职业介绍机构。但由于一方面,当时的社会环境影响以及主流观念对人力资源服务的认知具有一定的局限性,认为劳动力并非商品,不应该将职业介绍作为一种商业行为来获取利益;另一方面法律不完善,经常会出现人口贩卖、雇佣童工和剥削劳工的现象。因此,国际劳工组织在一开始对私营职业介绍机构是持否定态度的,并且在 1919 年的《失业公约》中明确规定"禁止一切形式的私营职业中介机构运营"。二战期间,在经济危机和战争的双重威胁下,国际劳工组织相继出台《收费职业介绍所公约》(第 34 号)、《收费职业介绍所建议书》(第 42 号)、《职业介绍设施公约》(第 88 号)等文件,逐步放松对私营职业介绍所的限制,以支持各国社会经济相对平稳运行以度过危机。到了战后,国际劳工组织修订了《收费职业介绍所公约》,不再沿用废止私营就业机构的方案,而把重点放在防治私营就业机构的弊端方面,对其采取严格的监管方式。进入 20 世纪 70 年代以后,发达国家陷入了经济危机,经济下行导致诸多企业破产,失业问题日益严重,如何扩大就业、保持经济稳定成为当时最为艰巨的问题。这一时期,人力资源服务业体现了其独特的力量,以多样化的经营业态,高效、灵活的经营方式,在促进灵活用工、提升就业率、减少失业特别是长期失业方面的作用日益突出,逐渐为国际社会所接受和认可。直到 1997 年通过《私营就业机构公约》(181 号),人力资源服务机构实现了合法化。在这个过程中,很多国家的政府迅速制定并完善了规范人力资源服务机构的法律法规,同时人力资源服务机构也通过加强自律,重塑自身形象来赢得社会的认可。从 20 世纪 90 年代开始,国际人力资源服务业进入了快速发展阶段。经过近一个世纪的发展，人力资源服务业的发展和经营模式已趋于成熟和稳定，其对劳动力市场的作用主要体现在两个方面：一方面从雇主的角度，人力资源服务机构使企业在增加和减少劳动力方面具有更大的灵活性；另一方面从劳动者的角度，人力资源服务机构保证了劳动者的工作机会和就业标准，同时也有助于改善劳动者的工作条件。

表 2-6-1　国际人力资源服务业的发展阶段①

时间	发展阶段	代表性文件	背景情况
1919—1933 年	限制禁止阶段	《失业建议书》(第 1 号) 《失业公约》(第 2 号)	第一次世界大战后，国际劳工组织限制成员国设立收费或营利的职业介绍所，以确立公共职业介绍所的垄断地位，降低劳工的求职成本，保障充分就业
1933—1949 年	放松限制阶段	《收费职业介绍所公约》(第 34 号) 《收费职业介绍所建议书》(第 42 号) 《职业介绍设施公约》(第 88 号)	在面临经济危机和世界大战的背景下，国际劳工组织不再坚持公共职业介绍所的国家垄断，只是强调了公共职业介绍所的主导地位，但实际上私营职业介绍所在劳动力市场中仍然存在
1949—1997 年	多元发展阶段	《收费职业介绍所公约(修订)》(第 96 号)	1949 年开始，国际劳工组织停止了废止私营就业机构的方案，而把重点放在防治私营就业机构的弊端方面，采取严格的监管方式，私营就业机构开始多元化发展
1997 年至今	鼓励发展阶段	《私营就业机构公约》(第 181 号) 《私营就业机构建议书》(第 188 号)	国际劳工组织开始鼓励私营就业机构与公共就业机构的合作与互补发展，人力资源服务业正式取得了合法地位

虽然公共和私人就业服务机构之间的地位和关系曾发生过较大的变化，但是在现阶段，ILO 提出，两者之间的配合非常重要，可以为劳动力市场带来积极的成果。因此 ILO 向其成员国提供支持和指导，以加强其公共就业服务，加强对私营职业介绍机构活动的监管，并鼓励两者之间的合作。

① 王征、唐鑛：《新经济时代人力资源服务业发展研究——国际经验与中国实践》，《中国劳动》2019 年第 12 期。

（二）国际人力资源服务业现状

本书中引用的国外数据来源于世界就业联合会（WEC）最新发布的2020年世界经济报告。该报告调研范围涵盖了39个国家，统计分析世界各国人力资源服务业①数据，从全球人力资源服务行业概况、人力资源服务业不同业态、地区关注焦点等方面分析全球范围内劳动力市场和人力资源服务业的现状及未来发展趋势。WEC对人力资源服务业的业务形态进行了划分，包括中介服务（Agency Work）、直接招聘（Direct Recruitment）、职业管理服务（Career Management）、管理外包服务（Managed Services Providers，MSP）和招聘流程外包（Recruitment Process Outsourcing，RPO）②。

大多数数据是由WEC从其国家联合会成员处收集，部分国家联合会直接从其各自的成员收集数据，而其他联合会则从公共来源或研究合作机构收集数据。WEC还与人员配置行业分析机构（Staffing Industry Analysts，SIA）合作，以收集全国联合会成员无法提供的市场数据，以对各种人力资源服务进行更完整的行业评估。所有收入数据均以欧元为单位报告，以经合组织（OECD）的年平均汇率为标准，用于将当地货币转换为欧元。

1. 主要调查结果

根据WEC发布的2022年世界经济报告，2022年是新冠疫情全球蔓延的第三个年头，全球经济复苏仍在进行之中，全球GDP收缩3.1%，人力资源服务业随着劳动力市场的自由落体式下滑而受到较大冲击，于2020年停止了正向增长，该年度全球营业总额为4658亿欧元，与上一年度相比下降

---

① “人力资源服务业”的表述是国内首先提出的，WEC沿用了ILO“私营就业服务业”（Private Employment Services）的表述。除了必须区分的情况，本章将统一使用“人力资源服务业”的提法，因此在数据统计上可能存在比实际情况偏少的现象。需要认识到，在较多国家和地区中，“人力资源服务业”仍未形成一个统一的行业领域。

② 根据国际劳工组织《1997年私营就业机构公约》（第181号公约）的定义，中介服务是一种三边雇佣关系的服务，雇用工人以使他们可以分配给第三方，他们可以是自然人或法人（“用户企业”），由其分配任务并监督这些任务的执行；直接招聘服务是指不通过第三方中介作为雇佣关系一方的情况下，提供就业匹配的服务，包括高端人才寻访等。职业管理服务是使工作、技能和业务绩效能够以一种综合的方式并以长远的眼光来看待的服务，包括换岗、职业过渡、调动以及其他发展活动。MSP是一项服务，公司可以通过该服务来管理组织的临时员工计划，包括总体计划管理、报告和跟踪、供应商选择和管理、订单分配以及账单。RPO是指第三方专家通过拥有和管理部分或全部招聘流程以及相关的招聘供应链合作伙伴关系来承担客户的招聘部门的角色。

9.0%，安置就业人数仅为5800万[①]，与2018年基本持平，除中国安置就业人数增加外，其余国家总和同比下降11%。由于疫情影响和政策要求，行业机构在该年度的大部分时间处于关闭或停工状态，大多数服务领域营业额均有不同程度的下降，仅有占比最低的职业管理服务由于其反周期性的性质实现了一定增长。相关指标如就业人数、服务提供者数量和代理工作渗透率等，也在大多数受调查的国家中存在下降趋势。然而随着各地市场的逐步恢复，全球人力资源服务业在2021年的经营状况弥补了前一年的大部分损失。有数据表明，从机构工作部门的数量和价值来看，截至2021年下半年，一些国家的人力资源服务业运行状况已再次接近或高于危机前的水平。

到2020年第二季度，生活在要求关闭除基本工作场所以外的所有工作场所的国家的全球劳动力比例高达70%，几乎所有国家都受到了新冠疫情的影响，大多数国家都采取了某种形式的遏制措施来限制病毒的传播。这些直接影响，以及全球供应链中断造成的间接负面影响，导致全球经济收缩。从业态看，中介服务和直接招聘服务市场总体营业收入以两位数的速度大幅下降，MSP市场的下降主要是由欧洲、中东和非洲（EMEA）地区和美洲推动的，亚太地区（APAC）地区也出现了下滑，上述三个地区的RPO市场均出现下滑。仅有职业管理服务依托于再就业服务需求人数出现增长，其中美国市场的增长尤为强劲，推动了全球该行业的大部分积极发展。

在全球范围内，三个最大的市场体仍为美国、日本与英国，这三国加上德国和澳大利亚，组成全球前五的市场体，占全球人力资源服务业总营收的64%。全球排名前15的国家市场中，中介服务营业额占该业态全球营业额的93%，直接招聘服务营业额占该业态全球营业额的94%，但是几乎所有市场都在2020年出现下滑，其中大多数都出现了两位数的跌幅，例如美国的中介服务和直接招聘服务的营业额分别收缩了12%和29%，英国市场分别收缩了9%和38%，德国、法国和荷兰的情况类似。日本是仅次于美国的第二大中介服务市场，从营业收入来看，它是2020年唯一增长的市场，这一部分归功于监管变化导致中介工作人员工资上涨，进而导致中介费用上涨。

① 由于统计与公开存在一定的滞后性，因此除非文中另有说明，本章各国数据的时间节点均为2020年。

总体而言,疫情给人力资源服务业带来了巨大的影响,但 2021 年起,随着疫情的稳定和经济的回暖,全球人力资源服务业逐步显现出积极的一面,为更多的人提供了就业帮助,并通过制定创新的、具有社会包容性的解决方案,帮助人们应对不断变化的工作环境的挑战。通过促进工作过渡,提高劳动力技能,保障高质量的工作,人力资源服务机构为提高劳动力市场的效率作出了贡献,从而造福于个人、经济和整个社会。

2. 业态规模与市场构成

从各业态情况看,2020 年度中介服务仍然是人力资源服务业中最大的业务领域(为 3614 亿欧元,占行业销售总收入的 78%),营业额整体下降约 10.0%。人力资源服务业 19 万个人力资源服务机构和 370 万从业人员在全球劳动力市场上安置了近 5800 万人,其中绝大部分是通过中介服务来完成的。MSP 和 RPO 服务分别下降了 3.3%和 16.3%,市场价值分别为 378 亿欧元和 51 亿欧元。直接招聘市场的销售收入下降了 10.3%,总额跌至 594 亿欧元。然而,职业管理服务同比增长 14%,上升至约 22 亿欧元,在伴随着解雇浪潮的经济衰退中,下岗人员非常需要获得新的就业机会,因此职业管理服务尤其是再就业服务受到了诸多青睐。

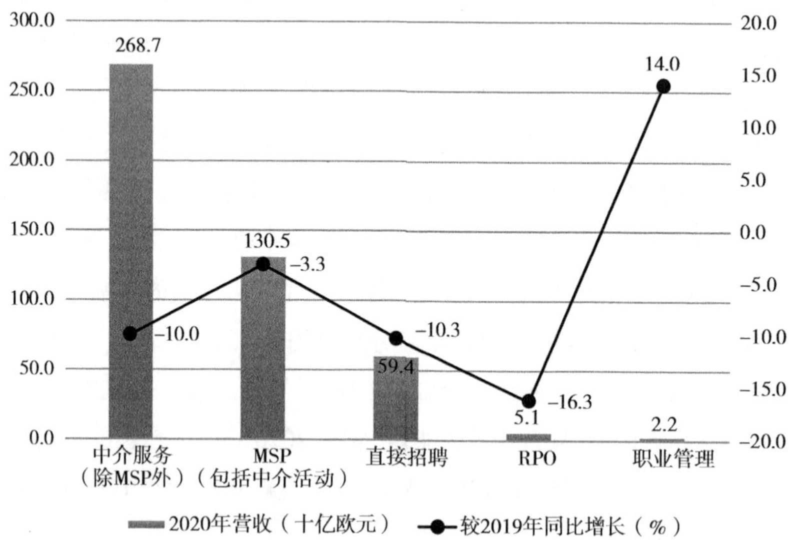

图 2-6-1 全球人力资源服务业业态年营收情况

资料来源:根据 WEC 2022 年世界经济报告数据整理。

在各业态的市场构成方面，全球中介服务营收前 15 名市场份额占总营收的 93%，迄今为止在该类别最大的市场仍然是美国，其次是日本和英国，仅这三个国家就占全球市场的 58%；美国仍然是中介服务最大的市场，占全球营业额的 30%。从区域代理工作市场价值来看，前 15 市场中有 9 个位于欧洲，总量上占各区域之首，这些市场合计占全球中介服务营业额的 36%。由于新冠疫情和随后的经济危机，该地区的所有中介服务市场在 2020 年都急剧收缩。其中法国受灾最严重（-22%），其次是西班牙（-15.3%）、比利时（-14.3%）、瑞典（-14.1%）、德国（-12.5%）、荷兰（-10.5%）、英国（-9.3%）、意大利（-4.8%）和瑞士（-1.1%）。而在美洲地区，由于全球疫情危机，2020 年美国中介服务市场收缩了 12.3%，而加拿大市场下降了 16.1%。在亚太地区，中介服务市场则表现出一定的弹性。日本的中介服务市场在增长了 1.9%，这一部分是由于制造业的实力，另一部分是由于规定代理工人同工同酬的监管变化生效。由于加薪，代理机构的费用和营业额被提升了。在澳大利亚，中介服务市场规模虽然以欧元计算保持稳定，但以实际上固定货币计算有所扩大。

虽然 2020 年全球中介服务营业额大幅下降，但在 2021 年稳步恢复。截至 2021 年第四季度，许多在 2020 年出现收缩的市场已回复到危机前的水平，其中包括加拿大、法国、意大利、瑞典和美国，而荷兰、德国和瑞士仍略低于但接近 2019 年的水平。

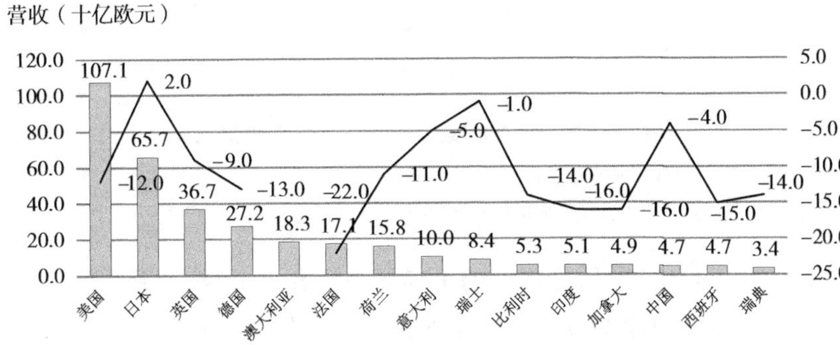

图 2-6-2 全球中介服务前 15 市场营收情况

注：澳大利亚数据缺失。

资料来源：根据 WEC 2022 年世界经济报告数据整理。

2020 年,全球直接招聘市场规模降至 590 亿欧元,较 2019 年下降 16.3%。在全球和大多数国家,该领域的营业额比代理工作市场收缩得更厉害,主要是由于 2020 年在疫情遏制措施的变化方面存在高度不确定性,雇主不愿为招聘人员设立开放式职位来填补。就整体收入而言,美国、澳大利亚和中国是直接招聘行业的最大市场,占全球行业营业额的 57%。全球市场规模的下降在很大程度上归因于美国的急剧收缩,美国在 2020 年下降了 29%,虽然美国仍然是最大的直接招聘市场,但其在全球营业额中的份额从 2019 年的三分之一下降至 2020 年的四分之一。亚太地区仍然是表现最好的地区,澳大利亚、中国和日本的联合直接招聘市场占全球市场规模的 39%。日本是唯一一个在新冠疫情期间没有收缩的市场,而澳大利亚和中国的收缩不如世界其他地区那么明显。在欧洲,许多国家的直接招聘市场出现两位数的缩减,其中英国作为该地区最大的市场之一,其降幅超过其他所有国家(-38%)。瑞士直接招聘市场价值也受到重大打击(-32%),类似的情况还出现在爱尔兰(-23%)、意大利(-11%)、西班牙(-10%)和荷兰(-9%)。

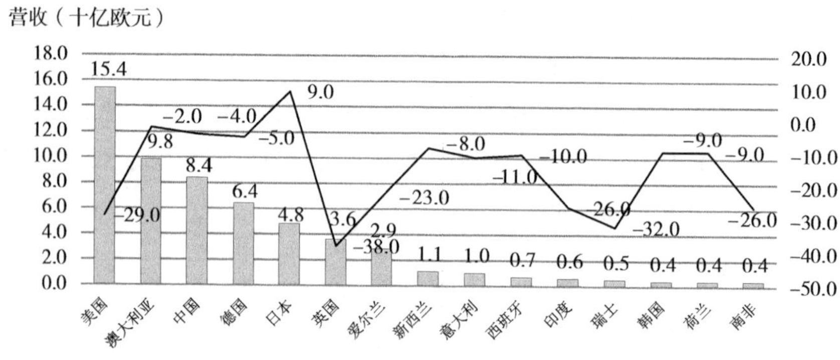

图 2-6-3 全球直接招聘前 15 市场营收情况

注:德国数据根据 2020 年增长率估算得出。

资料来源:根据 WEC 2022 年世界经济报告数据整理。

2020 年,全球职业管理部门的市场规模提升了 14%,达到 22 亿欧元。职业管理服务是全球人力资源服务业五项业态中唯一在 2020 年有所增长的,由于此类服务具有反周期性,对其需求往往会在经济低迷时期增加,新冠疫情影响导致的大量裁员是本次增长的主要原因。其中,美国市场占该领域全球营业额的三分之一以上,在 2020 年增长了约 30%,是主要的增长推动力。美国与许多欧洲国家不同，政府通过使用短期工作计划来保持人员就业的资源相对较少，因此裁员人数要高得多，对再就业服务的需求增长更快。除美国外，欧洲市场整体在2020年增长约为8%，法国和荷兰在该领域占全球市场规模的近三分之二。大多数重要的欧洲再就业市场在2020年也出现了明显增长，但不如美国的增长势头强劲，原因是欧洲政府对短期工作计划的大量投资使失业人数得到明显控制，导致对再就业服务的需求增长相对缓慢。

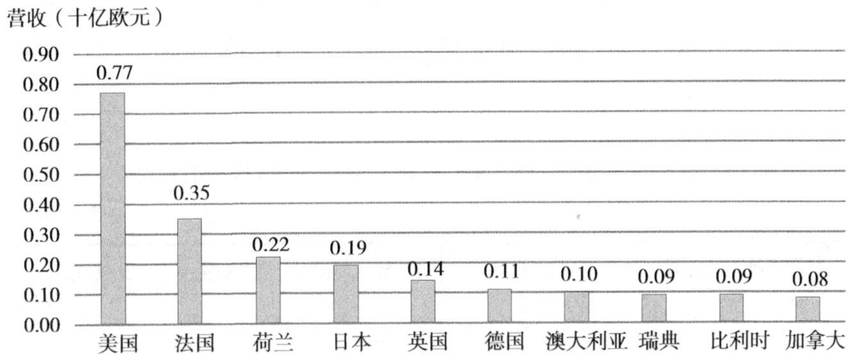

图 2-6-4　全球职业管理服务前 10 市场营收情况

资料来源：根据 WEC 2022 年世界经济报告数据整理。

2020年全球托管服务提供商（MSP）市场的价值估计为1300亿欧元，同比下降3.3%。美洲市场最大，占该领域全球营收的57%，但在2020年同比下降3%。该地区拥有三个最大的MSP市场中的两个，即美国和加拿大，美国仍是迄今为止该地区内和全球范围内最大的MSP市场，占全球MSP收入的52%。第二大地区是欧洲、中东和非洲（EMEA），占全球支出的三分之一。该地区近一半的MSP支出来自英国，英国也是全球第二大MSP市场。就MSP市场规模而言，该地区受到的打击最为严重，在2020年同比下降了5%。亚太地区（APAC）产生了约十分之一的全球MSP支出，其中澳大利亚和印度市场表现最为突出。该地区整体在2020年保持稳定，比2019年增长1%。尽管由于新冠疫情的影响，MSP市场在2020年出现收缩，但所有地区在过去几年都经历了显著增长，全球营业额早2017年至2020年三年中的地区增长率保持在12%，尤其是亚太地区，在此期间增长了 29%。

2020 年招聘流程外包(RPO)的全球市场价值为 52 亿欧元,相当于比 2019 年下降 9%。全球 RPO 市场价值的近一半(48%)来自美洲地区,同比下降 7%。欧洲、中东和非洲的地区占全球 RPO 价值的三分之一,营业额同比收缩了 12%。亚太地区市场份额较小,也下降了 10%。虽然 RPO 市场与 2019 年相比有所下降,但在全球范围内,RPO 市场价值与 2018 年相比仍增长 13%。与直接招聘服务类似,RPO 主要专注于填补开放式职位空缺。在新冠疫情蔓延的第一年,企业倾向于不在高度不确定的时期创造新的开放式职位空缺。从实际数据看,RPO 和直接招聘市场的收缩幅度超过了 MSP 和中介服务市场。

表 2-6-2　2016—2020 年主要地区 MSP 和 RPO 营收情况

(单位:十亿欧元)

年份/业态/地区		美洲地区	欧洲、中东和非洲地区	亚太地区
2016 年	MSP	63	33	9
	RPO	1. 8	1. 1	0. 9
2017 年	MSP	69	37	10
	RPO	—	—	—
2018 年	MSP	67	42	10
	RPO	2. 2	1. 4	0. 9
2019 年	MSP	77	46	13
	RPO	2. 7	1. 9	1. 1
2020 年	MSP	74	43	13
	RPO	2. 5	1. 7	1. 0

资料来源:根据 WEC 2022 年世界经济报告数据整理。

聚焦于中国市场,WEC 主要收录来自中国对外服务工作行业协会(中国外服协会,CAFST)对会员单位的统计调查数据。① 该统计显示,2020 年

① 《中国对外服务工作行业协会 2020 年度会员单位经营情况调查统计报告》,http://www.cafst.org.cn/cafst/content/? 736.html。

参加调查统计的会员单位实现营业总收入 3526. 64 亿元人民币(约为 522. 59 亿欧元①),开展的主要业务包括人事社保代理服务、招聘(猎头与招聘流程外包 RPO)、劳务派遣、灵活用工(实习生/短期合同)、薪酬财税服务、弹性福利服务、人力资源咨询服务、对外劳务合作、培训服务等。而根据人社部公布的统计数据②,2020 年全年营收为 2. 03 万亿元人民币(约为 3013. 37 亿欧元),同比增长 3. 94%,涨幅相较于前 3 年有较为明显的下滑;2021 年中国人力资源服务业全年营收为 2. 46 万亿元人民币(约为 3643. 05 亿欧元),同比增长 20. 89%,发展态势恢复良好。

3. 机构数量与规模

2020 年全球人力资源服务业共有 17. 54 万家人力资源服务机构,213. 19 万从业人员(实际要多于该数据)。在运营的人力资源服务机构数量比 2018 年有所增长,内部从业员工则略有下降。业务流程自动化的日益普及可能是解释服务机构和员工数量增长率之间差异的主要因素。大多数人力资源服务机构位于欧洲,共有超过 7 万家,但与 2018 年相比减少了约 4 万家,其次是亚太地区、北美和南美。亚太地区内部员工人数远高于其他地区,达到 94. 8 万人,这与该地区人口基数有一定关联,但是与 2018 年的 150 万内部从业人员相比削减了约三分之一。欧洲地区虽然机构数量最多,但内部员工人数仅排第三位。据人社部统计,2020 年中国共有各类人力资源服务机构 4. 58 万家,同比增长 15. 71%;从业人员 84. 33 万人,同比增长 24. 97%;服务人数超过 29 万人次,同比增长 13. 73%。2021 年共有各类人力资源服务机构 5. 91 万家,同比增长 29. 08%;从业人员 103. 15 万人,同比增长 22. 31%;服务人数约为 30. 4 万人次,同比增长 4. 82%。因此,中国的增长速度高于全球水平。

4. 就业服务情况变化

全球范围内的中介服务平均工作普及率(Penetration Rate)③为 1. 5%。

---

① 根据国际统计局公布的国家数据,2022 年 7 月年人民币对欧元汇率(欧元=100)为 674. 46 元。

② 《一图读懂 2021 年度人力资源市场建设和人力资源服务业发展情况》,https://mp.weixin.qq.com/s/Pyn-ZDPq2-R8IY_gnG5MBg。

③ 工作普及率指日均中介机构全职从业人数除以就业总人数。国际劳工组织将就业人员定义为两大类,即有酬从业人员(无论是否在岗)和自营就业者(无论是否直接参与经营)。

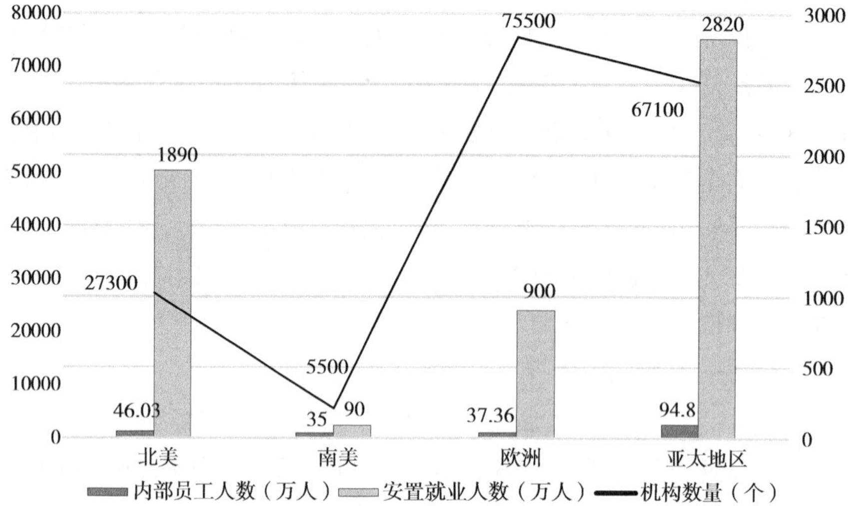

图 2-6-5 全球各地区人力资源服务机构数量与内部员工人数

资料来源：根据 WEC 2022 年世界经济报告数据整理。

这一比率表明，中介服务人员在工作人口中的全职当量比例为 1.5%，低于 2019 年的 1.6%。该比率可能受多种因素影响。劳动力市场监管通常发挥重要作用，因为在雇用灵活工人方面更严格的政策往往会降低通过中介服务就业人员的比例。一些国家会对劳动力市场监管、雇用和解雇采取更加自由的方法，一方面权衡劳动力市场转型的效率和反应能力，另一方面权衡就业保护。另一个因素可能是一个国家内中介服务机构的成熟度。较高的工作普及率通常表明该行业已接近成熟，而较低的工作普及率则在一定程度上表明该行业未来的潜在增长。

行业活动往往具有高度周期性。代理工作服务为劳动力市场提供的灵活性，一方面为需要快速缩减业务规模的企业提供了减震器，导致在经济衰退开始的不确定性期间相对更快地减少行业活动。另一方面，一旦情况出现改善迹象，该行业的就业增长速度将超过整个劳动力市场，因为企业可以迅速雇用新工人。从区域均值看，美洲区域工作普及率下降幅度最大，降至 1.1%，原因是巴西的中介服务安置人员数量大幅减少，以及美国人员所占份额下降。亚太地区均值最高（1.7%），中介服务安置人员在总就业人数中的份额在 2020 年有所增长，其中中国和日本增加较为明显。欧洲地区居中，为 1.2%，但低于全球均值。

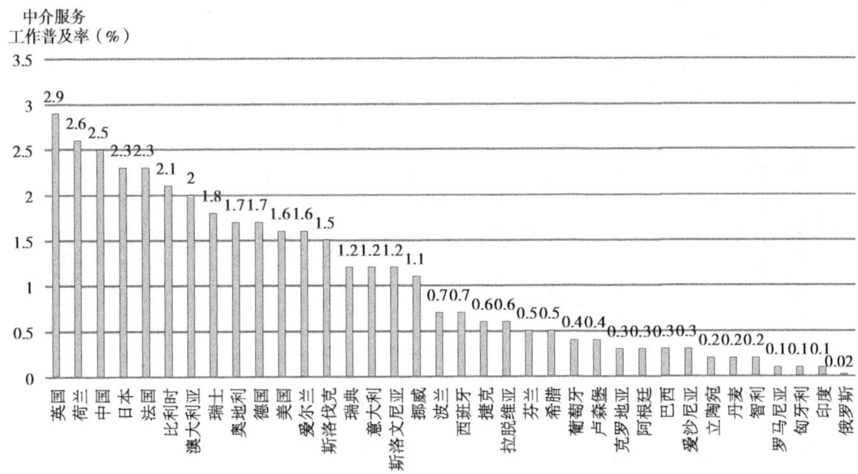

图 2-6-6　全球中介服务工作普及率

资料来源：根据 WEC 2022 年世界经济报告数据整理。

全球通过人力资源服务业在劳动力市场上安置了 5800 万人（38 国数据），中介服务业务带来的就业人数占绝大多数，但同比下降 11%（仅包括可获得 2020 年和 2019 年对比数据的国家）。这一结果不包括中国，其通过中介服务实现就业的人数在 2020 年度增长了 64%（加上中国的就业数据，全球通过中介机构实现就业的人数同比增长 6%）。就业人数的最大缩减发生在巴西、印度和美国，绝大多数国家的中介服务人员数量有所下降。中国在 2020 年超过美国，成为通过中介服务实现就业人数最多的市场，占全球总人数的三分之一以上。日本中介服务带来的就业人数也有所增加。同样的情况也发生在墨西哥，2020 年该国通过中介服务实现就业人数超过 500 万，但是第二年禁止该行业运营的法规生效。总体来看，安置中介工人最多的十个国家占全球总数的 90%以上。

（三）国际人力资源服务业特点与发展趋势

根据 WEC 报告情况，2021 年，许多国家的经济和劳动力市场状况有所改善，大多数经合组织国家的产出超过了危机前的水平。在基准情景下，2021 年全球工作时间的估计损失为 4.5%，比 2020 年减少 4.5 个百分点，移民就业情况也触底反弹。随着这些条件的改善，现有数据表明，全球中介

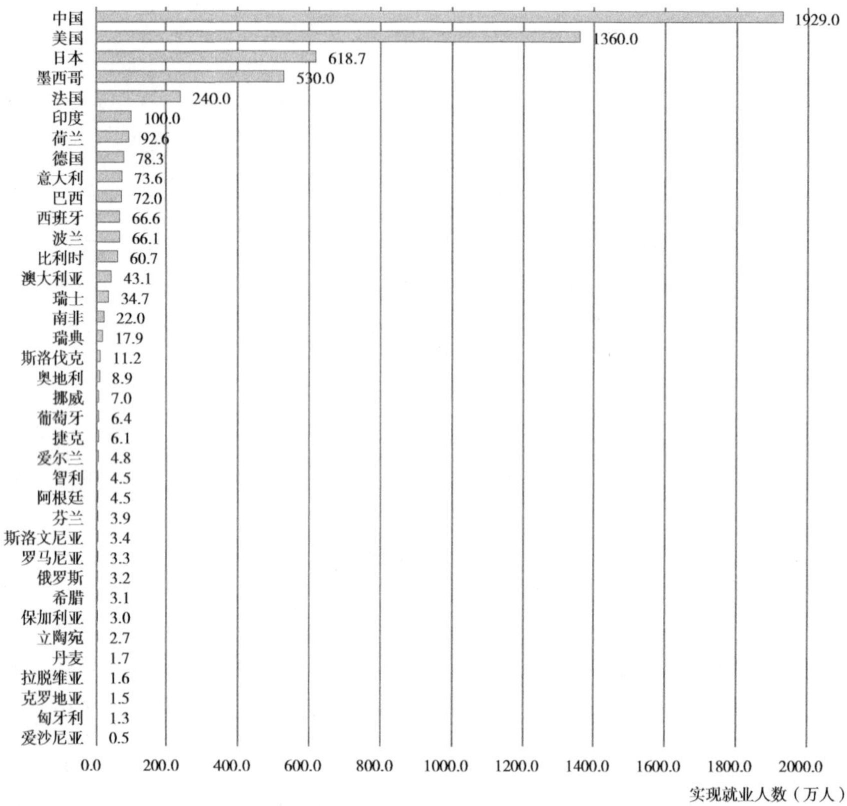

图 2-6-7　37 国通过中介机构实现就业的人数分布情况

资料来源：根据 WEC 2022 年世界经济报告数据整理。

服务从 2020 年的大幅下滑中迅速复苏。美国作为全球最大的中介服务市场，已在 2021 年第二季度达到危机前的水平，与该领域经历最明显收缩的 2020 年第二季度相比，中介服务任务的数量平均增长 50%，通过中介机构服务达成就业人员数量持续增长，在 2021 年第三季度同比增长 31%，在第四季度同比增长 21%。在欧洲，行业复苏没有美国迅速，但大多数市场在 2021 年底接近危机前水平，部分市场已经超过了这一水平。将当前的疫情危机与之前的全球经济危机相比，前者对全球人力资源服务业的影响更加明显和迅速，对经济和劳动力市场的影响也是如此。同时，行业复苏虽然在 2021 年底尚未完全实现，但恢复进程同样快速而明显。

从全球的发展现状来看，人力资源服务业发展呈现以下几个特点与趋势。

1. 行业发展与政治经济关系紧密

人力资源服务业的发展与国家政治、经济和行业政策的变化情况保持一致。人口发展趋势在很大程度上影响着随着劳动力供应增加而增长的人员配置市场，人口变化可能成为阻碍经济扩张和 GDP 增长的因素，进而导致全球市场的萎缩。劳动力参与率下降、劳动力老龄化和技能短缺将阻碍市场的增长。此外，社交媒体和在线工作平台的参与度不断增加、新兴经济体的增长前景、工业生产增长以及该行业的并购交易量增加等，都有可能成为全球人力资源与服务市场的驱动因素。近三年的情况也显示出，人力资源服务业的发展起伏与新冠疫情下的全球经济发展波动有较强的对应关系，行业发展对经济较大环境为敏感。中介服务领域仍然是预测经济走向的指标质疑。一般来说，代理工作的灵活就业要素特征意味着，在经济收缩开始时，该部门的活动在整体就业率下降之前下降，这在全球金融危机中很明显，在新冠疫情引发的危机中也能够看到这一点。另一方面，基于同样的原因，中介服务活动是最先在转折点再次扩张的领域之一，此时经济前景在低迷后有所改善。在欧洲，中介服务部门在 2021 年第一季度再次开始同比扩张，而整体 GDP 增长仍然为负但接近于零，表明复苏的开始。从各国具体情况看，英国市场受经济和政治影响明显，例如在中介服务方面，受到经济衰退的影响，英国在 2016 年营收下降了 27%，但由于脱欧公投的举行，2017 年市场营收增长了 10%。南美最大的人力资源服务市场巴西的情况则更具有代表性。行业监管的宽松程度会直接影响人力资源服务业的发展。行业监管作为一种限制，通常会导致中介服务机构减少，而支持性的立法则允许行业增长。新的国家政策法规对巴西的人力资源服务业起到了强有力的支撑作用，使人力资源服务业的营收显著增长，从 2016 年的 19 亿欧元收入跃升至 2017 年的 60 亿欧元，位列世界排名第十位。但是到了 2018 年，由于整个南美地区的经济危机和货币贬值，经济大幅下滑，巴西的中介服务市场营收同比下降 27.4%，在全球排名中也有所下降。

2. 机构规模差异较大

目前，人力资源服务业内机构的规模差异较大，行业排名前四的德科集团、任仕达、万宝盛华和瑞可利（Recruit Holding）的市场占有率约为

20.5%，其中，人力资源服务业三巨头德科集团、任仕达、万宝盛华的市场占有率为17%。① 与之相对的是，截至2018年，全球的人力资源服务机构有15.7万家，绝大多数为中小型的人力资源服务机构，广泛分布于全球各区域，分散程度较高，各国家、各地区行业分布不均匀。到2020年末，全球人力资源服务业共有17.54万家人力资源服务机构，213.19万从业人员，机构平均内部员工数量仅为12人左右。特别是在欧洲地区，2018年共有超过11万家人力资源服务机构，在全球市场中总量排名第一，但内部员工数量约为56万人，平均每个机构仅有员工不足6人。到2020年，该地区机构数量和内部员工人数均有下降，平均员工数量也进一步下降，凸显出该地区人力资源服务机构小而精的特色，但这也不妨碍该地区拥有体量庞大的知名人力资源服务机构。亚太和北美地区机构平均员工人数分别为14人和17人，相对均衡；而南美地区机构平均员工人数高达65人，与该地区人力资源服务业发展不足、人员密集型的行业模式等因素有直接关联。

3. 灵活用工在行业中地位凸显

灵活用工作为中介服务的主营业务，在人力资源服务业中占据着重要的份额。灵活用工在欧美国家起步较早，从2008年后出现大量以灵活工作、任务发包为基础的人力资源服务平台，在专业细分领域也出现了不同的互联网交付平台。② 根据麦肯锡全球研究院发布的《独立工作：选择、必要性和零工经济》数据显示，欧美地区从事某种形式的独立工作的人口占总工龄人口的20%—30%。灵活用工情况被认为是一个国家经济健康的晴雨表。

以德科和万宝盛华为例，从营收结构来看，德科主要业务为灵活用工业务，业务占比为76%，而高端人才寻访/猎头业务占比为21%。根据德科的财报，德科灵活用工业务主要覆盖办公室员工以及工业行业员工。万宝盛华作为发展历史最为悠久的人力资源服务公司，其灵活用工业务占据绝对主导地位，整体占比约为89%，这主要是由于万宝盛华是灵活用工业务起家，灵活用工业务是万宝盛华最主要的营收来源和成长核心驱动力，其余业

① HRoot：《全球人力资源服务机构50强榜单与白皮书》，2019年。

② 雷鸣：《灵活用工浪潮下LD咨询业务创新与转型》，硕士学位论文，北京大学，2019年。

务营收贡献占比则较小。随着平台经济的快速发展，灵活用工已经成为企业用工的主流趋势，在发展中国家和新兴工业化国家开始得到大范围普及，在中介服务中的占比逐年增大。

4. 行业整体发展势头强劲，但发展速度易受外部环境影响

作为一种生产性服务业，随着各国市场从上一轮经济衰退中逐步复苏，国外人力资源服务业的发展也逐步回归正轨，并且显示出平稳较快的增长趋势。但是，在新冠疫情带来新的经济威胁的影响下，全球人力资源服务业的发展速度势必受到较大影响。然而随着各国疫情逐渐稳定，政策扶持力度加大，各行各业逐步走上正轨，在2021年底恢复到疫情前的水平，人力资源服务业也能够借此回暖，预计在未来较长时间内，发展势头将持续向好。行业预测显示，在经修订的4%的复合年均增长率（CAGR）的推动下，全球就业服务市场在近10年内将增长2174亿美元。①

5. 各业态发展情况不一

中介服务目前已占据各类人力资源服务中的第一大业务，并且每年稳步增长。在新冠疫情影响期间，中介服务和MSP中的临时人员配置业务将成为新常态，业内预计到2029年，该市场年增长将超过3.8%，市场规模将达到6454亿美元。此外，随着人才流动性的增强和新兴市场的迅猛发展，对高端人才的需求将进一步提升，直接招聘业务市场也将进一步扩大。RPO业务虽然目前在全球市场总量中占比较小，但发展速度最快。随着技能性人才供应短缺、失业率下降等因素影响，企业通过RPO服务提升招聘过程中的吸引力的需求将更加旺盛，因此该类业务有望在未来进一步扩大市场版图。而由于后疫情时期经济衰退、社会不稳定，劳动力市场趋紧，人们对频繁更替工作的自主需求降低，雇主方更多采取降薪裁员而非纳新的措施应对危机，因此可能导致职业管理服务领域整体进一步萎缩。

6. 区域发展差异将更加明显

受新冠疫情影响，预计美国将重新调整为4.9%的复合年增长率。德国将在未来7至8年内增投104亿美元，预计将有超过96亿美元的需求来自欧洲其他市场。到2029年，日本的临时人员配置和中介服务市场规模将

① Global Industry Analysts, *Global Employment Services Industry*, 2022.

达到466亿美元。随着传统发达市场逐步饱和,包括金砖国家在内的新兴市场将成为人力资源服务业发展的新引擎。在脱钩和经济差距日益扩大的推动下,中国与世界其他地区之间关系的变化将影响人力资源服务市场的竞争和机会。在这种背景下,中国经济将在未来几年内以4.5%的速度增长,预计在人力资源服务业的市场机会方面增加约398亿美元。因此各国企业和行业领导者要在当今瞬息万变的人力资源服务市场中寻求成功,必须持续监控在新冠疫情危机后出现的新迹象和可能出现的行业新秩序。

二、美国、日本、英国人力资源服务业发展与趋势

美国、日本、英国三国作为国际人力资源服务业市场前三位,在人力资源服务业领域的发展起步早,市场需求大,知名人力资源服务机构规模大且数量多,借助人力资源服务业促进了本国社会经济发展。三国的人力资源服务业发展基础和发展方向各具特色,而在未来,受到政策法规、全球经济、科技发展、社会偏好等因素的影响,三国人力资源服务业发展将显现出新趋势。对于中国人力资源服务业,随着市场国际化程度提高,美国、日本、英国三国既是重要的行业发展借鉴对象和合作伙伴,也是主要的人才竞争对手。因此,有必要对美国、日本、英国的人力资源服务业发展现状、影响因素和未来发展趋势进行梳理与分析。

(一)美国人力资源服务业发展与趋势

1. 美国人力资源服务业发展现状及其影响因素

根据北美产业分类体系(North American Industry Classification System, NAICS),人力资源服务业包括行政管理和普通管理咨询服务、人力资源高级管理人员搜寻咨询服务、就业服务、管理开发培训。WEC发布的《2022年世界经济报告》显示,2020年美国在全球人力资源服务业中占最大份额,且在2021年增长显著。

人力资源服务业在美国企业级服务市场中占据不可小觑的地位,同时,大量创新的人力资源服务软件、互联网平台等均发源于美国。美国人力资源服务业的蓬勃发展得益于两方面。一是较大的人力资源市场流动性和较

宽松的政府监管。美国劳动者在岗位与企业之间的流动频率较大，企业与员工对终身雇佣没有较强预期，对于两者间建立的雇佣形态也没有强制性的法律规定来对用工要素进行强制性约束，而是以双方意愿达成为标准。在人员解雇方面，采取自由雇佣制度，以解雇自由为原则，以解雇保护为例外，对于大规模的裁员也仅需雇主方提前100日通知员工，而无须获取政府或其他司法机关的审批。因此，员工与企业之间的从属和依附关系较弱，人力资源匹配和任务外包的需求则较为广泛。二是经济活跃度高，而人力资源服务业行业聚集度不高。美国人力资源服务机构众多，以中小企业为主，单个机构的市场占有率较低。人力资源服务与就业人口、经济景气程度相关度高，因此美国作为全球最大经济体，拥有庞大的人力资源服务市场是符合客观规律的。①

在美国，大量人力资源服务行业收入来源于灵活用工市场。前瞻产业研究院发布的《2017—2022年中国劳务派遣行业市场前瞻与投资战略规划分析报告》指出，2015年美国约有2万家企业提供灵活用工服务，市场规模超过1264亿美元，是中国2016年市场规模的近4倍。2020年的社会与经济情况可能进一步促进灵活用工市场的发展。据ILO对青年就业情况的调查报告，受新冠疫情影响，美国16至24岁年轻男性的失业率从2月份的8.5%升至4月份的24%，年轻女性的失业率从7.5%升至29.8%。这些青年劳动力中很大一部分是通过灵活用工的方式进入市场的潜在人员。但是，需要认识到，在经济衰退期间进入劳动力市场的年轻人受到的影响可能是长期的，因为他们在现阶段很难找到工作，或者退而求其次，不得不接受一份不符合他们教育背景的工作，这可能对他们的职业发展造成不同程度的阻碍。

2. 美国人力资源服务业未来发展趋势

鉴于美国的人力资源服务业现状和经济社会发展情况，可以预计在未来的一段时间内，美国市场在该行业中的地位难以被撼动。但是在未来5年内，美国人力资源服务业可能面临新的挑战与机遇，为整个行业发展带来

① 雷鸣：《灵活用工浪潮下LD咨询业务创新与转型》，硕士学位论文，北京大学，2019年。

不可忽视的影响。

一是政策法规复杂化。美国劳工部目前管理和执行180多项联邦法律，且各州政府在2020年对数十项法律实施全面的变更，预计此类政府行为将在未来一段时间中持续出现，并对整个劳动力市场产生重要影响。这些政策法规的变动一方面是为了更好地保障劳动者和雇主双方的实际利益，另一方面是帮助政府在疫情冲击和经济下滑的背景下能够从宏观层面较好地稳定市场平衡，保护现有运行模式。因此对于人力资源服务机构，需要调整其内部服务政策和管理流程，以适应与劳工病假、加班和隐私法等有关的各种法规的不断增加和变动。在短期内，人力资源服务机构负责人需要明确政策法规如何与现有的候选人沟通、数据收集、数据保存和数据共享等流程步骤有机结合，从而满足政府相关要求和企业需要。虽然这个过程可能相对复杂，但这也意味着人力资源服务业在国家发展中的重要性和价值在逐步提升。

二是招聘需求精细化。随着产业革新和技术发展，雇主方对人员素质的要求日趋多样，在工业、工程、信息技术等行业中的部分岗位要求随着时代发展更新换代，同时出现新的岗位和诉求，这对现有的招聘方式提出了挑战。虽然一些客户企业开始越来越多地采用自我发展的策略来缓解持续的技能短缺，但是也需要人力资源服务机构在人员招聘的各个环节进行针对性作业，提供人员培训、技能提升和再技能化。例如在对空缺岗位人员招聘活动中，针对专业基础尚可但技能不合格的应聘人员，需要机构对其提供技能培训服务，实现技能提升与技能细化；针对专业性单一的应聘人员，需要机构对其进行拓宽基础的培训；针对简历成就显著的应聘人员，需要招聘机构提供更为深入的测评，揭示其潜质与潜能情况，以便对其进行精准选择与配置。因此，招聘服务机构中的招聘人员不仅需要评估应聘者已经取得的工作成绩，还需要评估并强调应聘者的潜力、能力和可转移技能。同时，招聘人员需要通过提升自身软技能，以扮演更积极、更具战略性和咨询性的角色，由此来应对人才标准的升高，避免人力资源服务业走向低端化。

三是人员配置即时化。将劳动力与潜在雇主按需求联系起来并不是人员配置领域的新鲜事，但是借鉴共享经济模式，通过互联网应用程序将临时工人与潜在工作机会即时匹配，并运用内置算法帮助雇主在应用程序中确定工资报酬，将加快人员配备过程，并带来突破性的结果。相关技术已经在一些美国互联网公司得到实际运用，例如优步公司等，将这些技术借鉴和移植到人力资源服务领域将会为人力资源服务机构、劳动者、雇主方带来极大便利。对于美国人力资源服务业本身而言，其人力资源服务机构数量众多，竞争压力巨大，想要在美国未来市场竞争中生存下去的人力资源服务机构在面对机构内部人才短缺问题时，在继续提升现有的运营水平、自动化人员配备流程的要求驱使下，需要投资能够实现人员与工作需求即时匹配的软件工具，从而完善和发展现有业务。

四是营销方式数字化。人力资源服务业获得长远发展的关键环节在于服务营销，潜在客户作出决定购买服务的方式转变使得数字营销成为任何试图在美国市场中竞争的人力资源服务机构的必备技能。在新冠疫情暴发后，美国各类行业中的传统销售团队都面临巨大威胁，对于人力资源服务业也不例外。加上新一代的年轻人对面对面营销和电话营销方式的排斥，以及对互联网社交网络的依赖，数字营销的作用愈发凸显。为了推动组织和行业的发展，美国人力资源服务销售团队需要强大的、一体化的数字营销策略的支持，该策略需要包括各类社交媒体的博客文章、视频输出等以及专业知识技术网站的市场调研、案例研究等在内的高质量内容。在新形势下的人力资源服务机构的负责人需要认识到，数字参与是行动先驱，是创建入站销售线索的有效方法。

五是服务流程自动化。流程管理是提升个人工作效率和组织工作效益的重要手段，随着人力资源服务机构业务的进一步扩展，服务流程管理和流程再造是产业发展进程中必须关注的部分。当前美国较多中小型人力资源服务机构仍依赖纸质流程手续，但是由于前端、中端和后端办公流程自动化，这些机构将开始着手进行变革，以提高生产力。即使是小型的人力资源服务机构，也可以通过自动化流程管理方式合并或消除整个服务过程中重复性高、价值低、耗时长的管理任务，从而有助于人力资源服务从业者利用节约下的时间开发更多具有创造力的人力资源服务解决方案，为客户提供更好的服务体验，并与客户建立更长久的业务关系。

（二）日本人力资源服务业发展与趋势

1. 日本人力资源服务业发展现状及其影响因素

日本是全球第二大人力资源服务市场，其人力资源服务业的国际地位已保持多年。近年来，日本经济呈现复苏趋势，企业利润有所提升，就业状况不断改善，2018 年日本平均失业率为 2.4%，为 1992 年以来的最低水平，其中正式员工数量连续第四年增长，同时由于越来越多的女性和老年人进入劳动力市场，日本劳动参与率呈上升趋势，参加工作的总人数连续第六年增长。但是自 2008 年起，日本已经进入人口下降阶段，劳动力的严重减少在未来仍有可能导致经济活动受到持续影响。日本政府就此提出，有必要进行“工作方式改革”，使每个人都可以根据自己的意图和能力以及个人情况选择各种灵活的工作方式，支持工作方式多样化，同时通过提升员工工作投入、工作满意度等因素，改善工作绩效并营造积极的工作环境，使任何想要工作的人都能安心工作，从而实现日本经济的进一步发展。在此社会环境中，企业始终需要解决伴随着行业复杂化和全球化所显现的人力资源的人力资源问题，并且也在寻求方法提高生产力和创新能力。与此同时，员工更倾向于寻求能够实现自己的职业理想和工作与生活平衡的工作方式，包括临时工作、兼职和自由职业等。因此，日本社会对人力资源服务的期望越来越高，依赖程度越来越深，推动了人力资源服务业的进一步发展。

人力资源服务业在日本有四种典型业态，即招聘广告服务、就业安置服务、劳务派遣服务和合同服务，其市场规模约为 9 万亿日元，高于护理服务和电子零件/设备的市场规模。其人力资源服务机构每年处理约 801 万个工作，并为约 475 万人提供匹配和就业管理。虽然部分人力资源服务曾被禁止或加以限制，但是当前日本政府越来越重视该行业在就业促进方面的作用。通过设立和修订《就业保障法》《劳务派遣法》等法律，日本逐步放开了劳务派遣等人力资源服务的限制。同时，为了支持私营人力资源服务机构（劳务派遣企业和就业安置企业等）的发展，厚生劳动省会定期根据一定标准对提请申请的优秀机构进行认证并公布，以期对机构、从业人员、服务对象均产生积极作用。

近年来，劳务派遣服务和就业安置服务在日本的发展尤为突出。派遣和合同服务相互关联，其特点是与员工签订劳动合同，服务机构以雇主的身份管理工资和工作时间,并进行教育和培训等就业管理。据日本厚生劳动省官方数据显示,由于雇佣体制和劳动力市场发生巨大变化,传统的终生雇佣制走向崩溃,兼职工作、临时工作等岗位迅速增加,企业也倾向于雇佣派遣员工,劳务派遣在日本虽然受到新冠疫情的影响有小幅波动,但整体呈现上升趋势。2019 年 6 月至 2021 年 6 月,日本劳务派遣员工人数分别约为 157 万人、156 万人、169 万人,同比增长 17.3%、-0.2%、8.0%。妇女、年轻人、老年人和其他有工作意愿和工作能力但受到以长期就业和资历体系为中心的传统就业制度阻碍者,更多地受益于此类服务。值得注意的是,被派遣的临时雇员的工资总体上高于固定期限合同工以及兼职工的工资,其原因是派遣员工具有较高的附加值,他们具有满足公司要求的经验技能,并且符合公司要求的工作条件。就业安置服务主要深入参与将招聘公司与寻求工作的公司进行匹配的过程,例如为希望工作的人提供职业咨询、职业介绍和在入门阶段进行个人评估,类似于猎头和 RPO 等业务集合。2018 年共有 73 万人通过相关民营私营服务机构实现就业,同比增长 6.7%,2019 年基本持平,同比增长 0.6%,而到 2020 年则减至 64 万人,同比下降 13.0%,这与疫情的冲击不无关联。

2. 日本人力资源服务业未来发展趋势

一是多样化服务需求将进一步增加。日本社会高龄少子化现象严重,预计到 2030 年,年龄在 15 岁至 64 岁之间的工作年龄人口将减少 940 万人,适龄劳动力严重短缺。为了满足社会发展的需要,多样化的人力资源进入到劳动力市场,包括更多的女性、年轻人、老年人、外籍人士、自由职业者等,这也符合企业和个体需求。以老年人就业为例,日本平均预期寿命超过 80 岁,且在未来将进一步提升,仅凭退休金越来越难以支持老年人的生活,老年人就业意愿呈上升趋势,预计未来 65 岁及 65 岁以上的员工人数会增加。劳动力结构的变化也将带来工作方式的变化,工作方式改革已经成为一种主要的社会趋势。一方面,虽然人们的预期寿命在增长,但是企业的平均寿命却在下降,因此日本的终身雇佣制将进一步受到冲击,职业变动率将有所提高。另一方面,自 2018 年起,日本政府经济与财政咨询委员会开始就工作类型进行讨论,厚生劳动省还于 2018 年 1 月修订了《示范就业条例》,删除了“未经允许不得从事其他公司工作”的规定,并新增加了“关于副业/副业”的规定，预计未来企业将更多地使用兼职工作者、临时雇员、合同雇员和自由职业者，以解决劳动力短缺的困境。劳动力结构、工作方式的变化带来个人和企业对服务需求的变化，因此，联结个人和企业的人力资源服务行业也必须抓住这一大趋势并积极应对变化。未来日本人力资源服务行业需要消除人岗匹配错位问题并提高社会就业率，以此作为个人职业发展的支持者和企业人力资源利用的合作伙伴。

二是公私合作伙伴关系将进一步加强。日本劳动力市场多样化和复杂化不仅模糊了人力资源服务行业中现有服务的界限，而且模糊了就业与非就业之间的界限，现有社会观念和现行法律制度将面临挑战。为应对变化，除了与劳工有关的法律法规，人力资源服务业需要与政府直接交换意见，以直接或间接影响劳动力市场的各种法律法规的趋势，并努力收集信息。例如，尽管政府已经积极参与有关工作方式改革的讨论，但是当前的法律体系仍存在不足，例如工作时间、保障工资和健康管理，因此需要进一步研究。同时，为了应对劳动力市场的多样化和复杂性，人力资源服务机构将根据工作地点的实际情况与政府和公共机构合作，以形成能够顺利就业的劳动力市场，在行业缺乏知识的领域，例如新市场研究，有必要在与经济团体和相关利益相关者密切交换意见的同时寻求解决方案。此外，人力资源服务行业需要遵守法律法规并保持较高的企业道德，以满足个人、公司和社会的期望和要求。

（三）英国人力资源服务业发展与趋势

1. 英国人力资源服务业发展现状及其影响因素

WEC 发布的《2020 年世界经济报告》显示，英国是全球第三大人力资源服务业市场，其在中介服务市场营收排名第三，仅次于美国和日本，在全球永久性招聘市场排名第四，仅次于美国、澳大利亚和中国。同时，英国也是欧洲最大的人力资源服务市场（占 10%），其中，在欧洲中介服务市场营收中占 23%，在直接招聘市场营收中占 42%。

具体看，根据招聘和就业联合会（Recruitment and Employment Confederation，REC）《2017/18 年度招聘行业趋势报告》（*Recruitment Industry Trends report 2017/18*）显示，英国招聘行业摆脱了动荡的政治和经济环境带来的不

利影响，营业额增长 11%，达到 357 亿英镑。分析认为，该领域的强劲表现受到不断进行的英国脱欧谈判、欧盟候选人供应减少、IR35 公共部门薪资改革、《通用数据保护条例》(GDPR)的出台以及对经济健康发展情况持续担忧的背景共同作用。而在 REC 发布的《2018/19 年度招聘行业趋势报告》(*Recruitment Industry Trends report 2018/19*)显示，虽然面临经济不确定性、人员技能短缺和政府监管改革的影响，英国招聘领域专业人员队伍仍不断壮大，达到约 119000 人。营业额增长约 9%，达到 389 亿英镑，超过 100 万人被安置在永久性职位上，平均每天有超过 110 万名临时工在岗，分别创造了 55 亿英镑 334 亿英镑和的收入。同时，职业中介机构数量同比增长 5%，总量超过 31140 家。

灵活就业仍是英国劳动力市场的重要特征，这主要是由于人们越来越意识到需要敏捷的劳动力解决方案来满足任意时段均可获得相关服务的需求。2019 年的一项针对英国就业市场的调查显示①，约有 39%的受访者曾从事过临时雇佣的工作，通过中介服务机构进行临时工作的受访者中有 62%对其获得的服务表示满意，73%曾通过中介机构招聘到员工的雇主也对此类服务表示满意或非常满意，32%的受访者考虑在未来尝试灵活就业。人们选择灵活就业往往是由于这种模式带来更多的就业机会，并且能够更快地带来报酬，特别是对于处在工作过渡期和被裁员的个体来说，这不失为一种替代性的选择，甚至成为获取下一份稳定工作的跳板；而对于 65 岁以上的老年劳动人口来说，这也是一种回归劳动力市场的方式。此外，出于对工作生活平衡性的考量和自主就业的需求，一些原本拥有全职稳定工作的个体也愿意成为灵活就业的大军中的一员。灵活用工也是一种双赢的模式，对于雇主方，较好地管理灵活就业者将提高组织的生产力，并树立良好的雇主品牌。

2. 英国人力资源服务业未来发展趋势

一是来自监管端的压力上升。相关法案的修订和陆续生效带来的合规性检查将在供应商—客户关系中变得更加重要。2019 年，英国政府在行业执法方面花费 3300 万英镑，并定期发布已被剔除且不再有资格经营的机

① REC，"Flexibility works：Why people choose flexible work"，London：2019.

构、公司和个人名单。2020 年 4 月有两项立法修订案生效，一是私营部门的非薪资工作规则①（IR35），二是更改 AWR 和行为规则，又称“良好工作计划”（废除瑞典克减合同等）。类似的政策法规和政府行为将进一步规范人力资源服务业，也有可能导致英国的中介服务工作普及率下降。

二是行业规模扩大，内部竞争加剧。从英国内外形势看，英国离开欧盟的方式和条件会在一定程度上影响市场，同时全球疫情对经济的影响也不可避免。根据 REC 估测，招聘领域整体在 2019—2020 年度增长 4.6%，在 2020—2021 年度增长 3.0%，在 2021—2022 年度增长 5.9%。此外，随着人们越来越多地遵循非线性的职业规划，灵活用工也将越来越普及，一些目前从事全职工作的人也开始考虑在未来尝试成为合同工或自由从业者，这将在一定程度上扩大人力资源服务机构的市场。但是，在长期的不确定性活动影响减弱之后，雇主们将开始作出更多的招聘和投资决策，这一方面说明市场活跃程度将有所提升，另一方面也意味着参与主体间的竞争压力也将不断加大。如果要维持英国在人力资源服务业中的出色表现，人力资源服务业从业人员需要继续表现出工作韧性，并以敏捷的方式应对不断变化的需求。

三、全球人力资源服务业发展对中国的启示

（一）全球视野下中国人力资源服务业发展的优势与不足

作为现代服务业和生产性服务业的重要门类和新兴产业，人力资源服务业具有巨大的发展潜力，其在中国是就业优先战略和人才强国战略的重要抓手，是推动经济高质量发展的重要支撑，国内外各类机构对中国人力资源服务业的未来发展预测普遍持乐观态度。新冠疫情发生以来，中国的就业政策体系不断完善，党和国家立足于“六稳六保”，积极统筹协调疫情防控和经济发展，重点围绕稳就业、保就业出台一系列政策文件，引导人力资

① 如果工作者（有时称为承包商）通过自己的有限公司或另一种中介机构向客户提供服务，则可以适用非薪资工作规则（Off-payroll Working Rules），这些规则有时也称为“IR35”。这些规定确保了如果工人直接向客户提供服务，他们就是雇员，所缴纳的税金和国民保险金大致与普通雇员相同。

源服务机构充分发挥其职能作用，强化专业优势，结合“互联网+”实现服务方式的创新和服务内容的优化，协助企业复工复产，稳定劳资关系，同时营造有利于人力资源服务业发展的政策体制环境，深化人力资源市场“放管服”改革，进一步激发市场活力。在政策措施的保驾护航下，国内企业的复工复产进程加快，人力资源服务需求回暖上升。伴随大数据、云计算、区块链、移动互联网等手段运用，人力资源服务业的产业融合、行业跨界新业态逐步产生，通过不断的自我革新和技术升级，在技术领域实现创新扩容、科技赋能和范式变革，人力资源服务业解决人员就业问题的能力同步增强，带动了行业的整体高质量发展。

但是，根据前文数据显示，中国人力资源服务业发展整体现状与国际领先水平仍存在一定差距。从业态规模与市场构成看，虽然近年来中国市场整体营收大幅上升，特别是在直接招聘市场有较快发展，但是中介服务市场（包括劳务派遣服务、部分人力资源外包服务和人事档案服务）营收相对于前列国家地区仍较低，后者恰恰是目前国际人力资源服务业中占比最大的部分。从机构数量与规模看，中国人力资源服务机构数量基本与英国持平，占亚太区机构总数约 75%，但从业人数约为亚太区从业总人数的 40%。相对而言，机构的平均规模较小，与美国、日本和欧洲国家相比，行业巨头较少。从提供就业人员变化看，中国市场通过人力资源服务机构安置就业的人数已经超过美国，位居全球第一，说明人力资源服务业在促进就业中发挥了积极作用。同时，中介服务平均工作普及率逐步上升，高于全球平均水平，仅次于英国和荷兰，这与国家全球竞争力和劳动力市场效率存在正相关关系，表明我国已经跻身国际前列，但仍需进一步提升。

同时，根据人力资源和社会保障部 2021 年度统计显示，中国人力资源服务业发展中还存在不平衡不充分的问题，主要体现在：一是区域发展不均衡，人力资源服务业发展从东部、西部、中部东北，呈依次下降状态；二是行业结构亟待调整优化，劳务派遣、现场招聘会等传统服务业态和服务手段仍然占据主体，提供中高端专业化、精细化服务业务还较为欠缺；三是开放发展不充分，综合服务能力和整体实力不高，缺乏国际知名的本土品牌，引入外资的数量和质量不足。基于以上情况和问题，结合国外人力资源服务业发展经验，本章将在后续部分提出未来中国人力资源服务业发展注意要点和可行措施。

（二）国际趋势中中国人力资源服务业发展的机遇与挑战

1. 经营活动重点迁移带来业务领域变化

在新冠疫情暴发后的三年中，各国政府均出台了一系列措施遏制疫情蔓延，为避免人群聚集，特别对线下经营活动进行了不同程度的限制，使得中国人力资源服务机构在国内和国外的业务开展受到了较大的冲击。同时，劳动密集型企业和服务业受到疫情影响出现停工减员等现象，经营规模缩减，对人员招聘、员工培训、薪酬发放等人力资源服务的需求也进一步下滑，传统人力资源服务的盈利空间被进一步压缩。

以线上经营场景和疫情防护相关的行业出现大量人才缺口，例如生鲜电商、医药医疗、远程协作办公软件等，由此产生了新的人力资源服务需求。对于用人机构而言，劳动者疫情防护、劳动者跨区域流动、安全的劳动场所设计、在线招聘和在线技能培训等，为创新和重构人力资源服务提出了新要求，也为人力资源服务业带来了新的增长空间。

2. 劳动力市场需求变动带来用工模式转变

工作方式变化可能成为未来影响人力资源服务业发展的重要因素。灵活用工是 2020 年的热门话题，让企业和员工不建立正式的雇佣关系，而是根据需求，通过人力资源外包的方式解决任用问题，包括劳务派遣、外包、兼职、自由职业等，其本质是对社会零散、碎片化劳动力的充分利用。国外的灵活用工已非常成熟。OECD 定义下的非标准形式从业人员是一个非常多样化的群体，包括兼职工（Part-time Employees）、临时工（Temporary Employees）和自由职业者（Self-employed Workers），数量占 OECD 国家全部就业人员总数的三分之一以上。前文中也已表明，灵活用工在包括美国、日本、英国在内的其他国家的占比较大且不断上升，这一工作模式由于其特殊的运作方式，带来更高的职业变动率，也在很大程度上支撑了人力资源服务行业的发展。在国内，腾讯、小米等互联网企业也已经吸纳了灵活用工模式。

新冠疫情的发生极大地冲击了传统劳动方式，保障就业和企业减负也是国家的重要导向。在此背景下，灵活用工模式被有效验证，其社会价值进一步凸显，在未来市场中将占有重要位置。灵活用工的趋势将带来新的雇佣关系，雇主和雇员的联结将更多地基于劳动成果供求而非从属关系，这是人力资源服务机构和从业者将要面临的挑战，也是需要抓住的发展机遇。

3. 相关政策支持助力人力资源服务业发展

我国政府积极鼓励有条件的国内人力资源服务机构"走出去"，与国外人力资源服务机构开展合作，在境外设立分支机构，积极参与国际人才竞争与合作。在新冠疫情背景下，各国为纾困和激发企业活力，先后提出降低准入门槛、税费返还减免、提供补助补贴、优化营商环境等利好政策，鼓励和引导人力资源服务业支撑疫情防控和企业复工复产工作。借助上述政策支持，人力资源服务机构能够积极为政府分忧，为社会担责，为企业和劳动者提供及时服务。同时，各级政府和社会对人力资源服务机构重要性的认识进一步提高，人力资源服务企业在政府、社会、企业和个人中的形象和价值凸显良好。

（三）面向国际的中国人力资源服务业发展建议

1. 发展公共就业服务相关的合作伙伴关系

从国际范围内的人力资源服务业发展规律看，当地经济水平与行业发展情况间存在一定的正向相关关系，市场资本、人员等要素往往向经济发达地区聚集，并且呈现出较大的活力。根据日本人力资源服务业理事会的报告表明，日本人力资源服务业的区域发展不平衡问题也比较突出，主要是由于东京大都市圈对人力资源的吸引力过强而导致了过度迁移。日本政府和人力资源服务业协会期望通过政府提供免费就业安置服务以及公私合作等方式，缓解此类困境。中国人力资源服务业的区域发展不平衡问题与区域经济状况有较大关联，在短期内无法改变区域经济发展不平衡状况的前提下，应当发挥公共力量在发展落后地区的人力资源服务业中的重要引导作用，重视公共就业服务与其他服务提供者间的合作。

在全球范围内，公共就业服务与寻求促进就业机会的其他提供者之间的伙伴关系开始出现，并引起了行业内部和学界的关注。这种伙伴关系被认为能够为提供该领域服务和积极的劳动力市场计划（Active Labour Market Programmes，ALMPs）提供帮助，使雇主和求职者适应市场和政策的变化。一个国家或地区选择有关伙伴关系的政策趋势，可能有以下几种因素:一是仅依靠传统的政府行为创造更多更好的工作机会不再有效或不可行。二是尽管有利的政策和监管框架是实现包容性增长和改善就业前景的必要先决条件,但需要采取更多的下游行动将其转化为理想的结果,而这种行动可以通过建立伙伴关系得到支持。三是公共行政部门的人力资源和财政能力限制要求与其他行为者合作。ILO 的研究报告指出,合作伙伴关系提供了将各种参与者的经验、知识和资源结合起来的可能性,以实施可满足当地需求的解决方案①。美日英在公共与非公共就业服务结合方面的政策和措施值得借鉴。以日本为例,所有民营人力资源服务机构在每年 6 月都需要向政府报告上一年度机构工作情况,便于政府掌握人力资源服务业发展情况和劳动力市场动态。同时政府也通过各种措施促进与行业的信息沟通交流,官方委托行业协会评选年度优秀服务机构,并制定相关扶持政策,从而进一步促进行业发展。

改革开放以来,中国对于在公共就业服务与私营就业服务机构之间引入合作伙伴关系持开放态度,以此来满足劳动力市场需求的变化。与西方国家不同的是,中国对非政府机构类服务提供者的引入主要是出于应对市场对人力资源服务需求的增长与公共供给的有限之间的矛盾,而非出于服务有效性和降成本的考量。在深圳、天津、苏州、成都等地,为改善就业服务的可及性和质量而建立的合作伙伴关系在缓慢发展,使得政府服务的提供能够深入到各省市乃至基层乡镇和社区的层面。2018 年《人力资源市场暂行条例》颁布实施后,政府进一步放宽了人力资源市场准入,鼓励社会参与,制定出台相关扶持政策,增强了行业的内生发展动力。截至 2021 年底,中国的公共就业和人才服务机构共 5939 家,占人力资源服务机构总量的 9.13%,占比较 2015 年有所下降;国有性质人力资源服务机构 2339 家,占比为 3.96%;新建了贵阳、海南两个国家级人力资源服务产业园。这种转变的实施机制仍在探索和检测中。在中国,公私服务机构间合作伙伴关系主要是在地方层面上形成的,并且通常依赖于公共就业服务的管理能力来确定战略服务设计、签约、资金水平以及劳动力市场情报,这些资源和功能

---

① ILO,"Good Practices in Using Partnerships for the Delivery of Employment Services in China",Geneva:2018.

在不同地区之间差异很大,劳动力市场条件更好、能力更强的省份更早开始建立此类合作伙伴关系。在当前区域发展不平衡的情况下,单靠市场的力量很难有动力将人力资源服务产业输送到中西部地区,这就需要公共部门发挥政策导向的作用,积极与非公共机构接触配合,引导和促进当地人力资源服务市场的繁荣发展。

2. 提升专业化水平与质量

近年来,人力资源服务业越来越倾向于专业化、精细化发展。目前,美国已有近80%的企业将员工招聘、薪酬方案设计、薪酬发放、保险与福利管理、员工培训和开发、人才租赁等管理模块外包给专门从事相关服务的外部服务机构。这种人力资源外包服务可以有效降低企业的用人成本,节省时间和资源,让企业专注于发展核心技术和核心竞争力,以便能够更好地面对不断变化的外部环境和日益激烈的市场竞争。人力资源服务主要针对当前企业人力资源管理部门较常面临的一些问题,如专业化程度不高、从业人员质量良莠不齐、高附加值业务较少等,并且把这些问题作为人力资源服务业的发展空间,以专业化的服务去解决企业的具体问题。从目前的全球发展态势来看,当前国外人力资源服务业的服务内容普遍不再追求"大而全",而是更加侧重于考虑客户的具体需求,从实际需求出发,针对具体问题进行具体分析,从而为客户提供"专、精、深"的服务,并分门别类地对跨国企业、大型和中小型企业提供高/低定制化、高/低复杂化的服务。①

目前,我国人力资源服务业进入快速发展阶段,已经逐渐成为知识密集型和智慧创造型的服务行业。在直接招聘领域,2018年中国市场15.2%的增长,拉动了亚太地区整体7.6%的增长。而在2019年,直接招聘领域中的高级人才寻访(猎头)服务成功推荐选聘高级人才205万人,同比增长21.72%。这说明我国人力资源服务机构在提供中高端服务方面有了较大提升,基于市场需求,应当进一步扩大业务规模。未来中国人力资源服务业专业化发展需要认识到:第一,在人力资源服务业的总量规模达到较高程度后,人力资源服务对象将开始分化,人力资源服务业专业化进程将逐步实

① 王征、唐鑛:《新经济时代人力资源服务业发展研究——国际经验与中国实践》,《中国劳动》2019年第12期。

施。在人力资源服务对象结构变化的同时，对人力资源服务的要求也逐渐调整和变化，小型企业、中型企业、大型企业或跨国公司对人力资源服务业的需求分别是解决非核心业务、提供程序性的解决问题的方案及提供战略程序和发展建议等。第二，人力资源服务业发展的必然趋势是人力资源供应商的专业分工体系不断细致及完善，使其更加侧重客户的现实需求，更多地提供高质量的服务产品，在提高人力资源服务质量的同时，显著地降低客户企业的经营成本。

3. 打造国际化服务品牌

伴随全球经济环境的变化与中国经济呈现的复苏，以及中国政府对外资人力资源服务机构准入政策的放松，外资服务机构的比重逐步上升，目前全球领先的人力资源服务提供商已悉数进军中国市场。随着市场发展，人力资源服务企业规模不断发展，品牌成为企业在市场竞争中重要的核心竞争力和无形资产。越来越多的企业开始关注企业品牌的培育和发展，以优质服务树立良好品牌形象，以提高客户价值提升服务品牌，以促进就业和打造和谐劳资关系为主要目的。对于中国本土人力资源服务机构，打造品牌“走出去”成为扩大客户市场的重要渠道之一。但是，目前国际较为知名的中国人力资源服务机构仍然较少，2019 年排名在全球前 50 的中国企业仅有中智、前程无忧、海峡人力 3 家，远少于美国（23 家）和英国（9 家）。一方面，我国人力资源服务机构仍以中小企业为主，行业内部较为分散，行业协会力量较为薄弱，无论是针对整个行业还是特定业态的行业协会均处于缺位状态，加上国土面积辽阔，导致信息沟通和分享受阻，大型机构形成较为困难。另一方面，海外业务起步较晚，需要一定的时间积淀。

但是，相比于行业较为领先的欧美等国，我国人力资源服务业仍存在广阔的发展空间，多家机构筹划并成功进军国际市场。例如在 2020 年 7 月，劳动力运营解决方案平台趣活科技在纳斯达克挂牌上市，美国投资者认购热情高涨，开盘当日市值超越人瑞人才和万宝盛华大中华，成为中国人力资源上市公司第四位。① 国际化、品牌化战略成为必然选择，人力资源服务行

① 《趣活科技在纳斯达克上市，市值跃居第四！灵活用工市场迎来爆发》，https://mp.weixin.qq.com/s/gVXY-s3HAQNm22fca7kbTg。

业需加大资本投入和品牌培育投入，企业需要加快新产品、新业态和新技术的引进、开发及创新，提升自主创新能力，打造具有中国特色的、符合中国企业实际情况的具有核心竞争力的品牌；同时加强国际交流与合作，适时采取建立海外分部、海外办公、投资、兼并、上市等战略布局措施，提升组织国际化水平，打造国际化品牌。

第三部分

成 果 篇

人力资源服务业相关学术成果整合汇总

本篇力求全面收集 2021—2022 年度期间发表的有关中国人力资源服务业的科研成果，收集的时间范围为 2021 年 8 月 1 日至 2022 年 7 月 31 日，经过权威检索，共有著作 5 部，学术期刊文章 82 篇，学位论文（硕士、博士）4 篇，报刊新闻 41 篇，共计 132 篇，具体内容如下所示。

一、著　　作

[1]萧鸣政等：《中国人力资源服务业蓝皮书 2021》，人民出版社 2022 年 3 月版。

[2]人力资源社会保障部人力资源流动管理司、重庆市人力资源和社会保障局编：《构建中国特色人力资源服务产业体系（第一届全国人力资源服务业发展大会研讨集）》，中国人事出版社 2022 年 5 月版。

[3]莫荣主编：《中国人力资源服务产业园发展报告（2022）》，社会科学文献出版社 2022 年 6 月版。

[4]侯增艳：《人力资源服务产业园建设与可持续发展》，研究出版社 2021 年 11 月版。

[5]白永亮、范围主编：《人力资源服务业管理理论与实务》，首都经济贸易大学出版社 2021 年 11 月版。

二、学术期刊文章

[1]魏伟：《人力资源服务业：打造新的增长极》，《走向世界》2021 年

第 32 期。

[2]王睿、张新鹏:《“渝”音绕梁 人服启航——记第一届全国人力资源服务业发展大会》,《中国人力资源社会保障》2021 年第 8 期。

[3]任社宣:《我国人力资源服务业发展新态势》,《中国人力资源社会保障》2021 年第 8 期。

[4]《山西忻州:打造“伙计式”人才服务品牌》,《中国人才》2021 年第 8 期。

[5]刘翠、刘晓娜:《相约重庆,共话新动能——第一届全国人力资源服务业发展大会侧记》,《今日重庆》2021 年第 8 期。

[6]袁丽:《第一届全国人力资源服务业发展大会在重庆召开》,《求贤》2021 年第 8 期。

[7]刘翠、刘晓娜:《推动建设西部人力资源服务产业发展新高地》,《今日重庆》2021 年第 8 期。

[8]匡立强:《日照市高层次人才服务加速“蝶变”》,《山东人力资源和社会保障》2021 年第 8 期。

[9]夏鲁青:《科学把握和积极应对形势 推动全省就业和人才服务工作提质增效》,《山东人力资源和社会保障》2021 年第 8 期。

[10]冯骅驭、别致:《开启人力资源服务业高质量发展新篇章——第一届全国人力资源服务业发展大会观察》,《当代党员》2021 年第 16 期。

[11]刘文君:《公共就业和人才服务档案规范化管理解析》,《人才资源开发》2021 年第 16 期。

[12]《中国组织人事报》评论员:《推动新时代人力资源服务业高质量发展》,《人才资源开发》2021 年第 16 期。

[13]黄恋、周丽娟:《探索人力资源服务业发展路径》,《人力资源》2021 年第 16 期。

[14]张玉芳:《四川精彩亮相第一届全国人力资源服务业发展大会成果产品展示会》,《四川劳动保障》2021 年第 8 期。

[15]王珊珊、王贝:《河南省人社厅组织代表团参加第一届全国人力资源服务业发展大会》,《人才资源开发》2021 年第 17 期。

[16]刘翰昆:《公共就业和人才服务档案规范化管理的思考》,《营销

界》2021 年第 37 期。

[17]《团结引领服务人才的江苏实践》,《中国人才》2021 年第 9 期。

[18]王建兰:《基于人力资源服务视角的无锡人才发展服务环境建设》,《江南论坛》2021 年第 9 期。

[19]《致敬来时路 奋斗新起点 开启人力资源服务业高质量发展新征程》,《山东人力资源和社会保障》2021 年第 9 期。

[20]《人力资源服务业高质量发展的"山东路径"》,《山东人力资源和社会保障》2021 年第 9 期。

[21]《山东省组团亮相国家级人力资源服务业盛会——第一届全国人力资源服务业发展大会山东机构参展风采》,《山东人力资源和社会保障》2021 年第 9 期。

[22]《淄博市:打造人力资源服务亮点品牌》,《山东人力资源和社会保障》2021 年第 9 期。

[23]《嘉兴打造示范区外国人才服务典范》,《今日科技》2021 年第 9 期。

[24]卢卫娜、李文新、梁家健:《面向大学生综合素质的人才服务及评测系统的设计与实现》,《天津职业技术师范大学学报》2021 年第 3 期。

[25]陈伟赞、黄楚芳:《人力资源服务打造广东经济增长新引擎》,《中国报道》2021 年第 10 期。

[26]《上海嘉定:促进产才融合 优化人才服务》,《中国人才》2021 年第 10 期。

[27]叶天宇:《政府公共就业与人才服务机构服务大学生创业工作路径探索——以南通市通州区人才服务中心为例》,《就业与保障》2021 年第 19 期。

[28]王倩倩:《上海科技人才服务的现状问题及对策建议》,《安徽科技》2021 年第 10 期。

[29]史新建:《河南省人力资源服务业发展现状和运行机制分析——以中国中原人力资源服务产业园区为例》,《人才资源开发》2021 年第 20 期。

[30]《武汉江岸:做好人才服务 重振疫后经济》,《中国人才》2021 年

第11期。

[31]刘伟、张莹、叶贞丹:《面向数字化改革的政府人才服务平台整体设计及关键技术》,《中国有线电视》2021年第11期。

[32]《制定人才服务计划 推动联盟企业发展 西青区举办“政策赋能分享会”》,《求贤》2021年第11期。

[33]黄芳、石盛林:《后疫情时代人力资源服务业高质量发展策略研究》,《时代经贸》2021年第11期。

[34]《建设人才服务“生态圈”吹响青年人才“集结号”》,《中国共青团》2021年第22期。

[35]陈超:《基于SWOT分析人力资源服务业发展——以湖北荆门为例》,《中国人力资源社会保障》2021年第12期。

[36]《首席人才服务体系助推高质量发展》,《中国人才》2021年第12期。

[37]《山东东营:打造人才服务新机制》,《中国人才》2021年第12期。

[38]李向光:《建好人才服务“第一站”》,《中国人才》2021年第12期。

[39]《打造拴心留人的服务型人才驿站》,《中国人才》2021年第12期。

[40]薛谢辉:《公共就业和人才服务机构整合探究》,《黑龙江人力资源和社会保障》2021年第20期。

[41]陈双双、陶卓:《江苏省高层次创新创业人才服务调查及优化研究》,《中国商论》2021年第23期。

[42]张忠鹏:《大数据背景下人才服务促进中心档案管理工作改革思考分析》,《兰台内外》2021年第35期。

[43]周玉霞:《民营企业人才服务工作研究》,《中国高新科技》2021年第24期。

[44]张忠鹏:《人才服务中心档案社会化管理探究》,《黑龙江档案》2021年第6期。

[45]董馨雨:《成都市青白江区人力资源服务产业发展探索与思考》,《四川劳动保障》2021年第12期。

[46]谢贻民:《自贡市人力资源服务业发展情况调研报告》,《四川劳动

保障》2021 年第 12 期。

[47]《数说我国人力资源服务业发展》,《中国社会保障》2022 年第 1 期。

[48]孟庆伟:《中国人才服务业的昨天、今天、明天》,《人力资源》2022 年第 1 期。

[49]张丽丽:《区块链在人力资源服务业中的创新运用分析》,《产业创新研究》2022 年第 2 期。

[50]《江西赣县:服务人才“3+1”》,《中国人才》2022 年第 2 期。

[51]顾颖倩、潘绵斐:《从“引入”到“留住”——无锡人社“全链”服务筑好人才蓄水池》,《中国就业》2022 年第 2 期。

[52]陈锦红:《大数据视域下人力资源服务业的发展策略》,《人才资源开发》2022 年第 4 期。

[53]王书柏、朱晓乐:《人力资源服务业转型升级:机遇、挑战及动力机制》,《中国人事科学》2022 年第 2 期。

[54]杨鹏:《“保姆式”服务企业人才需求》,《中国人才》2022 年第 3 期。

[55]温金海、陈晓伟、臧雷鸣、李朝波、韩枫:《人才发展集团如何更好服务人才战略》,《中国人才》2022 年第 3 期。

[56]项玉娇:《VUCA 新常态下数智化赋能人力资源服务业发展路径探析》,《中国商论》2022 年第 6 期。

[57]王兵:《浅谈公共就业人才服务机构档案管理工作的模式优化》,《职业》2022 年第 6 期。

[58]吴田、赵渊博:《促进人才发展的公共服务政策文本量化研究——以深圳市为例(2010—2020 年期)》,《重庆理工大学学报(社会科学)》2022 年第 3 期。

[59]周强、周俊:《关于人力资源服务机构发展的思考》,《四川劳动保障》2022 年第 3 期。

[60]蓝梅:《打造江海特色的人才服务》,《中国人才》2022 年第 4 期。

[61]《德州市 数字赋能系统集成 构建人才服务新生态》,《山东人力资源和社会保障》2022 年第 4 期。

[62]《济南市“数聚才智”构建人才智慧服务全链条》,《山东人力资源和社会保障》2022 年第 4 期。

[63]郑一心、李莎莎:《创优质服务品牌 扬建筑人才风采——记福建建筑人才服务中心“全国青年文明号”》,《城乡建设》2022 年第 8 期。

[64]董长麒、李燕萍、张天保、王珊:《湖北构建高质量人才服务体系路径研究》,《中国人事科学》2022 年第 4 期。

[65]胡麒麟:《综合化人才服务平台 助力基层医院稳岗就业的分析》,《中国就业》2022 年第 5 期。

[66]张维国:《积极探索人才服务工作济南新经验》,《山东人力资源和社会保障》2022 年第 5 期。

[67]覃淋:《96567 全天候为人才服务》,《当代贵州》2022 年第 21 期。

[68]覃淋:《“人才之家”为人才提供全方位综合保障服务》,《当代贵州》2022 年第 21 期。

[69]韦倩:《强服务 聚人才》,《当代贵州》2022 年第 21 期。

[70]《莆田市人社局召开优化人才服务工作推进会》,《就业与保障》2022 年第 5 期。

[71]王欢、蔡鹏、常静、仲琳:《西安 IT 产业人才服务能力提升研究》,《中国人事科学》2022 年第 5 期。

[72]张锡君:《浅析成都市青白江区人力资源服务产业发展现状及对策》,《四川劳动保障》2022 年第 5 期。

[73]宋英:《人才交流服务中心加强人力资源管理的措施与思路》,《商业文化》2022 年第 16 期。

[74]温金海、陈晓伟、钟红兵、杨文先、王瑜婕:《如何借力数字化改革创新人才服务》,《中国人才》2022 年第 6 期。

[75]《数字“人才管家”为服务人才提质增效》,《中国人才》2022 年第 6 期。

[76]朱琳:《新形势下人力资源服务机构在助推就业中的作用发挥》,《人才资源开发》2022 年第 11 期。

[77]晁玉方、常雪飞、刘海鹰:《供给侧结构性改革视域下我国人力资源服务业转型发展研究》,《产业创新研究》2022 年第 11 期。

[78]陈斌文:《人才服务助力经济“提档升级”》,《人才资源开发》2022年第12期。

[79]田永坡、李琪:《我国在人才流动及引才中发挥人力资源服务机构作用的政策与实践》,《中国人事科学》2022年第6期。

[80]王英:《加强流动人员人事档案管理提高公共就业与人才服务水平》,《兰台内外》2022年第19期。

[81]董璐、王全纲、许欣怡、王雨茵:《人力资源服务业数字化转型探析——以常州市为例》,《河北企业》2022年第7期。

[82]唐艳:《强本领 提质效 提升公共就业和人才服务满意度——淄博市沂源县的创新做法》,《中国就业》2022年第7期。

三、学位论文(硕士、博士论文)

(按照时间先后顺序排列)

[1]王梓:《新疆丝路之星人力资源服务产业园运营发展策略研究》,硕士学位论文,新疆大学,2021年8月。

[2]彭瑶:《西藏人力资源服务业法律风险防控研究》,硕士学位论文,西藏大学,2021年9月。

[3]付蓉:《敦煌生玲有限公司“人力资源服务业务”营销策略研究》,硕士学位论文,兰州理工大学,2021年11月。

[4]王珏:《FA人力资源服务公司竞争战略研究》,硕士学位论文,吉林大学,2022年5月。

四、报刊新闻

(按照时间先后顺序排列)

[1]庞彩霞:《广东人力资源服务产业聚焦科技创新》,《经济日报》2021年8月1日第7版。

[2]赵西娅、余梦凡:《打造区域人力资源服务业新高地》,《新疆日报(汉)》2021年8月2日第2版。

[3]缪晓琴:《规模已占全国两成 上海人力资源服务业凸显引领效应》,《中国经济导报》2021 年 8 月 3 日第 6 版。

[4]夏顶伟:《四川攀枝花设立"人才综合服务专窗"》,《中国组织人事报》2021 年 8 月 4 日第 4 版。

[5]刘冰玉、葛承爽:《"一揽子"服务新政聚人才》,《济南日报》2021 年 8 月 9 日第 8 版。

[6]谈书:《重庆人力资源服务业乘"风"驶向千亿级产业集群》,《重庆商报》2021 年 8 月 13 日第 3 版。

[7]孙忠法:《向人力资源服务要发展新动能》,《中国组织人事报》2021 年 8 月 17 日第 1 版。

[8]孟晓蕊:《跨界融合与科技赋能促发展——北京大学人力资源开发与管理研究中心主任萧鸣政谈人力资源服务业未来趋势》,《中国劳动保障报》2021 年 8 月 24 日理论版。

[9]《完善人才服务保障体系 着力打造区域人才集聚地》,《芜湖日报》2021 年 8 月 24 日第 1 版。

[10]《忻州:打造"伙计式"人才服务品牌》,《忻州日报》2021 年 8 月 27 日第 2 版。

[11]《推动人力资源服务业高质量发展》,《中国组织人事报》2021 年 8 月 27 日第 4 版。

[12]刘春沐阳:《厦门:"三不愁"优化人才服务》,《经济日报》2021 年 9 月 13 日第 11 版。

[13]杨铌紫:《重庆人才服务升级至 3.0 版本》,《重庆日报》2021 年 10 月 3 日第 1 版。

[14]敖蓉:《人力资源服务业如何更上层楼》,《经济日报》2021 年 10 月 11 日第 1 版。

[15]何翠云:《人力资源服务业前景看好》,《中华工商时报》2021 年 10 月 12 日第 3 版。

[16]赵婀娜:《优化人才服务激发创新活力》,《人民日报》2021 年 10 月 14 日第 7 版。

[17]郝瑞:《当好服务人才的"勤务兵"》,《中国组织人事报》2021 年

10月18日第6版。

[18]李宁、基石:《一站式全方位服务打造人才强磁场》,《佛山日报》2021年10月27日第A4版。

[19]周琼、任社:《宁波人力资源服务业再上新台阶》,《宁波日报》2021年11月1日第9版。

[20]徐晶锦:《黄酒产业启动人才服务专项计划》,《绍兴日报》2021年11月18日第1版。

[21]阎崇斌、李敏、余水玉、潘雪飞、何玥霏:《在“强省会”行动中彰显人才服务工作新作为》,《贵州日报》2021年12月1日第9版。

[22]蔡洪帅:《促进人力资源服务业高质量发展》,《中国组织人事报》2021年12月7日第4版。

[23]郭苏莹:《人才服务升级兑现“大礼包”》,《南方日报》2021年12月24日第AA6版。

[24]张红:《宁武县多措并举强化人才服务保障》,《忻州日报》2022年1月5日第2版。

[25]李若嫣、陈科:《成都高新区:把科技人才服务做成百亿级产业》,《科技日报》2022年1月11日第7版。

[26]邹明镇、代雪原、李敏:《恩施市人力资源服务业发展进入快车道》,《恩施日报》2022年2月9日第4版。

[27]李慧:《以服务聚人才以人才促发展》,《安阳日报》2022年2月22日第2版。

[28]任晓萌:《“16条”新政:青岛赋能“人力资源服务业”》,《青岛日报》2022年3月24日第3版。

[29]蓝倞:《创新打造数字化人才服务和监管平台》,《丽水日报》2022年4月13日第3版。

[30]徐铁英:《打造百家专精特新中小型人力资源服务企业》,《辽宁日报》2022年5月9日第2版。

[31]魏依晨、李海燕:《打好服务生态牌,江西新余高新区为人才多想一步》,《科技日报》2022年5月10日第7版。

[32]赵永莉:《打造人才服务“家”品牌》,《中国组织人事报》2022年5

月 13 日第 3 版。

［33］梁婧:《优化人才服务打造安居品牌》,《贵阳日报》2022 年 5 月 16 日第 5 版。

［34］王静:《推动人力资源服务业发挥更大作用》,《石家庄日报》2022 年 5 月 18 日第 2 版

［35］庄瑞玉:《2025 年人力资源服务业年营收超 1500 亿元》,《深圳特区报》2022 年 5 月 19 日第 A2 版。

［36］杨蕾:《全力以赴搭平台精准服务聚人才》,《贵阳日报》2022 年 5 月 25 日第 4 版。

［37］任社宣:《人力资源服务业持续健康发展》,《中国组织人事报》2022 年 5 月 30 日第 1 版。

［38］龚春辉:《粤人力资源服务业多项指标领跑全国》,《南方日报》2022 年 6 月 8 日第 A09 版。

［39］顾荣:《优质服务让人才无后顾之忧》,《西安日报》2022 年 7 月 7 日第 2 版。

［40］本报评论员:《提高人才服务保障水平》,《毕节日报》2022 年 7 月 27 日第 1 版。

［41］孟晓蕊:《因新承变上“云端”——北京大学人力资源开发与管理研究中心主任萧鸣政谈数字化转型》,《中国劳动保障报》2022 年 7 月 29 日第 5 期。

参考文献

1. 王克良:《中国人力资源服务业发展报告》,中国人事出版社 2014 年版。

2. 陈力、张端阳:《人力资源服务业发展评价指标理论框架研究》,载余兴安主编:《中国人力资源发展报告(2014)》,社会科学文献出版社 2014 年版。

3. 余兴安:《人力资源服务概论》,中国人事出版社 2015 年版。

4. 萧鸣政等:《中国人力资源服务业蓝皮书(2019)》,人民出版社 2020 年版。

5. 萧鸣政等:《中国人力资源服务业蓝皮书(2020)》,人民出版社 2021 年版。

6. 萧鸣政等:《中国人力资源服务业蓝皮书 2021》,人民出版社 2022 年版。

7. 陈玲、薛澜:《测度全球科技创新中心指标、方法与结果》,社会科学文献出版社 2021 年版。

8. 莫荣主编:《中国人力资源服务产业园发展报告(2022)》,社会科学文献出版社 2022 年版。

9. 人力资源社会保障部人力资源流动管理司、重庆市人力资源和社会保障局编:《构建中国特色人力资源服务产业体系(第一届全国人力资源服务业发展大会研讨集)》,中国人事出版社 2022 年版。

10. 孙建立:《人力资源服务业高质量发展:成效、问题与对策》,《中国劳动》2019 年第 3 期。

11. 萧鸣政:《中国人力资源服务业及其新时代价值与发展》,《企业经济》2020 年第 7 期。

12.《深入实施新时代人才强国战略 加快建设世界重要人才中心和创新高地》,《人民日报》2021 年 9 月 29 日。

13. 孙锐:《新时代人才强国战略的内在逻辑、核心构架与战略举措》,《人民论坛·学术前沿》2021 年第 24 期。

14. 王子丹、袁永、胡海鹏、廖晓东、邱丹逸:《粤港澳大湾区国际科技创新中心四大核心体系建设研究》,《科技管理研究》2021 年第 1 期。

15. 王书柏:《后疫情时代我国人力资源服务业发展趋势研究》,《内蒙古社会科学》2021 年第 2 期。

16. 萧鸣政、应验、张满:《人才高地建设的标准与路径:基于概念、特征、结构与要素的分析》,《中国行政管理》2022 年第 5 期。

17. 陈劲、杨硕、吴善超:《科技创新人才能力的动态演变及国际比较研究》,《科学学研究》2022 年第 7 期。

18. 刘娟:《党的十八大以来人力资源服务业发展综述》,《中国组织人事报》2022 年 7 月 19 日。

19. ILO,"Good Practices in Using Partnerships for the Delivery of Employment Services in China",Geneva:2018.

责任编辑：李媛媛
封面设计：吴燕妮
责任校对：秦　婵

图书在版编目(CIP)数据

中国人力资源服务业蓝皮书.2022/萧鸣政 等 著.—北京：人民出版社，2023.3
ISBN 978-7-01-025442-5

Ⅰ.①中…　Ⅱ.①萧…　Ⅲ.①人力资源-服务业-研究报告-中国-2022　Ⅳ.①F249.23

中国国家版本馆 CIP 数据核字(2023)第 031002 号

中国人力资源服务业蓝皮书 2022
ZHONGGUO RENLI ZIYUAN FUWUYE LANPISHU 2022

萧鸣政 等 著

人民出版社 出版发行
（100706　北京市东城区隆福寺街 99 号）

北京九州迅驰传媒文化有限公司印刷　新华书店经销

2023 年 3 月第 1 版　2023 年 3 月北京第 1 次印刷
开本：710 毫米×1000 毫米 1/16　印张：19.25
字数：296 千字

ISBN 978-7-01-025442-5　定价：79.00 元

邮购地址 100706　北京市东城区隆福寺街 99 号
人民东方图书销售中心　电话（010）65250042　65289539